区域法治与地方立法研究文丛
丛书主编　石佑启



# 广东地方立法蓝皮书

## 广东省地方立法年度观察报告（2014）

GUANGDONGSHENG DIFANG LIFA NIANDU GUANCHA BAOGAO（2014）

主编　王　波　石佑启　朱最新

SPM 南方出版传媒
全国优秀出版社
全国百佳图书出版单位
广东教育出版社
·广州·

图书在版编目（CIP）数据

广东省地方立法年度观察报告. 2014/王波，石佑启，朱最新主编. —广州：广东教育出版社，2015.8
（区域法治与地方立法研究文丛/石佑启主编）
ISBN 978-7-5548-0794-1

Ⅰ. ①广…　Ⅱ. ①王…　②石…　③朱…　Ⅲ. ①地方法规—立法—研究报告—广东省—2014　Ⅳ. ①D927.65

中国版本图书馆CIP数据核字（2015）第173870号

责任编辑：邓祥俊
责任技编：杨启承
装帧设计：周　芳

广东教育出版社出版发行
（广州市环市东路472号12-15楼）
邮政编码：510075
网址：http://www.gjs.cn
广州佳达彩印有限公司印刷
（广州市黄埔区茅岗环村路238号101房）
787毫米×1092毫米　16开本　12印张　240 000字
2015年8月第1版　2015年8月第1次印刷
ISBN 978-7-5548-0794-1
定价：32.00元
质量监督电话：020-87613102　邮箱：gjs-quality@gdpg.com.cn
购书咨询电话：020-87615809

# 总　序

经济全球化与区域经济一体化是当今世界并行不悖的两大时代潮流，已经深深地影响和制约着各国的经济社会发展进程。在我国，实行区域经济一体化，是推动区域经济协调发展的客观要求，是我国经济发展的一种战略选择。与区域经济一体化的发展要求相适应，需要打破传统“行政区行政”的樊篱，实现区域治理的范式变革，建构一种新的治理模式与制度安排，推进区域治理进入法治化轨道。

2010年，为了服务于国家经济发展战略，加强对区域经济一体化中的法治问题研究，在全国政协原副主席罗豪才教授的提议下，广东外语外贸大学成立了校级研究基地——区域一体化法治研究中心。

2013年，为了进一步发挥高校在地方立法中思想库和智囊团的作用，推进科学立法、民主立法，创新地方立法机制，提高地方立法质量，为地方立法提供智力支持和专业咨询服务，广东外语外贸大学与广东省人大常委会合作建立了“广东省地方立法研究评估与咨询服务基地”这一省级重点研究基地。

2014年，为了加强信访制度研究、促进信访法治、推进国家治理体系和治理能力的现代化，广东外语外贸大学与北京市委市政府信访办联合建立了“中国信访法治与国家治理研究中心”。

三个中心（基地）下设学术委员会、地方立法研究所、法治政府研究所、区域能源合作与法制研究所、区域合作与软法研究所和中国自由贸易试验区法治研究所。我们以区域一体化法治研究中心、广东省地方立法研究评估与咨询服务基地、中国信访法治与国家治理研究中心为平台，本着“国际视野、服务决策、推进法治”的理念，整合了许多法学资源，聚集了一批学术力量，在区域法治、地方立法和涉外法治方面进行了一系列研究，先后承担了教育部重大课题攻关项目2项（首席专家石佑启教授、杨解君教授），国家社科基金重点项目1项（主持人杨解君教授），国家社科基金一般项目7项（主持人石佑启教授、杨桦教授、朱最新教授、彭未名教授、程永林副教授、邵任薇副教授、王达梅副教授），省部级项目30余项，其他纵横向项目50余项；先后在人民出版社、商务印书馆、北京大学出版社、中国人民大学出版社、广东教育出版社等出版了《珠三角一体化的政策法律问题研究》（石佑启、朱最新）、《区域合作与软法研究》（石佑启、朱最新）、《社会转型与法学教育变革》（石佑启、朱最新）、《珠三角一体化中府际合作的法律问题研究》（石佑启、陈咏梅）、《行政体制改革及其法治化研究》（石佑启、陈咏梅）、《论部门行政职权相对集中》（石佑启、杨治坤）、《我国大部制改革中的行政法问题研究》（石佑启、黄新波）、《国家赔偿法新论》（石佑启、刘嗣元、朱最新、杨桦）、《宪法学》（朱最新、杨桦）、《涉外行政法理论与实务》（刘云甫、朱最新）、《中国法律体系化的探索：行政法与相关部门法的交叉衔接研究》（杨解君）、《欧共体竞争法的国际合作与协调》（袁泉）、《食品安全国际合作法律机制研究》（韩永红）、《区域合作、制度绩效与利益协调》（程永林）等著作60余部。通过以问题为导向、以项目为载体，积极开展合作研究，科研创新团队正在形成，研究合力不断增强，影响力日益扩大。

为了进一步推进团队合作，增强协同攻关的能力，促进区域法治、地方立法和涉外法治研究的繁荣，我们决定在原来分散出版的基础上组织编写“区域法治与地方立法研究文丛”。本丛书拟采取开放式的出版方式，围绕这一主题陆续出版著作，以此为推进区域经济社会的协调发展以及法治中国与法治广东建设提供法律咨询服务和理论支持，努力将中心（基地）打造成为国内外知名的法学研究、法律咨询、法律服务的新型智库。

石佑启

2015年3月

# 目　　录

**前　言**　（1）

**第一编　广东省省级地方立法年度观察报告（2014）**　（1）

第一章　广东省人大常委会2014年度立法观察报告　（2）

一、广东省人大常委会2014年立法基本情况　（2）

二、广东省人大常委会2014年立法清理情况　（9）

三、广东省人大常委会在立法工作中的主要做法和探索　（19）

四、广东省人大常委会在立法中存在的主要问题　（24）

五、广东省人大常委会未来立法工作的建议　（28）

第二章　广东省人民政府2014年度立法观察报告　（33）

一、广东省人民政府2014年立法基本情况　（33）

二、广东省人民政府2014年立法清理情况　（37）

三、广东省人民政府立法工作中的主要做法和探索　（37）

四、广东省人民政府在立法中面临的主要问题　（39）

五、广东省人民政府未来立法工作的建议　（40）

**第二编　广州市地方立法年度观察报告（2014）**　（42）

第三章　广州市人大常委会2014年度立法观察报告　（43）

一、广州市人大常委会2014年立法基本情况　（43）

二、广州市人大常委会2014年立法清理情况　（49）

三、广州市人大常委会在立法工作中的主要做法和探索　（50）

四、广州市人大常委会立法中存在的主要问题　（53）

五、广州市人大常委会未来立法工作的建议　（55）

第四章　广州市人民政府2014年度立法观察报告　（58）
一、广州市人民政府2014年立法基本情况　（58）
二、广州市人民政府2014年立法清理情况　（64）
三、广州市人民政府在立法工作中的主要做法和探索　（66）
四、广州市人民政府在立法中面临的主要问题　（67）
五、广州市人民政府未来立法工作的建议　（69）

**第三编　深圳市地方立法年度观察报告（2014）**　（72）

第五章　深圳市人大常委会2014年度立法观察报告　（73）
一、深圳市人大常委会2014年立法基本情况　（73）
二、深圳市人大常委会立法工作的主要做法和探索　（78）
三、深圳市人大常委会在立法工作中存在的主要问题　（81）
四、深圳市人大常委会未来立法工作的建议　（83）

第六章　深圳市人民政府2014年度立法观察报告　（88）
一、深圳市人民政府2014年立法基本情况　（88）
二、深圳市人民政府在立法工作中的主要做法和探索　（96）
三、深圳市人民政府在立法中面临的主要问题　（99）
四、深圳市人民政府未来地方立法工作的建议　（102）

**第四编　珠海市地方立法年度观察报告（2014）**　（106）

第七章　珠海市人大及其常委会2014年度立法观察报告　（107）
一、珠海市人大及其常委会2014年立法情况　（107）
二、珠海市人大及其常委会在立法工作中的主要做法和探索　（110）
三、珠海市人大及其常委会在立法中面临的主要问题　（113）
四、珠海市人大及其常委会未来地方立法工作的建议　（116）

第八章　珠海市人民政府2014年度立法观察报告　（119）
一、珠海市人民政府2014年立法情况　（119）
二、珠海市人民政府在立法工作中的主要做法和探索　（123）
三、珠海市人民政府在立法中面临的主要问题　（127）

四、珠海市人民政府在立法工作中的建议 （129）

**第五编 汕头市地方立法年度观察报告（2014）** （132）

第九章 汕头市人大常委会2014年度立法观察报告 （133）
一、汕头市人大常委会2014年立法的基本情况 （133）
二、汕头市人大常委会在立法工作中的主要做法和探索 （136）
三、汕头市人大常委会在立法中面临的主要问题 （142）
四、汕头市人大常委会未来立法工作的建议 （144）

第十章 汕头市人民政府2014年度立法观察报告 （148）
一、汕头市人民政府2014年立法的基本情况 （148）
二、汕头市人民政府2014年立法清理情况 （151）
三、汕头市人民政府在立法工作中的主要做法和探索 （153）
四、汕头市人民政府在立法中面临的主要问题 （157）
五、汕头市人民政府未来立法工作的建议 （159）

**第六编 广东省民族自治区地方立法年度观察报告（2014）** （164）

第十一章 乳源、连山、连南民族区域自治立法观察报告 （166）
一、乳源、连山、连南民族区域自治立法概述 （166）
二、乳源瑶族自治县的立法情况 （166）
三、连山壮族瑶族自治县的立法情况 （168）
四、连南瑶族自治县的立法情况 （170）
五、乳源、连山、连南三个自治县人大立法中的主要探索和做法 （171）
六、乳源、连山、连南三个自治县人大立法工作中存在的问题 （173）
七、乳源、连山、连南三个自治县人大加强民族区域自治立法的几点建议 （176）

# 前　言

党的十八届四中全会提出，法律是治国之重器，良法是善治之前提。建设中国特色社会主义法治体系，必须坚持立法先行，发挥立法的引领和推动作用，抓住提高立法质量这个关键。要恪守以民为本、立法为民理念，贯彻社会主义核心价值观，使每一项立法都符合宪法精神，反映人民意志，得到人民拥护。地方立法既是国家法律的具体化，也是地方事务的法制化。在地方立法深入推进，特别是新修改的《中华人民共和国立法法》〔以下简称《立法法（2015）》〕授予设区的市地方立法权后，提高地方立法质量，发挥地方立法在统筹社会力量、平衡社会利益、调整社会关系、规范社会行为的功能和作用显得尤为重要。广东是改革开放的先行区，也是最早享有地方立法权的地区。改革开放以来，广东省、广州市、深圳市、珠海市、汕头市等省、市人大及其常委会和相应的各级人民政府，以及连南、连山、乳源三个自治县的人大在行使地方立法权中积累了丰富的经验，也存在不少问题。总结这些省、市、自治县的立法经验和教训，不仅有助于这些省、市、自治县立法机关完善地方立法机制、规范地方立法程序、提高地方立法质量，而且还可以为新授予的设区的市行使地方立法权提供经验借鉴。为了落实党的十八届三中全会、四中全会精神，适应全面深化改革、全面推进依法治国的要求，总结2014年全省地方立法情况，深入探讨新形势下进一步完善地方立法制度，提高地方立法质量的有效途径，积极推进地方立法工作的改革创新，充分发挥地方立法的引领和推动作用，在广东省人大常委会的领导下，在广东省人大常委会法工委的指导和协调下，广东外语外贸大学区域一体化法治研究中心（即广东省地方立法研究评估与咨询服务基地）和广东省地方立法学研究会组织相关人员启动了2014年广东省地方立法年度观察报告撰写工作。2014年年底，广东省以及各市、自治县立法机关分别提交了各自的立法工作总结①，为广东省地方立法年度观察报

①截至2014年年底，广东外语外贸大学区域一体化法治研究中心收到广东省以及各市、自治县具有立法权机关发送的立法工作总结有：《广东省人大常委会2014年立法工作报告》《广东省人民政府2014年立法工作报告》《广州市人大常委会2014年年度立法工作情况》《深圳市人大常委会2014年度立法工作情况》《深圳市法制办关于报送2014年度立法工作情况的函》《珠海市人大常委会（人民政府）2014年年度立法工作情况》《汕头市人大、市政府2014年工作总结》《连山壮族瑶族自治县人大常委会2014年度立法工作情况》《加强民族立法工作，提高民族区域自治水平（连南）》等。

告的撰写提供了最基本的素材。同时，我们通过广东省以及各市、自治县人大、政府的官方网站和百度搜索、电话咨询等多种方式搜集整理相关地方立法资料。在此基础上，我们撰写了《广东省地方立法年度观察报告（2014）》。

《广东省地方立法年度观察报告（2014）》具有以下几个特色：（1）《广东省地方立法年度观察报告（2014）》具有首创性。随着依法治国的不断深入，各种法治相关的观察报告也像雨后春笋般涌现，如中国政法大学法治政府研究院的《中国法治政府评估报告》、北京大学公众参与研究与支持中心的《中国行政透明度观察报告》、马长山等的《社会建设与法治发展年度观察报告》等，其中，专门针对地方立法进行年度观察，《广东省地方立法年度观察报告（2014）》系全国首例。《广东省地方立法年度观察报告（2014）》的出台开我国地方立法观察评估之先河，将有力促进地方立法质量的提高。（2）《广东省地方立法年度观察报告（2014）》注重理论与实践的有机结合。《广东省地方立法年度观察报告（2014）》以广东省内的立法工作、立法文本、立法背景等为观察对象，以广东省、市立法机关的年度立法工作总结为基础，经过理论层面的梳理和比对性分析，整理出年度观察报告，并用以指导今后的地方立法实践，从而实现了理论界与实务界的良性互动和理论与实践的有机结合。（3）《广东省地方立法年度观察报告（2014）》具有鲜明的地方特色。广东省的立法既有省级地方立法，又有民族自治地区自治立法；既有省会市的地方立法，又有经济特区的授权立法；既有人大及其常委会的地方国家权力机关立法，又有地方人民政府的行政立法；既有为了执行法律、行政法规而进行的执行性立法，也有就地方事务进行的职权立法，还有先行先试的先行立法。《广东省地方立法年度观察报告（2014）》聚焦式地集中于广东省立法工作中的本土问题，完全基于地方问题而进行观察和研究，具有鲜明的地方特色。

不过，《广东省地方立法年度观察报告（2014）》还存在以下问题和不足：（1）研究资料上的不足和偏颇。尽管《广东省地方立法年度观察报告（2014）》收集了大量的立法文本资料和立法者的工作报告，但是这些立法文本、工作报告多数是由他人提供，资料的翔实性、可靠性依赖于他人的热情和责任心，有些或缺的材料自行收集又存在较大困难。研究资料的不足必然影响研究结果的科学性。（2）研究者的局限性和多样性。《广东省地方立法年度观察报告（2014）》由数名研究者共同完成，各研究者知识结构、生活阅历、研究专长与经验、认真态度等因素各异，对同一地方立法行为可能有不同的解读，从而使《广东省地方立法年度观察报告（2014）》带有较强的“人”的局限性，一个立法机关存在的问题，可能是所有立法机关所共同存在的问题，也可能是其他立法机关严重存在却没有被认为是问题的。（3）开展《广东省地方立法年度观察报告（2014）》的研究时间比较仓促，地方立法质量评估指标体系也还没有设计完成，加之又是全国首创，难以找到现成的可以借鉴的样本参考，从而带来

《广东省地方立法年度观察报告（2014）》研究的不成熟。

我们设想，《广东省地方立法年度观察报告》今后每年出版一辑，连续出版，并设计出“广东省地方人大立法质量评价指标体系”和“广东省地方行政立法质量评价指标体系”两个地方立法质量评价指标体系，以提高《广东省地方立法年度观察报告》的客观性和科学性。欢迎社会各界，尤其是广东省、市的立法机关对《广东省地方立法年度观察报告（2014）》存在的疏漏、问题与不足提出批评指正，也敬请社会各界，尤其是广东省、市的立法机关对《广东省地方立法年度观察报告》的研究继续提供更多的支持与帮助。

# 第一编 广东省省级地方立法年度观察报告（2014）

广东省，以岭南东道、广南东路得名，简称“粤”，省会广州，是中国大陆南端沿海的一个省份。位于南岭以南，南海之滨，与香港、澳门、广西、湖南、江西和福建接壤，与海南隔海相望，划分为珠三角、粤东、粤西和粤北四个区域，下辖21个省辖市（副省级城市2个，地级市19个），119个县级行政区（59个市辖区、21个县级市、36个县、3个自治县）。自1989年起，广东省国内生产总值在中国30个省、自治区、直辖市中，连续位居第一。[①]2015年广东省经济总量占全国的1/8，并超越香港和台湾，成为中国第一经济大省。[②]根据《中华人民共和国地方各级人民代表大会和地方各级人民政府组织法》（以下简称《地方组织法》）和《立法法》的规定，广东省人大及其常委会可以就下列事项制定地方性法规：（1）为执行法律、行政法规的规定，需要根据本行政区域的实际情况作具体规定的事项；（2）属于地方性事务需要制定地方性法规的事项；（3）除全国人大及其常委会专属立法事项外，其他事项国家尚未制定法律或者行政法规的，省、自治区、直辖市和较大的市根据本地方的具体情况和实际需要，可以先制定地方性法规。在国家制定的法律或者行政法规生效后，地方性法规同法律或者行政法规抵触的规定无效，制定机关应当及时予以修改或者废止。广东省人民政府可以就下列事项制定地方政府规章：（1）为执行法律、行政法规、地方性法规的规定需要制定规章的事项；（2）属于本行政区域的具体行政管理事项。

2014年11月至2015年3月，我们对广东省人大及其常委会以及广东省人民政府2014年度立法情况进行了调查、评测，形成如下观察报告。

①广东省情网：广东省省情数据库，第六节《外向特征明显的经济》，http://www.gd-info.gov.cn/books/dtree/showbook.jsp?paths=10645&stype=v&docid=1361&siteid=guangdong，访问时间：2015年2月23日。

②南方周末：《中国经济第一大省转型，广东政府要耐寂寞》，http://www.infzm.com/content/82936，访问时间：2015年2月23日。

# 第一章　广东省人大常委会 2014 年度立法观察报告

## 一、广东省人大常委会2014年立法基本情况

### （一）广东省人大常委会2014年立法概述

2014年，广东省人大常委会审议通过了地方性法规草案7件，分别是：《广东省信访条例》《广东省信息化促进条例》《广东省社会科学普及条例》《广东省行政许可监督管理条例》《广东省气象灾害防御条例》《广东省企业集体合同条例》和《广东省实施〈中华人民共和国水法〉办法》。批准了地方性法规共9件，分别是：广州市8项，即《广州市预防职务犯罪条例》《广州市南沙新区条例》《广州市城乡规划条例》《广州市南沙新区条例》《广州市公共图书馆条例》《广州市公园条例》，废止《广州市企业治安保卫条例》，废止《广州市蔬菜基地管理规定》；连山壮族瑶族自治县1项，即《连山壮族瑶族自治县森林资源保护管理条例》。接受地方性法规备案22项，分别是：深圳市7项，即《深圳经济特区促进全民健身条例》《深圳经济特区无偿献血条例》《深圳经济特区政府投资项目管理条例》《深圳经济特区居住证条例》《深圳经济特区审计监督条例》《深圳市学校安全管理条例》《深圳经济特区道路交通安全违法行为处罚条例》；珠海市8项，即《珠海经济特区相对集中行政处罚权条例》《珠海经济特区海域海岛保护与开发条例》《珠海经济特区见义勇为人员奖励和保障条例》《珠海经济特区行政执法与刑事司法衔接工作条例》《珠海经济特区养犬管理条例》和《珠海经济特区户外广告设施管理条例》，废止《珠海市见义勇为人员奖励和保障条例》和《珠海市相对集中行政处罚权条例》；汕头市6项，即《汕头经济特区社会工作者条例》《汕头经济特区城乡规划条例》《汕头经济特区房屋安全管理条例》《汕头经济特区村务公开条例》《汕头经济特区小公园开埠区保护条例》和《汕头经济特区募捐条例》。

### （二）广东省人大常委会2014年立法的具体情况

1.《广东省信访条例》

为了保持国家机关同人民群众的密切联系，畅通信访渠道，监督和促进国家机

关及其工作人员改进工作，维护信访人的合法权益，维护信访秩序，维护社会公平正义，根据宪法、有关法律和国务院《信访条例》的规定，结合广东省实际，2014年3月27日，广东省第十二届人民代表大会常务委员会第七次会议通过了《广东省信访条例》，自2014年7月1日起实施。

《广东省信访条例》包括总则、信访人的权利和义务、信访渠道、信访事项提出、信访事项受理、信访事项办理、信访工作责任与监督、信访秩序、信访问题源头化解、法律责任和附则等17章，共77条。《广东省信访条例》明确了信访的四个主要原则，即属地管理、分级负责，谁主管、谁负责的原则；诉访分离，分类处理的原则；依法、及时、就地解决问题与预防、疏导教育相结合的原则；公平、公正、公开、有序、便民的原则。《广东省信访条例》主要对六项主要内容作了规范，即实行诉访分离制度；畅通信访渠道；规范接访行为；强化信访工作责任与监督；明确信访人权利；建立有效预防和化解社会矛盾机制。《广东省信访条例》对信访工作的各个环节进行了规范，使广东省的信访工作逐步纳入法治轨道，切实保护了人民群众的正当权益。

2.《广东省信息化促进条例》

为了加快信息化发展，规范信息化服务与管理，根据有关法律和行政法规，结合广东省实际，2014年5月29日，广东省第十二届人民代表大会常务委员会第九次会议通过了《广东省信息化促进条例》，自2014年9月1日起实施。

《广东省信息化促进条例》包括总则、信息化规划与建设、信息资源开发利用、信息技术推广应用、信息产业发展、信息安全保障和监管、法律责任和附则等8章，共76条。《广东省信息化促进条例》主要内容是：（1）明确了信息化规划与建设。《广东省信息化促进条例》规定了信息化的区域协调与协作，包括全省的均衡协调发展以及粤港澳合作；规定了政府投资建设的信息化项目审批时的征求意见制度以及信息化项目的建设要求；明确了信息化发展总体规划和专项规划的编制和修改要求；明确了公共信息基础设施的建设和使用要求，重点体现了资源共享、平等接入、公平竞争的理念。（2）规范了信息资源的开发利用。《广东省信息化促进条例》规定了政务信息资源的共享要求、共享机制以及信息提供；规定了信息资源的开发利用及其保密要求；明确了国家机关以及其他单位和个人采集信息的规范；明确了提供公共服务单位的保密责任；明确了相关部门对信息资源市场的监管职责。（3）强化了信息技术的推广应用。《广东省信息化促进条例》规定了信息技术推广应用体系的建立，并明确相关专项资金应安排一定比例用于信息技术的推广应用；规定了新一代互联网、云计算、物联网、大数据等新一代信息技术的推广应用措施；规定了信息技术在政务、商务、中小微企业服务等方面的应用；规定了社区和农村的信息化应用；明确了信息化与工业化“两化融合”以及电信网、互联网、广播电视网“三网融合”的要求。（4）明确了信息产业发展政策。《广东省信息化促进条例》规定了促进信息产业发展的政策支持和投融资机制；规定了信息产业领域的知识产权保护；规定了设计、制造电子信息产品的节能环保要求；规定了信息化人才的培养和引进；规定了对信息化行业组织发展的促进措施。（5）规定了信息安全保障措施。《广东省信息化促进条例》规定了信息安全协调机制的建立；规定了信息安全认证以及粤港澳电子签名的互认互通；规定了信息网络和系统的应急管理；规定了对违法有害信息的监管要求。

3.《广东省社会科学普及条例》

为了加强本省社会科学普及工作，提高公民社会科学文化素养，促进人与社会的全面发展，根据宪法及有关法律、法规，结合广东省实际，2014年5月29日，广东省第十二届人民代表大会常务委员会第九次会议通过了《广东省社会科学普及条例》，自2014年9月1日起实施。

《广东省社会科学普及条例》包括总则、内容与形式、社会责任、普及组织和工作者、保障与激励、法律责任、附则等7章，共45条。《广东省社会科学普及条例》主要内容是：（1）确定社会科学普及的组织领导机构。社会科学界联合会是党委领导下的人民团体，是社会科学普及工作的主要社会力量，负责协助本级人民政府制定社会科学普及规划和计划，组织、协调社会科学普及活动等工作。近年来，一些省、自治区、直辖市立法机关先后通过立法形式明确规定了社会科学界联合会在普及社会科学工作方面的地位和职能。为加强社会科学普及工作的领导，条例规定县级以上人民政府领导本行政区域内的社会科学普及工作，将社会科学普及工作纳入国民经济和社会发展总体规划。教育、文化、广播电视、新闻出版等行政主管部门应当发挥自身职能作用，推动社会科学普及工作。（2）明确社会科学普及的内容与形式。社会科学知识内容涉及社会的各个领域，范围非常广泛，不可能在全社会普及所有的社会科学知识。本条例采取列举的方式对社会科学普及的内容进行了规范，将社会科学的原则性、理论性、实用性和学科性内容相结合，充分体现了我省社会科学普及工作和活动内容的文化特色。社会科学普及形式是社会科学知识普及和传播活动所采用的形式。社会科学普及形式也是引导与调节社会科学普及活动过程的重要载体，是实现社会科学知识普及目标的重要途径。社会科学普及形式的多样化对体现社会科学普及的群众性，促进社会科学普及活动全民参与起着重要的作用。近年来，我省各级党委政府部门和社科联组织，通过在社会科学普及活动中的积极实践，在社会科学普及形式和载体多样化方面不断努力和创新，取得了一定的成效。集中规定了社会科学普及的主要形式，基本涵盖了目前社会科学普及工作的主要方式和方法。通过对社会科学普及形式进行列举，一方面对社会科学普及活动的形式进行总结并上升到立法高度；另一方面，对今后的社会科学普及工作的形式进行示范化指引。（3）阐述社会科学普及保障措施。社会科学普及工作是一项公益性事业，必须有一定的投入和设施建设予以保障。省财政目前在社会科学普及工作上有一定投入，但是一些地级市、县级政府尚没有这方面的专项投入或者投入极少，制约了当地社会科学普及工作的开展。根据《中共中央关于进一步繁荣发展哲学社会科学的意见》中“经费投入需要进一步加大”的要求，条例规定：“县级以上人民政府应当将社会科学普及事业所需经费列入本级财政预算，并随着财政收入的增长而增加。”由于各地经济发展不平衡，对于投入具体数额不作明确规定。条例同时鼓励社会资金投入，并可以进行一定条件下的市场化运作。规定各级人民政府应当采取政府购买、项目补贴或者奖励等方式鼓励和支持社会力量开展社会科学普及活动，规定鼓励社会组织和个人对社会科学普及事业进行捐赠，用于资助社会科学普及事业。对捐赠财产用于社会科学普及事业或者投资建设社会科学普及场馆、设施的，按照国家有关规定依法予以税收优惠。此外，条例明确社会科学普及基础设施建设、信息化建设、人才建设和激励政策，为我省社会科学普及提供了物质基础和人才保障。

《条例》自公布以来得到了社会，特别是知识分子的一致好评。“《条例》不是管理型立法，而是典型的促进型立法。首次使用独立章节，把中华民族优秀传统文化、岭南文化和文明健康的生活理念和生活方式归纳到社会科学普及的内容范围，是这部《条例》的亮点之一。”“《条例》是我们社科界的一把‘尚方宝剑’，我们有义务把它擦亮。”①

4.《广东省行政许可监督管理条例》

为了规范和监督行政许可行为，保护公民、法人和其他组织的合法权益，根据《中华人民共和国行政许可法》和有关法律、法规，结合广东省实际，2014年5月29日，广东省第十二届人民代表大会常务委员会第九次会议通过了《广东省行政许可监督管理条例》，自2015年1月1日起施行。

《广东省行政许可监督管理条例》包括总则、行政许可的设定、行政许可的实施、行政许可的评价、行政许可的监督检查、法律责任和附则等7章，共48条。《广东省行政许可监督管理条例》包括总则、行政许可的设定、行政许可的实施、行政许可的评价、行政许可的监督检查、法律责任和附则等7章，共48条。《广东省行政许可监督管理条例》规定了以下主要内容：（1）规定了行政许可监督管理的原则及职责。《广东省行政许可监督管理条例》规定了设定严格、实施便民、监督有效的基本原则，以及行政许可监督管理中各级人民政府及其职能部门的具体职责。（2）规定了行政许可的设定。《广东省行政许可监督管理条例》规定了行政许可应当予以调整的情形和不得设定行政许可的事项，规定了行政许可目录管理制度和停止实施该行政许可的情形。（3）规范了行政许可的实施。《广东省行政许可监督管理条例》规定了建立

---

①傅雅蓉：《社会科学普及经费纳入政府财政预算》，http://news.gmw.cn/newspaper/2014-09/25/content_101107550.htm，访问时间：2015年3月23日。

健全行政许可标准化制度，行政许可申请的受理程序，行政许可审查、决定人的确立及职权职责，行政许可审查公示制度，行政许可审批时限和费用等。（4）建立了行政许可的评价制度。《广东省行政许可监督管理条例》建立了行政许可的评价机制，明确了评价的主体和时间、规定了第三方机构参与评价制度以及评价后对行政许可的处理机制。（5）完善了行政许可的监督检查制度。《广东省行政许可监督管理条例》建立健全了实施行政许可机关公示机制，申请人行政许可权保护机制，上级行政机关、监察机关的监督机制，许可机关内部的监督机制，县级以上人大常委会监督机制，以及行政许可违法情形的责任追究机制、行政许可配套规范性文件的监督检查机制、社会组织实施行政许可的监督检查机制和行政许可违法行为举报投诉机制等，明确了行政机关实施行政许可的禁止性规定，从而完善了行政许可的监督检查制度。

人民网指出："出台、实施《广东省行政许可监督管理条例》是该省贯彻党的十八大和十八届三中、四中全会精神，以法治手段健全政府权力运行机制，把权力关进制度'笼子'的重大举措。条例的出台实施，对该省进一步推进依法行政，巩固行政审批制度改革成果，规范和监督行政机关的行政许可行为，切实保护公民、法人和其他组织的合法权益具有里程碑意义。"①

5.《广东省气象灾害防御条例》

为了加强气象灾害防御，避免、减轻气象灾害造成的损失，保障人民生命和财产安全，根据《中华人民共和国气象法》《气象灾害防御条例》等有关法律、行政法规，结合广东省实际，2014年11月26日，广东省第十二届人民代表大会常务委员会第十二次会议通过了《广东省气象灾害防御条例》，自2015年3月1日起施行。

《广东省气象灾害防御条例》包括总则、预防、监测、预报和预警、应急处置、法律责任和附则等6章，共57条。《广东省气象灾害防御条例》主要内容包括五个方面：（1）明确了管理职责。《广东省气象灾害防御条例》规定了气象灾害防御的工作机制和原则；规定了县级以上人民政府负责气象灾害防御工作的组织领导，并将气象灾害防御工作纳入政府绩效考核。县级以上气象主管机构具体负责气象灾害防御的管理监督工作。规定了政府保障措施，应当将气象灾害防御工作的相关经费纳入本级财政预算，并加强气象灾害服务体系建设。（2）加强了灾害预防。《广东省气象灾害防御条例》规定了气象灾害风险区的划定；规定了气象灾害防御规划的编制和内容；规定了气象灾害应急预案；借鉴香港经验，结合我省的气象灾害特点，规定了台风、暴雨期间的停课、停工安排；规定了对重大规划及工程项目实行气候可行性论证；规定了气象灾害防御设施的建设和保护；规定了各类气象灾害的防御措施。（3）完善了灾

①人民网：《〈广东省行政许可监督管理条例〉正式生效　行政许可有权必有责》，http://gd.people.com.cn/BIG5/n/2015/0104/c123932-23427568.html，访问时间：2015年2月25日。

害的监测预报。《广东省气象灾害防御条例》规定了气象灾害监测体系，要求相关部门加强协作，实现信息共享；规定了由气象主管机构所属的气象台站向社会统一发布灾害性天气警报和气象灾害预警信号；规定了县级以上人民政府应当完善预警服务设施，完善预警预报信息发布和传播系统；规定了气象灾害预警信息的传播。（4）强化了应急处置。《广东省气象灾害防御条例》规定了气象灾害危险区域；规定了气象灾害应急预案的启动；规定了各级政府在气象灾害发生后，应当采取的应急处置措施；规定了气象灾害应急预案启动后，气象主管机构应当组织对灾害性天气的跟踪监测和评估，及时向本级人民政府和有关部门报告；规定了气象灾害结束后的气象灾害调查评估。（5）规定了法律责任。《广东省气象灾害防御条例》规定了行政主管部门及其工作人员未依法履行职责的法律责任；规定了违反本条例未按规定采取气象灾害防御措施的法律责任；规定了不进行气候可行性论证，不按规定安装、检测防雷装置行为的法律责任。

6.《广东省企业集体合同条例》

为了规范集体协商行为，完善集体合同制度，维护职工和企业的合法权益，建立和谐稳定的劳动关系，根据《中华人民共和国劳动法》《中华人民共和国劳动合同法》《中华人民共和国工会法》《中华人民共和国劳动争议调解仲裁法》和《中华人民共和国人民调解法》等法律，结合广东省实际，2014年9月25日，广东省第十二届人民代表大会常务委员会第十一次会议通过了《广东省企业集体合同条例》，自2015年1月1日起实施。

《广东省企业集体合同条例》包括总则、集体协商、集体合同、争议处理、法律责任和附则等6章，共46条。《广东省企业集体合同条例》包括以下主要内容：（1）双方共建和谐劳动关系。《广东省企业集体合同条例》规定了开展集体协商、签订集体合同应当遵循合法、公平、平等自愿、协商一致、诚实信用的原则。为避免群体性劳资纠纷引发的无序停工、怠工事件，引导职工依法理性维权；规定了劳资双方发生争议而无法进行集体协商，或者经协商不能达成一致意见的，地方总工会、企业代表组织应及时介入，会同企业主管部门指导、规范职工与企业依法继续开展协商，维护劳动关系和谐稳定。（2）对企业集体协商的规范。根据国家法律法规，结合我省推进企业集体协商工作的实践，《广东省企业集体合同条例》增加专章对企业集体协商行为进行规范：一是集体协商内容的界定。《广东省企业集体合同条例》对协商的内容作了限定，规定了可以集体协商的七项内容以及开展工资集体协商时可以协商的七项内容。二是规定企业和职工均可根据实际情况，提出工资增长、不增长、负增长的协商要求。三是集体协商代表的确定。《广东省企业集体合同条例》对协商代表的人数、代表产生、职责等作出规定，为保护协商代表的权益不受损害，保证其正常履行职责，增加了对协商代表的保护条款。四是规范集体协商程序。《广东省企业集体合同条例》规定职工一方和企业均有权要求进行集体协商，一方书面发出集体协商要约书的，对方应当在收到集体协商要约书三十日内给予书面答复，并就有关事项进行协商；规定企业工会代表职工向企业提出集体协商要约。职工认为需要与企业进行集体协商的，应当向企业工会提出。五是规范集体协商双方行为。为避免集体协商过程中双方因意见不合、矛盾激化而采取过激手段进行对抗，《广东省企业集体合同条例》对协商过程中双方行为进行规范。（3）新设争议处理的方式。第四章“争议处理”中规定在协商出现僵局时采取调解和调停两种争议处理机制。通过调解和调停两种方式来解决争议，既充分尊重协商双方的主体地位，又避免在集体协商期间公权力的过分介入。此外，《广东省企业集体合同条例》规定对与社会经济秩序和居民生活秩序关系密切的公共企事业单位及其关联企业发生停工、闭厂等情形，地方政府可以根据实际情况发布命令，责令企业、职工停止不当行为，恢复正常秩序。（4）强化法律责任。《广东省企业集体合同条例》针对职工和企业违反条例规定的情形设置了法律责任，加大法规约束力；针对政府有关部门、工会工作人员在集体协商工作中不依法履行职责的行为设定了相应的法律责任。

7.《广东省实施〈中华人民共和国水法〉办法》

为了节约保护与合理开发利用水资源，防治水害，实现水资源统一管理和可持续利用，推进生态文明建设，根据《中华人民共和国水法》等有关法律、行政法规，结合广东省实际，2014年11月26日，广东省第十二届人民代表大会常务委员会第十二次会议通过了《广东省实施〈中华人民共和国水法〉办法》，自2015年1月1日起实施。

《广东省实施〈中华人民共和国水法〉办法》分为总则、水资源规划、水资源开发利用、水资源保护、河道管理和保护、水资源节约使用、责任考核和监督检查、法律责任和附则等9章，共65条。《广东省实施〈中华人民共和国水法〉办法》包括以下主要内容：（1）明确了管理职责。《广东省实施〈中华人民共和国水法〉办法》规定了县级以上人民政府在水利基础设施建设中的责任；规定了县级以上人民政府应当统筹协调取水、供水、用水、排水等涉水事务，实行城乡水资源统一管理；规定了部门职责。第九条规定了水资源实行流域管理与行政区域管理相结合的管理体制。水行政主管部门负责本行政区域内的水资源统一管理和监督工作。省流域管理机构在所管辖的范围内履行法律、法规和省水行政主管部门依法授予的流域水资源管理和监督职责；明确了县级以上人民政府应当加强水资源管理，实行用水总量控制制度、用水效率控制制度和水功能区限制纳污制度。水资源管理实行县级以上人民政府行政首长负责制和责任考核制度。（2）细化了水资源规划的编制程序和管理制度。一是规定了规划的种类和编制程序。《广东省实施〈中华人民共和国水法〉办法》规定了规划的种类和层级、规划的编制和修改程序。二是规定了规划的衔接。《广东省实施〈中华人民共和国水法〉办法》规定了水资源规划应当与国民经济和社会发展规划、土地利用总体规划、城乡规划和环境保护规划等相衔接，兼顾各地区、各行业的需要。三是根据水法的规定，《广东省实施〈中华人民共和国水法〉办法》规定了规划和重大项目布局要开展科学论证。（3）规范了水资源的开发利用制度。一是建立了用水总量控制制度。《广东省实施〈中华人民共和国水法〉办法》规定了用水总量控制指标、流域水量分配方案的制订程序。二是规范了取水许可制度。《广东省实施〈中华人民共和国水法〉办法》规定了取水许可的实施范围、取水许可的审批权限、取水许可的审批限制、批准文件效力以及取水计量管理；规定了建设项目水资源论证，地下水资源的开发、利用和保护以及水资源费的征收管理制度。（4）加强了水资源的保护。《广东省实施〈中华人民共和国水法〉办法》规定了水功能区的划定、定位以及限制纳污制度，以及排污口的设置；规定了水质的监测和治理，并且要求水行政主管部门和环保部门的水质水量监测数据和分析成果等实行共享；规定了水生态的修复和保护；规定了城市建设项目应当按照城市防洪排涝要求，配套建设排水设施，城市排水行政主管部门应当制定城市排涝应急预案。（5）完善了河道保护。一是明确了河道岸线利用要求。《广东省实施〈中华人民共和国水法〉办法》规定了河道岸线的利用，应当服从防洪规划、河道岸线规划和航道规划。二是对涉河建筑审批以及临时占用河道的行为作了规定。《广东省实施〈中华人民共和国水法〉办法》规定了在河道管理范围内新建、扩建、改建工程设施，建设单位应当将工程建设方案报水行政主管部门同意；在河道、湖泊、水库管理范围内临时建设设施和堆放物品的，应当经水行政主管部门批准。临时占用期限不得超过两年。（6）强化了节约用水。《广东省实施〈中华人民共和国水法〉办法》规定了计划用水管理，县级以上人民政府水行政主管部门应当建立重点用水户监控名录，根据取水户的具体情况下达下一年度的用水计划；规定了用水定额和用水效率控制制度；规定了水平衡测试，进一步加强对用水户用水情况的监督管理。（7）规定了法律责任。《广东省实施〈中华人民共和国水法〉办法》规定了县级以上人民政府水行政主管部门、流域管理机构或者其他有关部门及其工作人员未履行职责的法律责任，规定了不服从水量调度的行为的法律责任、违法取水的法律责任和不配套建设排水设施行为的法律责任，以及未经批准在河道管理范围内违建或者违法占用行为的法律责任。

## 二、广东省人大常委会2014年立法清理情况

### （一）广东省人大常委会2014年立法清理概述

广东省人大及其常委会从1979年12月至2014年1月，共制定地方性法规372项。这些地方性法规对推动广东经济社会发展和依法治省工作发挥了积极的作用，但随着时代的演变，有些地方性法规已经不适应当前全面深化改革的需要。为此，2013年12

月，广东省人大常委会根据广东省全面深化改革的总体部署，开展地方性法规全面清理工作。此次地方性法规清理工作紧紧围绕全面深化改革来部署和开展，其实质就是要通过修改、废止法规来更好地发挥立法在引领、推动和保障改革发展的重要作用。这次地方性法规清理分两个阶段：第一阶段，广东省人大常委会将215件地方性法规，分类委托给中山大学、广东外语外贸大学、华南理工大学、广州大学等四个省地方立法研究评估与咨询服务基地，由各地方立法基地各自提出自己的地方性法规清理报告。综合所有法规清理报告，提出建议修改地方性法规的有111件，废止的有17件，保留的有87件。广东省人大常委会于2014年8月中旬邀请广东省人大各专门委员会、省人大常委会各工作委员会、部分常委会组成人员和部分省人大代表、立法咨询专家就地方性法规清理意见、拟建议废止和一揽子打包修改的法规的具体处理意见进行论证。第二阶段，广东省人大法委、常委会法工委认真研究各方面提出的清理建议，在广泛征求意见和认真论证协调的基础上，提出地方性法规清理意见，于9月初提请省人大常委会主任会议审议。地方性法规清理意见经省人大常委会主任会议审议决定后印发各有关单位执行，对应当予以修改或者废止的法规，要依照《广东省地方立法条例》的有关规定办理。广东省人大常委会根据清理工作进展情况和实际需要，于2014年9月采取一揽子处理的办法，集中修改或者废止了一批明显不适应全面深化改革需要或者与上位法不一致的法规。清理的结果是：修改法规草案40件，分别是：《广东省实施〈中华人民共和国城市居民委员会组织法〉办法》《广东省人口与计划生育条例》《广东省商品房预售管理条例》《广东省经纪人管理条例》《广东省股份合作企业条例》《广东省民营科技企业管理条例》《广东省农业机械管理条例》《广东省水利工程管理条例》《广东省建设工程项目使用袋装水泥和现场搅拌混凝土行政许可规定》《广东省高危险性体育项目经营活动管理规定》《广东省实施〈中华人民共和国文物保护法〉办法》《广东省实施〈中华人民共和国民办教育促进法〉办法》《广东省无线电管理条例》《广东省森林公园管理条例》《广东省测绘条例》《广东省水文条例》《广东省保护公民举报条例》《广东省产品质量监督条例》《广东省土地权属纠纷处理条例》《广东省实施〈中华人民共和国反不正当竞争法〉办法》《广东省珠江三角洲水质保护条例》《广东省韩江流域水质保护条例》《广东省东江水系水质保护条例》《广东省查处无照经营行为条例》《广东省城市控制性详细规划管理条例》《广东省湿地保护条例》《广东省珠江三角洲城镇群协调发展规划实施条例》《广东省粮食安全保障条例》《广东省道路交通安全条例》《广东省促进科学技术进步条例》《广东省华侨捐赠兴办公益事业管理条例》《广东省城市绿化条例》《广东省职业介绍管理条例》《广东省技术市场条例》《广东省基本农田保护区管理条例》《广东省公路条例》《广东省民用建筑节能条例》《广东省林地保护管理条例》《广东省社会养老保险条例》和《广东省村务公开条例》。废止9件，分别是：《广东省资产评估管理条例》《广东省珠海市饮用水源水质保护条例》《广东省高速公路管理条例》《广东省流动人员劳动就业管理条例》《广东省对外加工装配业务条例》《广东省惩处为赌博放贷非法索债的规定》《广东省禁止赌博条例》《广东省安置刑满释放和解除劳动教养人员的规定》和《广东省保安服务管理条例》。这次地方性法规清理的特点是：一是发挥省人大常委会的主导作用与发挥社会积极力量相结合；二是专家学者进行专业化清理与行政部门开展多渠道清理相结合；三是采取传统清理方式与运用现代科学手段相结合；四是严格按照上位法进行清理与从全面深化改革实际需要出发进行清理相结合。①

## （二）广东省人大常委会2014年立法清理的具体情况

1.《广东省实施〈中华人民共和国城市居民委员会组织法〉办法》的修改

《广东省实施〈中华人民共和国城市居民委员会组织法〉办法》（以下简称《实施办法》）于1996年颁布施行以来，随着经济社会的发展和城镇化进程的加快，我省城市居委会户数发生了巨大变化，特别是2002年全省开展城市管理体制改革和重新调整划分新社区以来，社区居委会所辖居民户数大大超出了《实施办法》规定的户数。据统计，目前全省社区人口规模，500户以下的约占3%，500～1000户的约占22%，1001～2000户的约占30%，2001～3000户的约占23%，3001户以上的约占22%。因此，《实施办法》第五条关于"居民委员会成员组成，户数在300户以下的可以设5人，户数在300～500户的可以设7人，户数在500户以上的可以设9人"的规定，与我省社区居民户数和社区发展实际不相符。2014年年初，广东省全面启动村、社区"两委"换届选举工作。为更好地规范和保障社区居委会的换届选举工作，广东省民政厅建议将《实施办法》第五条修改为："居民委员会由主任、副主任和委员共5至9人组成，户数在1000户以下的可以设5人，户数在1000～2000户的可以设7人，户数在2000户以上的可以设9人。居民委员会成员可以根据需要安排为专职或者兼职。"经研究，《实施办法》第五条的规定确实已经不符合我省社区居委会发展的实际情况。同时，为配合做好全省村、社区"两委"换届选举工作，更好地规范和保障社区居委会的换届选举工作，对《实施办法》第五条进行修改是必要的，建议修改的内容也是符合实际情况且可行的。为此，法制工作委员会根据有关方面的建议，在广泛征求意见的基础上，拟订了《广东省实施〈中华人民共和国城市居民委员会组织法〉办法修正案（草案）》。2014年1月9日，广东省第十二届人民代表大会常务委员会第六次会议通过了《关于修改〈广东省实施《中华人民共和国城市居民委员会组织法》办法〉的决定》，对《实施办法》第五条作出相应修改。

①于洋：《广东省人大常委会"四个相结合"清理法规》，载《法制日报》2014年6月26日。

2.《广东省人口与计划生育条例》的修改

为了贯彻落实国家关于启动实施一方是独生子女的夫妇可生育两个孩子的政策，逐步调整完善生育政策，促进人口长期均衡发展，根据《全国人民代表大会常务委员会关于调整完善生育政策的决议》，广东省人民政府拟订了《广东省人口与计划生育条例修正案（草案）》。2014年3月27日，广东省第十二届人民代表大会常务委员会第七次会议通过，自公布之日起施行。修改的内容主要有：（1）将第十九条第一款第六项“夫妻双方为独生子女且只有一个子女的”修改为“夫妻一方为独生子女且只有一个子女的”。（2）鉴于在现实管理中，各方对“独生子女”的界定有不同理解，条例修正案根据《国家卫生计生委关于贯彻落实〈中共中央国务院关于调整完善生育政策的意见〉的通知》（国卫指导发〔2014〕1号）的规定，在附则部分增加一条作为第六十八条，明确：“独生子女是指夫妻生育或者合法收养的唯一子女，即没有同父同母、同父异母、同母异父的兄弟姐妹，或者曾有兄弟姐妹但兄弟姐妹均于生育子女前死亡。”

3.《广东省商品房预售管理条例》的修改

2014年9月25日，广东省第十二届人民代表大会常务委员会第十一次会议通过了《关于修改〈广东省商品房预售管理条例〉的决定》。修改的主要内容有：（1）将第二十二条修改为：“预售商品房时，预售人应当与预购人签订书面的商品房预购销合同，在该合同签订三十日内持该合同到项目所在地房地产交易登记机构办理登记备案手续；房地产交易登记机构应当自受理之日起二十日内予以登记备案。”该条例第二十二条有关买卖双方办理登记备案的规定与《城市商品房预售管理办法》第十条相关规定不一致。据此，应作相应修改。（2）删除第三十四条，即“房地产交易登记机构监督管理商品房预售款时，可以向预售人收取监督管理款项千分之二的监督管理服务费”。

4.《广东省经纪人管理条例》的修改

2014年9月25日，广东省第十二届人民代表大会常务委员会第十一次会议通过关于修改《广东省经纪人管理条例》。修改的主要内容有：（1）将第八条第一项的“30万元注册资金”修改为“有认缴登记的注册资本”。该条例第八条第一项有关“30万元注册资金”的规定，不符合国务院《注册资本登记制度改革方案（2014）》有关实行注册资本认缴登记制、取消公司注册资本最低限额的要求。（2）删除第二十七条第一款的“吊销营业执照”。第二十七条第一款规定的给予吊销营业执照的处罚缺乏上位法依据。

5.《广东省股份合作企业条例》的修改

2014年9月25日，广东省第十二届人民代表大会常务委员会第十一次会议通过了《关于修改〈广东省股份合作企业条例〉的决定》。修改的主要内容有：将第八条第二项“注册资本不少于人民币三万元”修改为“有符合企业章程规定的全体股东认缴的出资额”，同时将第二款的“注册资本达到人民币十万元以上”修改为“符合公司条件”。

6.《广东省民营科技企业管理条例》的修改

2014年9月25日，广东省第十二届人民代表大会常务委员会第十一次会议通过《关于修改〈广东省民营科技企业管理条例〉的决定》。修改的主要内容有：删除第七条第四项的“知识产权经合法评估可折价作注册资本，但不应超过注册资本总金额的30%”。

7.《广东省农业机械管理条例》的修改

2014年9月25日，广东省第十二届人民代表大会常务委员会第十一次会议通过《关于修改〈广东省农业机械管理条例〉的决定》。修改的主要内容有：将第十四条第二款、第十六条第二款的“五个工作日”修改为“两个工作日”。

8.《广东省水利工程管理条例》的修改

2014年9月25日，广东省第十二届人民代表大会常务委员会第十一次会议通过《关于修改〈广东省水利工程管理条例〉的决定》。修改的主要内容有：将第二十六条的“按照水行政主管部门规定的要求”修改为“按照国家规定的防洪标准”；将第三十四条的“可处一万元以上五万元以下的罚款”修改为“可处一万元以上十万元以下的罚款”。

9.《广东省建设工程项目使用袋装水泥和现场搅拌混凝土行政许可规定》的修改

2014年9月25日，广东省第十二届人民代表大会常务委员会第十一次会议通过《关于修改〈广东省建设工程项目使用袋装水泥和现场搅拌混凝土行政许可规定〉的决定》。修改的主要内容有：第三条增加一款作为第二款，规定“省属建设工程项目现场使用袋装水泥进行混凝土搅拌的，由项目所在地市、县建设行政主管部门核准”。

10.《广东省高危险性体育项目经营活动管理规定》的修改

2014年9月25日，广东省第十二届人民代表大会常务委员会第十一次会议通过《关于修改〈广东省高危险性体育项目经营活动管理规定〉的决定》。修改的主要内容有：将第六条、第七条、第九条、第十条、第十一条、第二十三条的“地级以上市体育行政部门”修改为“县级以上人民政府体育主管部门”；将第二十四条的“省或者举办地地级以上市体育行政部门”修改为“举办地县级以上人民政府体育主管部门”；将第十条的“四年”修改为“五年”。

11.《广东省实施〈中华人民共和国文物保护法〉办法》的修改

2014年9月25日，广东省第十二届人民代表大会常务委员会第十一次会议通过《关于修改〈广东省实施《中华人民共和国文物保护法》办法〉的决定》。修改的主要内容有：该办法第三十三条有关涉案文物需要进行司法鉴定的程序，应当适用《全国人民代表大会常务委员会关于司法鉴定管理问题的决定》第二条第二项规定的“物证类鉴定”程序。据此，删除第三十三条。

12.《广东省实施〈中华人民共和国民办教育促进法〉办法》的修改

2014年9月25日，广东省第十二届人民代表大会常务委员会第十一次会议通过《关于修改〈广东省实施《中华人民共和国民办教育促进法》办法〉的决定》。修改的主要内容有：将第三十七条第一款的“民办学校的招生简章和广告样本，发布前应当报审批机关备案”修改为“民办非高等学校的招生简章和广告，应当报审批机关备案”。删除第四十二条第三项。

13.《广东省无线电管理条例》的修改

2014年9月25日，广东省第十二届人民代表大会常务委员会第十一次会议通过《关于修改〈广东省无线电管理条例〉的决定》。修改的主要内容有：删除第二十三条第二款；将第二十六条修改为“船舶、机车、航空器上的制式无线电台（站），应当按照国家有关规定，领取无线电台执照”；删除第四十五条第二项的“关闭、”；删除第四十八条的“，关闭无线电台（站）”。

14.《广东省森林公园管理条例》的修改

2014年9月25日，广东省第十二届人民代表大会常务委员会第十一次会议通过《关于修改〈广东省森林公园管理条例〉的决定》。修改的主要内容有：删除第十九条的“合并、”。

15.《广东省测绘条例》的修改

2014年9月25日，广东省第十二届人民代表大会常务委员会第十一次会议通过《关于修改〈广东省测绘条例〉的决定》。修改的主要内容有：删除第二十四条；删除第四十六条。

16.《广东省水文条例》的修改

2014年9月25日，广东省第十二届人民代表大会常务委员会第十一次会议通过《关于修改〈广东省水文条例〉的决定》。修改的主要内容有：删除第二十七条。

17.《广东省保护公民举报条例》的修改

2014年9月25日，广东省第十二届人民代表大会常务委员会第十一次会议通过《关于修改〈广东省保护公民举报条例〉的决定》。修改的主要内容有：将第七条修改为：“举报机构对受理举报的案件应当自结案之日起一个月内将调查情况或处理结果告知举报人。”

18.《广东省产品质量监督条例》的修改

2014年9月25日，广东省第十二届人民代表大会常务委员会第十一次会议通过《关于修改〈广东省产品质量监督条例〉的决定》。修改的主要内容有：删除第一条的《全国人大常委会关于惩治生产、销售伪劣商品犯罪的决定》，将《产品质量法》修改为《中华人民共和国产品质量法》。

19.《广东省土地权属纠纷处理条例》的修改

2014年9月25日，广东省第十二届人民代表大会常务委员会第十一次会议通过《关于修改〈广东省土地权属纠纷处理条例〉的决定》。修改的主要内容有：将第九条第二项的“征用”修改为“征收”。

20.《广东省实施〈中华人民共和国反不正当竞争法〉办法》的修改

2014年9月25日，广东省第十二届人民代表大会常务委员会第十一次会议通过《关于修改〈广东省实施《中华人民共和国反不正当竞争法》办法〉的决定》。修改的主要内容有：删除第十六条的“对违法事实认定清楚的，可以提请金融机构依法暂停支付违法行为人的存款”。

21.《广东省珠江三角洲水质保护条例》的修改

2014年9月25日，广东省第十二届人民代表大会常务委员会第十一次会议通过《关于修改〈广东省珠江三角洲水质保护条例〉的决定》。修改的主要内容有：将第三十一条修改为：“违反本条例规定，有下列行为之一的，由县级以上环境保护行政主管部门或者其他依照法律、法规行使水污染监督管理权的行政管理部门责令其改正，并根据情节轻重予以处罚：（一）拒报或者谎报国务院环境保护主管部门规定的有关污染物排放申报登记事项，逾期不改正的，处以一万元以上十万元以下的罚款；（二）违反第十二条规定，不在排污口安装污水排放计量器并保证其正常使用、不能正确反映排污单位污水排放情况，逾期不改正的，处一万元以上十万元以下的罚款；（三）违反第十七条规定，造成严重污染的，由所在地的市、县人民政府或者上级人民政府责令关闭；（四）违反本条例第十八条的规定，排放、倾倒污染物、废弃物的，处以五千元以上五万元以下的罚款；（五）违反本条例第二十二条第一款规定、第二十六条第（三）项、第二十七条第（四）项的规定，除责令其消除污染后果外，处以二万元以上二十万元以下的罚款；（六）违反本条例第二十八条第（二）项的规定，新建、扩建与供水设施和保护水源无关的建设项目或设施的，由县级以上人民政府报经有批准权的人民政府批准，责令停业、关闭。”将第三十三条修改为：“当事人对行政处罚不服的，可以在收到处罚决定书之日起六十日内，向作出处罚决定机关的上一级机关申请复议；对复议决定不服的，可以在接到复议决定书之日起十五日内，向人民法院提起诉讼。当事人也可以在接到处罚决定书之日起十五日内，直接向人民法院提起诉讼。”

22.《广东省韩江流域水质保护条例》的修改

2014年9月25日，广东省第十二届人民代表大会常务委员会第十一次会议通过《关于修改〈广东省韩江流域水质保护条例〉的决定》。修改的主要内容有：删除第二十五条；将第二十六条的“一万元以下罚款”修改为“一万元以上十万元以下的罚款”；将第二十八条的“一万元以上五万元以下罚款”修改为“十万元以上五十万元以下的罚款”。

23.《广东省东江水系水质保护条例》的修改

2014年9月25日，广东省第十二届人民代表大会常务委员会第十一次会议通过《关于修改〈广东省东江水系水质保护条例〉的决定》。修改的主要内容有：将第三十二条修改为“违反本条例第二十七条规定，应当配备防污染设施而没有配备的，由海事管理机构、渔业主管部门按照职责分工责令限期改正，处二千元以上二万元以下的罚款；逾期不改正的，责令船舶临时停航”。“违反本条例第二十八条规定，应当配备防污染设施而没有配备的，由环境保护行政主管部门责令停止生产或者使用，并可以处十万元以下的罚款。”

24.《广东省查处无照经营行为条例》的修改

2014年9月25日，广东省第十二届人民代表大会常务委员会第十一次会议通过《关于修改〈广东省查处无照经营行为条例〉的决定》。修改的主要内容有：将第十一条修改为“采取查封、扣押措施时，应当由两名以上执法人员实施。执法人员应当向当事人出示执法身份证件，送达查封、扣押决定书，当场告知当事人采取行政强制措施的理由、依据以及当事人依法享有的权利、救济途径，通知当事人到场，听取当事人的陈述和申辩并制作现场笔录和查封、扣押财物清单。查封、扣押财物清单一式两份，由当事人和执法机关各执一份。”“现场笔录和查封、扣押财物清单应当由当事人签名或者盖章。”“当事人拒绝签名或者盖章的，在笔录中予以注明；当事人不到场的，应当由两名以上与当事人无利害关系的见证人和行政执法人员在现场笔录上签名或者盖章；无见证人或者见证人拒绝签名的，应当在现场笔录中予以说明。”

25.《广东省城市控制性详细规划管理条例》的修改

2014年9月25日，广东省第十二届人民代表大会常务委员会第十一次会议通过《关于修改〈广东省城市控制性详细规划管理条例〉的决定》。修改的主要内容有：将第一条的《中华人民共和国城市规划法》修改为《中华人民共和国城乡规划法》。

26.《广东省湿地保护条例》的修改

2014年9月25日，广东省第十二届人民代表大会常务委员会第十一次会议通过《关于修改〈广东省湿地保护条例〉的决定》，修改的主要内容有：将第十八条、第二十条、第二十二条的“征用”修改为“征收”。

27.《广东省珠江三角洲城镇群协调发展规划实施条例》的修改

2014年9月25日，广东省第十二届人民代表大会常务委员会第十一次会议通过《关于修改〈广东省珠江三角洲城镇群协调发展规划实施条例〉的决定》。修改的主要内容有：将第一条的《中华人民共和国城市规划法》修改为《中华人民共和国城乡规划法》。

28.《广东省粮食安全保障条例》的修改

2014年9月25日，广东省第十二届人民代表大会常务委员会第十一次会议通过《关于修改〈广东省粮食安全保障条例〉的决定》。修改的主要内容有：将第三十八条修改为："粮食经营者违反本条例第三十一条规定，无正当理由拒不承担或者拖延承担粮食应急任务，由县级以上人民政府粮食行政管理部门给予警告并责令改正。"

29.《广东省道路交通安全条例》的修改

2014年9月25日，广东省第十二届人民代表大会常务委员会第十一次会议通过《关于修改〈广东省道路交通安全条例〉的决定》。修改的主要内容有：删除第六十条第一款第一项，将第六十条第二款相应修改为："行为人有前款规定第一项、第二项情形之一的，应当扣留机动车至违法状态消除；有前款规定第三项、第四项、第五项情形之一的，应当责令改正。"删除第六十三条第一款第三项，将第六十三条第二款相应修改为："行为人有前款第一项、第二项情形之一的，由公安机关交通管理部门扣留机动车至违法状态消除；有前款第四项情形的，可以并处吊销机动车驾驶证；有前款第七项情形的，可以并处吊销机动车驾驶证，五年内不得重新取得机动车驾驶证；有前款第八项情形的，可以并处吊销机动车驾驶证，五年内不得重新取得机动车驾驶证，构成犯罪的，依法追究刑事责任。"

30.《广东省促进科学技术进步条例》的修改

2014年11月26日，广东省第十二届人民代表大会常务委员会第十二次会议通过《关于修改〈广东省促进科学技术进步条例〉的决定》。修改的主要内容有：删除第二十五条中的"，但其所占份额不得超过全部注册资金的20%"。

31.《广东省华侨捐赠兴办公益事业管理条例》的修改

2014年11月26日，广东省第十二届人民代表大会常务委员会第十二次会议通过《关于修改〈广东省华侨捐赠兴办公益事业管理条例〉的决定》。修改的主要内容有：将第八条中的"确需改变原用途的，应当事先征得捐赠人同意，经当地县级以上人民政府侨务工作行政主管部门审核，报同级人民政府批准"修改为"确需改变原用途的，应当事先征得捐赠人同意"。将第十三条中的"经当地县级以上人民政府侨务工作行政主管部门和同级税务部门确认后"修改为"按照国家有关规定确认后"。

32.《广东省城市绿化条例》的修改

2014年11月26日，广东省第十二届人民代表大会常务委员会第十二次会议通过《关于修改〈广东省城市绿化条例〉的决定》。修改的主要内容有：将第十四条第一款修改为："省人民政府确定的古典名园，其恢复、保护规划和工程设计，由其所在地地级以上市人民政府城市绿化行政主管部门批准。所在地在佛山市顺德区的，由佛山市顺德区人民政府城市绿化行政主管部门批准。"将第十五条第一款修改为："城市绿化规划、城市各类绿地的修建性详细规划和工程设计方案应当符合国家有关技术标准和规范。”将第二十六条第二款修改为：“城市公共绿地、居住区绿地、风景林地内应当严格控制商业和服务经营设施。”删除第三十九条。

33.《广东省职业介绍管理条例》的修改

2014年11月26日，广东省第十二届人民代表大会常务委员会第十二次会议通过《关于修改〈广东省职业介绍管理条例〉的决定》。修改的主要内容有：将第八条第四项“有不少于十万元的开办资金”修改为“有认缴的开办资金”。删除第二十三条、第二十九条。删除第三十六条中的“第二十三条”。

34.《广东省技术市场条例》的修改

2014年11月26日，广东省第十二届人民代表大会常务委员会第十二次会议通过《关于修改〈广东省技术市场条例〉的决定》。修改的主要内容有：“设立技术交易市场、举办技术交易会，应当经同级工商行政管理部门登记。法律、法规另有规定的依照其规定。”删除第十八条第（一）项。

35.《广东省基本农田保护区管理条例》的修改

2014年11月26日，广东省第十二届人民代表大会常务委员会第十二次会议通过《关于修改〈广东省基本农田保护区管理条例〉的决定》。修改的主要内容有：将第八条中的“最后由省人民政府组织土地行政主管部门和农业行政主管部门验收确认”修改为“最后由地级以上市人民政府组织土地行政主管部门和农业行政主管部门验收确认”。

36.《广东省公路条例》的修改

2014年11月26日，广东省第十二届人民代表大会常务委员会第十二次会议通过《关于修改〈广东省公路条例〉的决定》。修改的主要内容有：将第二十四条第一款修改为：“公路建筑控制区的范围，从公路用地外缘起向外的距离标准为：国道不少于20米；省道不少于15米；县道不少于10米；乡道不少于5米。属于高速公路的，公路建筑控制区的范围从公路用地外缘起向外的距离标准不少于30米。公路弯道内侧、互通立交以及平面交叉道口的建筑控制区范围根据安全视距等要求确定。”删除第六十一条。

37.《广东省民用建筑节能条例》的修改

2014年11月26日，广东省第十二届人民代表大会常务委员会第十二次会议通过《关于修改〈广东省民用建筑节能条例〉的决定》。修改的主要内容有：将第三十条第二款修改为：“具备太阳能应用条件的建筑，建设单位应当选择合适的太阳能应用系统，用于热水供应等；设计单位应当按照有关太阳能应用的标准进行设计。”

38.《广东省林地保护管理条例》的修改

2014年11月26日，广东省第十二届人民代表大会常务委员会第十二次会议通过《关于修改〈广东省林地保护管理条例〉的决定》。修改的主要内容有：将第十二条、第十三条、第十五条中的“征用”修改为“征收、征用”。将第二十四条中的“可在接到处理或处罚决定书之日起15日内，向作出处理或处罚决定机关的上一级行政主管部门申请复议，或向人民法院起诉”修改为“可以依法申请行政复议或者提起行政诉讼”。

39.《广东省社会养老保险条例》的修改

2014年11月26日，广东省第十二届人民代表大会常务委员会第十二次会议通过《关于修改〈广东省社会养老保险条例〉的决定》。修改的主要内容有：将第九条修改为：“单位和被保险人必须按规定的标准逐月缴纳养老保险费。被保险人缴纳的养老保险费全部计入个人账户；单位缴纳的养老保险费计入社会养老保险统筹基金。”将第十条第一款修改为“单位按照国家与省规定的本单位职工工资总额的一定比例缴纳养老保险费”。将第十条第二款修改为：“被保险人上年度月平均工资高于或者低于省政府规定标准的，按照省政府规定执行。”将第十五条第一款修改为：“被保险人经社会保险经办机构资格审查，达到法定退休年龄时累计缴费满十五年的，按月领取基本养老金。被保险人达到法定退休年龄时累计缴费不足十五年的，可以缴费至满十五年，按月领取基本养老金；也可以转入城乡居民社会养老保险，按照规定享受相应的养老保险待遇。”将第十七条与第十八条合并修改为“符合本条例第十五条规定的被保险人，基本养老金由基础养老金、过渡性养老金和个人账户养老金组成，具体计发办法按照省政府规定执行。”“基础养老金和过渡性养老金从社会养老保险统筹基金中支付，个人账户养老金从个人账户中支付。基本养老金每年按照国家和省的规定调整。”将第二十一条第一款修改为：“职工基本养老保险个人账户不得提前支取。个人在达到法定的领取基本养老金条件前离境定居的，其个人账户予以保留，达到法定领取条件时，按照国家规定享受相应的养老保险待遇。其中，丧失中华人民共和国国籍的，可以在其离境时或者离境后书面申请终止职工基本养老保险关系。”将第二十七条第二款修改为：“在养老保险基金实行全省统一核算前，各市（地级及地级以上的市，下同）、县（含县级市、区，下同）按养老保险基金征收总额的一定比例上缴调剂金，用于对养老金发放困难地区和企业进行调剂。”

## 三、广东省人大常委会在立法工作中的主要做法和探索

良法是善治之前提。规范公权、保障私权、尊重人权是良法的基本标准。一年来，广东省人大常委会在中共广东省委的正确领导下，围绕中心，服务大局，转变观念，不断探索和完善地方性法规多元化起草机制，不断完善社会各方有序参与地方立法的途径和方式，对涉及社会公共利益或者对公民、法人及其他组织切身利益有重大影响的立法项目，开展立法协商，通过听证会、专家座谈会、论证会、社情民意调查等形式广泛征求意见，推动地方立法从“立权”到“立权”与“立责”并重的转变，

取得了一系列成果。

## （一）坚持问题导向，加强重点领域立法

按照中共广东省委的决策部署和广东省十二届人大常委会立法规划，广东省人大常委会广泛征求意见，深入广东省各地调查研究，通过在调研过程中发现问题来寻找社会发展对地方性法规的立法需求，然后认真论证评估、充分统筹协调，以解决社会立法需求为导向，按照突出重点、统筹兼顾、区分轻重缓急的要求，及时修改完善地方立法规划和年度立法计划，推进重点领域立法：（1）现实中，广泛存在着许多问题，例如如何准确把握和处理高度重视信访工作与化解上访群众信访不信法的关系，从根本上解决信访违法问题；如何准确把握和处理好普通信访与涉法涉诉信访的关系；如何准确把握和处理畅通信访渠道与维护稳定的关系，维护大局稳定；如何正确认识和把握好考核评价和责任落实的关系，从根本上解决信访突出问题；等等。为了解决信访突出问题，广东省人大常委会审议通过了《广东省信访条例》，构建了诉访分离、强化网络信访、建立重大信访问题倒查责任、重大公共利益事项听证等一系列核心制度，从而让信访更便民、更有序、更有效，并逐步纳入法治轨道。（2）在全面深化改革的背景下，简政放权已成为广东省社会经济发展的迫切需要。为进一步促进行政审批高效便民，减少改革的阻力，为行政审批的削减、下放、转移提供法律支持，广东省人大常委会审议通过了《广东省行政许可管理监督条例》。（3）广东省水环境保护工作形势严峻，水体污染情况有恶化趋势，水污染防治地方性法规不完善，缺乏针对我省实际的防治措施，缺乏健全的水污染突发事件应急机制和协调机制。为了节约保护与合理开发利用水资源，防治水害，实现水资源统一管理和可持续利用，推进生态文明建设，根据《中华人民共和国水法》等有关法律、行政法规，结合广东省实际，广东省人大常委会审议通过了《广东省实施〈中华人民共和国水法〉办法》。（4）当前，广东省信息化建设缺乏统筹规划，重复投资、重复建设问题比较突出；信息资源开发利用不充分，政务以及其他基础服务信息资源共享和开发利用不足；信息化发展不平衡，农村信息化建设滞后；信息产业自主创新能力不足，很多关键技术迟迟难以突破；信息安全面临十分严峻的形势，僵尸网络、蠕虫病毒、钓鱼网站、木马黑客、个人隐私泄露事件层出不穷。为了解决这些问题，广东省人大常委会审议通过了《广东省信息化促进条例》，发挥了地方立法的引领与保障作用。（5）针对目前广东省劳资关系存在的突出问题，为了落实党的十八届三中全会关于全面深化改革决定精神的重要部署，为劳资双方提供一个和平协商的平台，政府尽可能减少行政干预，迫切需要将劳资双方的行为法治化、规范化，以便不偏不倚地维护和平衡劳资双方的利益，通过协商来稳定劳动关系。为此，广东省人大常委会审议通过了《广东省企业集体合同条例》，完善了集体协商与集体合同制度。（6）《广东省特种设备

安全条例》《广东省人口与计划生育条例》等其他地方性法规的修改都是在广东省人大常委会在广泛开展调研、立足省情、发现突出问题的基础上纳入立法计划的。

## （二）强化地方立法参与机制创新，借助“外脑”推进科学立法、民主立法

近年来，广东省人大常委会围绕推进立法民主化、科学化进行积极探索，先后制定完善了《广东省人民代表大会常务委员会立法公开工作规定》《广东省人民代表大会常务委员会立法论证工作规定》《广东省人民代表大会常务委员会立法听证工作规则》《广东省人民代表大会常务委员会立法咨询专家工作规定》《广东省人民代表大会常务委员会立法评估工作规定》等五个地方立法公开制度，建立了中山大学、广东外语外贸大学、华南理工大学、暨南大学、广州大学等九个地方立法研究评估与咨询服务基地，成立了地方立法基地联盟，组建了地方立法咨询专家库，开展了地方性法规草案委托第三方起草工作，加强了地方立法参与机制的创新，促进了地方立法工作的民主化、科学化和地方性法规质量的提高。在此基础上，广东省人大常委会进一步强化地方立法参与机制的创新，强调借助“外脑”推进科学立法、民主立法。2014年，广东省人大常委会与广东省法学会、广东省青联、广东省律协、广东省工商联等社团就社会参与重要地方立法项目和立法后评估工作开展合作，共建“地方立法社会参与和评估中心”，将其作为法学界以及社会各界对重要立法项目、立法实施后评估项目意见的平台，在地方立法方面开展广泛调查研究，充分反映社会各界意见，加大地方性法规宣传力度，对法律、法规执行效果进行评估，并关注地方性法规在落实过程中的问题，研究并提出解决意见，使所制定的地方性法规更具可操作性、更符合社会的需求，从而推进地方立法的科学化、民主化。

同时，为了完善地方立法公众参与，强调地方立法反映社会的真正需求，广东省人大常委会完善了地方立法座谈会的具体运作，以便利普通民众的立法参与。例如2014年9月28日，广东省人大常委会召开《广东省食品生产加工小作坊和食品摊贩管理条例（草案修改稿）》立法座谈会，除了人大与政府有关部门负责人、省人大常委会立法咨询专家出席会议外，本次座谈会最大的亮点是邀请小作坊、小摊贩的经营者与广州、珠海等地的市民代表参会，就有关问题与人大、政府开展“面对面”交流，“从经营者和市民的角度发表一些意见，进行互动式的讨论，在互动、交锋过程中，可以更全面地增强条文的合理性与可操作性，才能更好地将小作坊生产加工和小摊贩经营规范起来”①，从而使地方立法征求民意更加“接地气”。

①林洪演：《广东省人大立法“接地气”》，载《人民代表报》2014年10月9日。

## （三）完善委托第三方起草法规草案机制，提高地方性法规起草质量

党的十八届四中全会审议通过的《中共中央关于全面推进依法治国若干重大问题的决定》明确要求，深入推进科学立法、民主立法，探索委托第三方起草法律法规草案。广东省人大常委会在此方面积极探索，建立健全了委托第三方起草法规草案机制：（1）地方性法规委托多家机构起草，形成委托第三方起草法规的竞争机制。现实中，不少立法机关将法案起草委托给高等院校等第三方机构起草，但委托起草质量并不如意现象常常出现。其原因是多方面的，其中接受委托者没有认真履行义务也是一个重要原因。为此，广东省人大常委会建立了地方性法规委托多家机构起草的制度。《广东省工商登记条例》起草工作委托给了广东外语外贸大学、华南理工大学、韩山师范学院三个地方立法基地；《广东省电梯安全管理条例》起草工作委托给广东外语外贸大学、华南理工大学两个地方立法基地。地方性法规委托多家地方立法基地起草不仅拓宽了地方性法规起草途径，而且形成了委托起草机构之间内在的竞争压力，促进其努力提高起草质量，同时，立法草案又能实现各起草机构的优势互补。（2）起草机构立法调研的人大协助机制。委托起草质量并不如意的重要原因是相关起草专家对实际情况不熟悉，而起草专家去进行立法调研往往遭遇许多不便。为了使起草专家深入实际，更加“接地气”，同时解决起草专家调研的不便，广东省人大常委会指定法工委相关工作人员全面协调专家调研，为起草专家调研提供指导和协调。例如，在《广东省电梯安全条例》起草过程中，广东省人大常委会指定法工委雷斌全面协调起草专家立法调研工作。在人大常委会的协调下，起草专家先后到全省电梯安全管理的职能部门、电梯使用单位、电梯维保企业和保险公司进行调研，获得了大量的第一手资料，为提高起草质量打下了重要基础。（3）地方性法规委托起草的评估机制。为了确保委托起草的质量，广东省人大常委会建立了地方性法规委托起草的评估机制。以《广东省工商登记条例》为例，2014年9月15日，省人大常委会法工委召开评估会，对华南理工大学、广东外语外贸大学、韩山师范学院三所地方立法基地负责起草的《广东省工商登记条例（专家建议稿）》进行评估。由省人大各专门委员会、省人大常委会立法咨询专家、工商实务工作者、有关政府部门、企业代表等各方面人员，对立法涉及的重点、难点问题进行了论证评估。在此基础上，省人大常委会组织起草工作组对三份专家建议稿进行了逐条研究，按照中央有关工商登记改革的重要精神，以深化审批制度改革、建设服务型政府为基础与原则，注重吸收商事登记改革试点经验，解决工商登记中存在的问题，推动商事主体“宽进严管”，提高监管效率，反复权衡比较，并综合吸收评估过程中各有关方面提出的建议和意见，形成了各方面认为比较成熟、针对性较强的法规草案。

## （四）构建重要条款单独表决机制，以完善审议程序、提高审议质量

党的十八届四中全会通过的《关于全面推进依法治国若干重大问题的决定》指出，“完善法律草案表决程序，对重要条款可以单独表决”。个别重要条款单独表决，有利于解决立法中部门化倾向、争权诿责现象较为突出等问题，进一步提高立法效率。在法规草案形成和各方面参与过程中，关注点往往集中在若干关键问题上，分歧也往往围绕这些问题产生。在这种情况下，就整个法规案进行表决不能充分反映人大代表或者常委会组成人员对法规案所涉及的关键问题的看法和主张。对重要条款单独表决，可以使人大代表或者常委会组成人员对关键问题研究更深、更透，更具责任感，也有利于使立法过程更加科学、民主和透明。2014年11月26日，广东省第十二届人民代表大会常务委员会第十二次会议通过了《广东省人民代表大会常务委员会关于对法规案中个别重要条款单独表决的决定》。该决定对法规案中个别重要条款单独表决事项作出如下决定:（1）法规案提交常务委员会全体会议表决前，主任会议根据专门委员会或者常务委员会组成人员对法规案审议的情况，可以决定对法规草案中个别重要条款进行单独表决。（2）常务委员会组成人员五人以上联名、专门委员会或者常委会法制工作委员会可以书面提出对法规草案中个别重要条款进行单独表决的建议，由主任会议决定提交常务委员会全体会议对该条款进行单独表决。（3）重要条款单独表决通过后，常务委员会全体会议再对法规草案进行表决。重要条款单独表决未获通过的，经由主任会议决定，可删除该条款后对法规草案继续进行表决；或者暂不付表决，交法制委员会进一步审议。这是全国首个以地方人大常委会决定的形式构建重要条款单独表决机制，这将有利于深入推进科学立法、民主立法，健全广东省地方立法审议机制，提高地方立法质量和立法效率。

## （五）坚持法规宣传和立法实施试点有机结合，提高地方性法规的实效

广东省人大常委会十分重视把立法宣传贯穿于地方立法工作的全过程，在地方性法规通过后用报告会、宣讲会和座谈会等方式加强解读，以促进地方性法规的有效实施。2014年，为了增强《广东省信访条例》的实效，广东省人大常委会与中共广东省委宣传部联合下发开展《广东省信访条例》宣讲工作的通知，加强《广东省信访条例》宣讲工作。2014年4月10日，广东省人大常委会机关召开学习贯彻信访条例大会，进行《广东省信访条例》宣传普及。2014年5月13至22日，广东省信访局连续举办了两期《广东省信访条例》培训班，对21个地级以上市和各县（市、区）信访局局长、副局长，中山、东莞市和顺德区各镇（街）综治信访维稳中心主任，省直有关单位办公室分管信访工作负责人，省属20多个国有企业信访工作人员，以及第41批省信访督查专员和省信访局全体同志共520多人进行了《广东省信访条例》普及宣传。同时，为了

确保各级党政领导干部和社会各界学习了解并准确把握条例的立法精神和制度设计，广东省人大常委会决定对《广东信访条例》进行全省范围的宣讲活动，为此专门制订了相应的宣讲方案。根据方案，广东省人大常委会组织了省信访局、省委党校、中山大学、广东外语外贸大学等9所高校地方立法服务基地，部分常委会立法咨询专家，组成150人宣讲团，分21个组自4月底至6月底的两个月时间里，深入省直各机关和市、县、镇三级国家机关开展宣讲，并为有关单位和地区开展条例的宣讲提供支持。各地级以上市按照条例宣传普及工作方案的要求，以党政领导干部和国家工作人员为主要宣讲对象，基本实现了市、县、镇的领导干部和信访工作人员全覆盖。同时以法律服务进村（居）工作为载体，发挥法制副主任、村（居）组织法律顾问的作用，开展对村民、居民的条例宣传工作。2014年7月，各地级以上市的市、县、镇宣讲工作基本结束，共召开宣讲会议180场，超过12.1万名干部群众参加了宣讲学习。各地积极配合，扎实开展宣讲工作，在全省掀起学习、宣传《广东省信访条例》的热潮，为条例的贯彻实施营造了良好氛围，有效地提高了《广东省信访条例》的实效。

为了进一步提高《广东省信访条例》的实效，在进行法规的普及宣传的同时，广东省人大常委会进行了《广东省信访条例》实施的试点工作。2014年7月，广东省人大常委会将牵头组织省委政法委、省委宣传部、省法院、省检察院、省监察厅、省信访局等部门成立试点工作指导小组，联合9个地方立法基地和部分立法咨询专家组成了10个工作组分别对口负责1个试点县（区），进一步宣传普及条例，为解决信访问题提供法律咨询。信访问题涉及利益冲突与矛盾和心灵沟通等多方面的问题。解决信访问题是一种实践理论，需要有深厚的社会经验和行政实践。在广大的信访工作者中，不少人是一直从事信访工作的，积累了解决信访问题的经验和方法，然而，法律运用是一种技术理论，需要专业培养。运用法治方式解决信访突出问题是高水平的科学化、理性化活动，需要法学理论工作者的参与。试点中，9个地方立法基地和部分立法咨询专家的参与为《广东省信访条例》的实施提供了技术理论。例如，广东外语外贸大学地方立法基地的专家在协助河源紫金县实施《广东省信访条例》中，为其编制了《信访法治应知应会手册》，并结合具体信访案例进行法规运用的理论指导，有力地提高了《广东省信访条例》在紫金的实效。

## 四、广东省人大常委会在立法中存在的主要问题

### （一）广东省人大与其常委会立法权限划分尚需明晰

《中华人民共和国宪法》（以下简称《宪法》）第100条规定：“省、直辖市的人民代表大会和它们的常务委员会，在与上位法不相抵触的情况下，可制定地方性法规，报全国人大常委会备案。”《地方组织法》第7条、第43条分别规定地方人民代表

大会与常委会的立法权，在规定人大常委会立法权时，增加了一个“在本级人民代表大会闭会期间”的要求，但实质上并没有划分两者的权限。《立法法（2000）》在地方人大及其常委会的立法权限划分上有很大的突破，主要体现在两个方面：（1）“特别重大事项”。《立法法（2000）》的第67条规定：“规定本行政区域特别重大事项的地方性法规，应当由人民代表大会通过。”理论界和实务界对此条款的模糊性，多次提出修改意见。2005年，中共全国人大常委会党组《关于进一步发挥全国人大代表作用加强全国人大常委会制度建设的若干意见》也明确提出：“法律对这项权力（重大事项决定权）的规定过于笼统和原则。《地方组织法》对地方人大与地方人大常委会重大事项决定权的规定，在文字表述上完全相同。而对什么是重大事项、提出重大事项的主体是谁，都没有界定，哪些事项的讨论决定权在代表大会，哪些在人大常委会，难以区分，致使代表大会和人大常委会在行使重大事项决定权方面存在着缺位和衔接不畅的现象。”然而，即使如此，2015年《立法法》修改后的第76条，对此并没有做任何修改，其原因在于中国各地千差万别，为保证科学立法，中央没有作出更为具体的规定，而是有意留给各级人大，由其根据本区域实际作出更为具体而有操作性的规定。《广东省地方立法条例》第12条规定：“下列事项由省人民代表大会制定地方性法规：（一）规定本省特别重大事项的；（二）规定省人民代表大会及其常务委员会立法程序的；（三）对省人民代表大会的法定职责、议事程序作出具体规定的；（四）其他必须由省人民代表大会制定地方性法规的。”然而，“规定本省特别重大事项的”仍然是一个非常模糊的概念，从而使什么法规应该由人大制定、什么法规应该由人大常委会制定并没有一个可操作的标准，有时难免依靠领导意志来决定。（2）“地方性法规案、自治条例和单行条例案的提出、审议和表决程序”。《立法法（2000）》的第68条、《立法法（2015）》的第77条规定：“地方性法规案、自治条例和单行条例案的提出、审议和表决程序，根据中华人民共和国地方各级人民代表大会和地方各级人民政府组织法，参照本法第二章第二节、第三节、第五节的规定，由本级人民代表大会规定。”很明显，根据这些规定，“地方性法规案、自治条例和单行条例案的提出、审议和表决程序”应该由人大制定。事实上，广东省人大常委会的很多探索，如根据《立法法（2015）》的规定，广东省人大常委会《关于进一步完善地方性法规案审议程序的决定》等，属于地方性法规案的“提出、审议和表决程序”，依法都应该由广东省人大决定。

### （二）地方立法具体性、可操作性有待加强

地方性立法缺乏具体性主要表现在执行性地方立法。作为国家层面，其制定的法律或行政法规要对整个国家全局来负责，其概括性和总结性不可避免地成为法律和行

政法规的一大特点，很难做到细节具体、整齐划一。[①]作为地方人大及其常委会在制定地方性法规，特别是在制定贯彻实施上位法方面地方性法规中必须要结合本区域实际情况，具体细化上位法的规定，体现地方特色。《立法法（2015）》第73条第4款明确规定："制定地方性法规，对上位法已经明确规定的内容，一般不作重复性规定。"广东省人大常委会的诸多立法都在不同程度上根据广东实际作了具体规定，但对上位法的重复性规定仍然不少。例如，《广东省行政许可监督管理条例》第15条第一款规定："行政机关应当指定一个内设机构统一对外受理行政许可申请，统一颁发、送达行政许可决定。"这一规定基本上是《行政许可法》第26条的简单重复。第17条规定："对申请人提出的行政许可申请，申请资料不齐全或者不符合法定形式的，行政机关应当当场或者在五日内一次性书面告知申请人需要补正的全部内容，逾期不告知的，自收到申请材料之日起即为受理。行政许可申请事项属于本行政机关职权范围，申请材料齐全、符合法定形式，或者申请人按照本行政机关的要求提交全部补正申请材料的，行政机关应当当场受理。行政机关受理或者不受理行政许可申请，应当出具书面凭证，注明日期，加盖本行政机关专用印章；不予受理的，应当说明理由。当场作出行政许可决定的，可以不出具受理的书面凭证。行政机关应当免费向申请人提供行政许可办事指南、申请书格式文本及填写说明，不得要求申请人提交办事指南规定以外的资料。"这些规定，除免费等几个方面作出了更为明确规定外，基本上是对《行政许可法》第29、30、31、32条的浓缩翻版。

"立法如果能够考虑并抓住下述因素的一切联系及其相互关系，就能达到完善地步。这些因素就是国家的地理位置，领土面积，土壤，气候，居民的气质、天赋、性格和信仰。"[②]落实法律、行政法规需要制定地方性法规，这就要求地方性法规的制定不仅须要结合本区域实际情况，具体细化上位法的规定，体现地方特色，而且要具有针对性，不得规定的过于笼统、抽象、原则，或模棱两可，要符合法律规范的逻辑结构，以便于操作。广东省人大常委会的许多地方性法规的制定都注意了法规的可操作性，但也存在缺乏可操作性的立法，如《广东省社会科学普及条例》中大量存在的是

---

①周伟：《论我国地方立法存在的问题及其解决》，载《河南财经政法大学学报》2013 年第2期。

②［法］霍尔巴赫著，陈太先、眭茂译：《自然政治论》，商务印书馆，1994年，第287页。

鼓励性条款，如第21条、第22条、第23条 、第24条、第25条等[①]，这些条款除了宣示性作用外，在实践中很难得到执行。此外，还存在不少不符合法律规范的逻辑结构的条款，如第11条规定：“各级人民政府应当加强区域合作，推动社会科学普及资源的整合共享。”第12条规定：“社会科学普及是全社会的共同责任。国家机关、企事业单位及社会各界应当结合各自工作，组织开展多种形式的社会科学普及活动。”这些条款规定了行为模式，但对其法律效果却没有作出相应的规定，从而使其在实践中被虚置，成为空洞的政策宣示。

## （三）地方立法法典化有待加强

“法典是依照各自制度的目的，按照科学、逻辑的或实际、方便的顺序分类排列，以‘编’为单位系统组织起来的成文法规的整体。”[②]真正称得上法典的法律文件至少必须具备两个条件：“（1）必须使用严格一致的术语，结构严谨，各部分内容不能相互冲突。（2）对一切有可能发生的案件都应该作出明确规定，内容十分完整以至于无须用注释或判例的形式加以补充。”[③]现代法治社会，立法法典化是科学立法的必然要求，这是因为：（1）法典编纂是法律形式合理性的最高境界。法律的形式合理化代表了现代法律外在特征发展的总趋势。法律的形式合理性主要表现在：①由法律的合理性内容所决定的形式是一种具有一般性、普遍性的合理性形式。②法律的高度体系化。即通过人的理性活动和逻辑思维，把经过分析的法律判断统合为一个逻辑清晰、内在一致的严密的法律体系，使法的原则表现为一个完美无缺的系统。[④]（2）法典编纂有利于立法目的的实现。法律法典化的过程实际上就是一个简化或综合现行法律的过程。“就是保留一部分法的规范、删除一部分法的规范、补充一部分法的规范

---

①《广东省社会科学普及条例》第二十一条　鼓励大型洽谈会、博览会、交易会等活动的承办单位结合活动，利用场馆和设施开展相关的社会科学普及宣传。

第二十二条　鼓励企业结合自身文化活动和职工培训开展社会科学普及活动，加强对企业员工诚信教育、职业道德教育、法律教育和心理健康教育，有条件的可以面向公众开放企业文化陈列室及其他文化场馆、设施。

第二十三条　鼓励图书、电子音像出版单位将社会科学普及读物纳入出版计划，支持有关专家编写社会科学普及读物、制作音像制品和电子读物。

第二十四条　鼓励报刊、广播电台、电视台和互联网站开办社会科学普及宣传栏目，制作社会科学普及节目，播放社会科学普及公益性广告。

鼓励影视生产、发行和放映单位制作、发行、放映社会科学普及影视作品。

第二十五条 鼓励社会科学工作者开展社会科学普及工作。

②［日］我妻荣等编，董璠舆等译：《新法律学辞典》，中国政法大学出版社，1991年，第877 页。

③参见［英］Postema GJ, *Bentham and the Common Law Tradition*, Oxford: Clar-endon Press,1986, p423.

④参见葛洪义：《法与实践理性》，中国政法大学出版社，2002年，第37 页。

的过程，就是将旧的、零散的变为新的、完整统一的法的过程，就是对同类法、法的规范实行科学化、系统化的改造过程。”法典编纂的直接目的是消除法律用语模糊、规则相互冲突等状况，使法律进一步合理化、规范化、系统化，使它的体系更为完善、清晰，更合乎逻辑，以便于人民知晓和遵守，为法律发展提供一个全新起点和相对稳定的基础①。在中国特色社会主义法律体系已基本建立的今天，地方性法规制定作为整个立法的重要组成部分，地方性法规法典化也是科学立法的现实要求。法规法典化包括两种途径：一是进行地方性法规的法典化立法，即地方立法主体，依据一定的职权程序，在一定的立法原理指导下，运用一定的技术制定某类规范性法律文件，产生某类法典化的地方性法规的立法活动。二是进行地方性法规编撰。

在地方性法规法典化方面，广东省人大常委会立法也存在一些提升空间：（1）地方性法规的法典化立法强调同类地方性法规应该在同一法规文件中作出统一规定。广东省人大常委会立法时比较注重法典化立法，但有时也会忽视这一点。例如《广东省特种设备安全条例》是对特种设备安全的法典化的地方性法规，《特种设备安全法》所规定的所有特种设备的安全管理，都应该纳入其中进行规范，以免出现各自单独立法可能出现的冲突与矛盾，增强其科学性和可操作性。遗憾的是，广东省人大常委会在制定《广东省特种设备安全条例》的过程中，先制定了《广东省电梯安全条例》，这就不符合地方性法规法典化立法的大趋势，也会严重影响其立法质量和实施效果。（2）没有注重地方性法规的编撰。截至2014年，广东省人大及其常委会共制定现行有效的地方性法规224件。这些法规是在不同历史时期制定的，不可避免会留有那个时代的痕迹，这样就难免会出现法规之间、法规与上位法之间对于同一问题的规定会产生冲突甚至自相矛盾，也难免会出现法规的要求与现实的需要相背离的情况。地方性法规清理可以在一定程度上解决这些问题，2014年，广东省人大常委会进行的法规清理实践就已经证明了这一点，但法规清理不能从根本上解决这一问题。地方性法规编撰成为时代之需要，但广东省人大及其常委会一直以来都没有开展地方性法规的编撰工作。

## 五、广东省人大常委会未来立法工作的建议

党的第十八届四中全会提出，法律是治国之重器，良法是善治之前提。建设中国特色社会主义法治体系，必须坚持立法先行，发挥立法的引领和推动作用，抓住提高立法质量这个关键。要恪守以民为本、立法为民理念，贯彻社会主义核心价值观，使每一项立法都符合宪法精神、反映人民意志、得到人民拥护。要把公正、公平、公开原则贯穿立法全过程，完善立法体制机制，坚持立改废释并举，增强法律法规的及时

①参见周旺生著：《规范性文件起草》，中国民主法制出版社，1998年，第537 页。

性、系统性、针对性、有效性。广东省人大及其常委会应当在未来的立法中全面贯彻落实党的十八届四中全会精神，坚持党的领导、人民当家做主和依法治国有机统一，依法行使职权，积极开展工作，为广东省适应、引领经济发展新常态，全面深化改革和经济社会发展创造良好的法治环境。

## （一）科学划分广东省人大与人大常委会的立法权限

我国《宪法》和《地方组织法》明确规定，地方人大常委会是地方人大的常设机关。对于地方人大与其常委会立法权限划分，《立法法》第76、77条确定了宏观框架。根据《立法法》第77条的规定，制定（包括修改、废止，下同）有关地方性法规案提出、审议和表决程序应该由广东省人大行使。对于这一点，在理论上并没有争议，需要我们在实践中严格执行。争议较多的是《立法法》第77条的规定，因此，科学划分广东省人大与人大常委会的立法权限，主要就是如何明确《立法法》第77条规定的“特别重大事项”的范围。

《立法法》第77条规定：“规定本行政区域特别重大事项的地方性法规，应当由人民代表大会通过。”但由于“特别重大事项”是一个非常抽象的概念，不同人有着不同的理解。有的认为“特别重大事项”包括规范人民代表大会及其常委会职权的事项、对本行政区域内国民经济和社会发展以及行政管理有重大、长期影响的事项；严重影响公民权利和利益的事项；常务委员会认为应当提请代表大会制定地方性法规的其他特别重大的事项[①]。有的认为“特别重大事项”包括涉及地方权力机关依法行使职权的事项，如人民代表大会和常务委员会的工作程序、地方性法规的制定程序、人民法院和人民检察院的工作程序等；涉及本行政区域内的带有全局性、根本性并且特别重要的事项，如计划生育、义务教育等。其他事项，如果地方人民代表大会根据本地区的特殊情况，认为是本地区需要重点解决的问题，也可以制定地方性法规。[②]如何明确“特别重大事项”的范围，从目前的理论研讨、实践做法、法规规定看，有以下几种方式[③]：（1）列举。如上所述，曹康泰、崔卓兰、朱力宇等通过列举的方式将特别重大事项进行了界定。又如《黑龙江人民代表大会及其常务委员会立法条例》《山西省地方立法条例》《西藏自治区立法条例》都对特别重大事项进行了列举。这是最常用的方法。（2）采用类比方法来确定。刘将认为，当一个事项在全国被认为是重大事项而由全国人民代表大会通过立法时，地方也宜由人民代表大会通过相关实施立法，

①参见曹康泰：《中华人民共和国立法法释义》，中国法制出版社，2000年，第96页。

②参见崔卓兰、于立深、孙波、刘福元著：《地方立法实证研究》，知识产权出版社，2007年；朱力宇：《地方立法的民主化与科学化问题研究——以北京市为主要例证》，中国人民大学出版社，2011年。

③肖巧平：《立法法修改之划分地方人大及其常委会立法权限的建议》，载《人大研究》2014年第7期。

这也是发挥地方人民代表大会立法作用最可行的方式。[①]（3）由代表大会确定。《北京市制定地方性法规条例》规定，特别重大事项由市人民代表大会主席团认定。

我们认为，明确“特别重大事项”的范围必须考虑现实可行性。广东省人大时间有限，精力有限，能力也有限。广东省人大每年会议，短暂的会期与繁多的工作内容形成了鲜明的对比：审议省人民政府工作报告，审查省国民经济和社会发展计划，审查省预算执行情况和预算草案，审议省人大常委会工作报告，审议省高级人民法院工作报告，审议省人民检察院工作报告以及选举事项，等等。如此繁重的任务都要在5天左右时间内完成（2015年广东省第十二届人民代表大会第三次会议会期5天）,绝对不是一件轻松的事情，而且《广东省地方立法条例》第17条[②]赋予了广东省人大对人大常委会立法的监督审查权。因此，大量的地方性法规的制定应该由广东省人大常委会行使，而广东省人大则保留最基本的立法权和对人大常委会立法的监督审查权。同时，在《广东省地方立法条例》第12条规定中，“其他必须由省人民代表大会制定地方性法规的”是一个兜底条款，可以囊括所有依法必须由广东省人大立法的情况，“规定本省特别重大事项的”在一定意义上也可以包括其中，因此建议修改《广东省地方立法条例》第12条规定，删除第一项规定，将广东省人大制定地方性法规的范围限定在：（一）规定省人民代表大会及其常务委员会立法程序的；（二）对省人民代表大会的法定职责、议事程序作出具体规定的；（三）其他必须由省人民代表大会制定地方性法规的。

## （二）强化地方立法的具体性、可操作性

地方立法的具体性是科学立法的客观要求。《立法法》明确规定：“制定地方性法规，对上位法已经明确规定的内容，一般不作重复性规定。”因此，地方立法应该体现地方特色。广东地方立法应该体现广东特色，而不应该照搬照抄上位法的内容。

“法的可操作性”包括国家法律层面，也包括地方立法，现代社会法治的标志不仅在于有法可依，而且在于有良法可依，在于所制定的法律都得到遵守和执行。从这个意义上来说，法律的可操作性如何，是一个社会法治成熟程度的重要指标。[③]为了增强广东地方人大及其常委会立法的可操作性，我们应该：（1）加强制度建设，实现第三方起草机制的法规化，完善立法审议程序的公开透明化，把制定必要的程序性规定放到与制定实体性规定相同重要的位置，更好促进民主立法，切实提高立法质量，增强地方立法的可操作性。（2）加强调查研究，正确处理好地方立法的前瞻性与现实性

①刘将：《地方人民代表大会立法情况分析》，载《北京人大》2011年第1期。

②《广东省地方立法条例》第17条规定：“省人民代表大会可以对省人民代表大会常务委员会制定和批准的地方性法规进行审查，认为不适当的，有权予以改变或者撤销。”

③周静文：《浅析地方立法的“可操作性”特征》，载《法制与社会》2014年第6期。

的关系，在充分做好调查研究，充分掌握相关数据信息的基础上，吸收借鉴国内外成熟的经验和做法，使法规条文更加贴近实际，有针对地立法，使法规条文更加“接地气”，为法规能够有效实施打下坚实基础。（3）地方立法是一个系统工程，需要高素质的立法人才。必须加强广东省人大常委会立法工作机构的自身建设，提高立法工作人员素质水平，提升立法技术水平，创新立法工作机制，从源头上把好地方性法规的质量关，增强地方性法规的可操作性。

### （三）注意地方性法规立法的法典化，适时进行地方性法规编纂

实现现代化是当代中国面临的首要课题。法律现代化是中国现代化事业的题中应有之义。法律现代化的基本内涵是法律的理性化。法律理性化应包括法律内容的合理性和法律形式的合理性。编纂法典是人类理性在立法方面的充分运用，现代法典是法律内容合理性与形式合理性的有机统一体，是理性构制的结晶。①法典化程度是衡量中国社会主义法律体系成熟的标志。法典化不仅仅是对国家层面科学立法的要求，也是对地方科学立法的要求。对广东人大及其常委会而言，推进地方性法规法典化主要有三种方式：（1）地方性法规清理的制度化、规范化，即通过立法确立地方性法规清理制度，定期对地方性法规进行整理和审查，并按法定程序及时立废改。（2）地方性法规法典化立法，即按照地方性法规规范的领域进行整体性立法，而不是针对某个具体问题进行单独的碎片式立法。（3）适时进行法规编纂。所谓法的编纂是对散见于不同法律规范性文件中属于同一法律部门（或称同类法）的全部现行法律规范从内容上按照一定原则进行整理、修改和补充，消除各单行法规之间的抵触和缺陷，加强各个规范之间的协调，使之成为一个新的、具内在联系的统一的法。法的编纂是一项技术要求高的重要法律创制活动。②中国特色社会主义法律体系是由法律、行政法规、地方性法规、自治条例、单行条例和规章等构成的。地方性法规编纂是法的编纂的重要组成部分。从1979年12月至2014年1月，广东省人大及其常委会已经制定地方性法规372项。地方性法规编纂也应该纳入议事日程。

### （四）依法有序推进设区的市的地方立法工作

《立法法》第72条第二款赋予了设区的市立法权，第四款明确规定：“除省、自治区的人民政府所在地的市，经济特区所在地的市和国务院已经批准的较大的市以外，其他设区的市开始制定地方性法规的具体步骤和时间，由省、自治区的人民代表大会常务委员会综合考虑本省、自治区所辖的设区的市的人口数量、地域面积、经济社会发展情况以及立法需求、立法能力等因素确定，并报全国人民代表大会常务委员

①刘建辉：《法典化立法模式评析》，广西师范大学2004年硕士研究生论文，第35页。
②参见陈立风：《法律法规编纂中存在的问题及规范化对策》，载《法学》2015年第1期。

会和国务院备案。”如何有序推进设区的市的地方立法工作是今后一段时间广东省人大常委会的重要工作。赋予设区的市以立法权，既关系到中央与地方的关系，又关系到地方体制以及不同层级地方的关系，也关系到同一层级地方人大与地方政府的关系，因而具有广泛意义。这是加强科学立法、完善国家立法体系和国家法律体系的具体体现。“设区的市”普遍享有地方立法权，有助于进一步完善国家立法体系和法律体系，使国家立法权的配置更加科学，国家法制结构更加合理，也是贯彻执行的必然结果。推进赋予设区的市立法权需要理顺四个问题①：一是立法主体增多，在普遍开花的情况下，给一个省范围内的法制统一会带来新挑战；二是普遍开花以后，各市都执行本市的地方性法规，省级地方性法规还有什么作用？三是许多设区的市立法力量还远远不够，还没有条件制定地方性法规；四是较大的市制定的地方性法规要报省人大常委会批准，目前一般一个省只有两三个较大的市报批准，对省级人大常委会负担不大，将来如果有十几二十个较大的市的地方性法规要报批准，省级人大常委会如何完成这个任务？基于这种情况，广东省人大常委会在推进设区的市地方立法工作中应当：（1）加强省人大常委会对设区的市地方立法工作的指导力度，包括对人员的培训、组织机构的设立等，提高设区的市的人大及其常委会的立法能力，特别是要打造一批高素质的立法人才队伍补充到设区的市的人大及其常委会中。（2）做好地方立法权的申报审批工作，不搞“一刀切”，也不搞“大跃进”，而是按照《立法法》的要求及地方立法的基本条件，有序分阶段推进各设区市的地方立法工作。（3）明确设区市人大及其常委会的立法权限，对其立法进行监督，防止出现地方保护或部门利益法制化的诟病。“地方立法权是一把双刃剑，用得好有利于地方发展与稳定，用不好就可能会撞红灯。”地方立法是站在地方层面上，与地方利益密切相关，因此，地方容易有“打擦边球”的冲动。地方立法既是机遇，也是挑战。广东省人大常委会必须在《立法法》规定的范围内更进一步明确其具体范围，并强化其备案审查机制。

（撰稿人：姜鹏飞）

①彭东昱：《赋予设区的市地方立法权》，载《中国人大》2014年第19期。

# 第二章　广东省人民政府2014年度立法观察报告

## 一、广东省人民政府2014年立法基本情况

### （一）广东省人民政府2014年立法概述

2014年，广东省人民政府常务会议审议通过了地方政府规章8项，分别是：《广东省桥梁水域通航安全管理规定》《广东省道路货物运输源头超限超载治理办法》《广东省专利奖励办法》《广东省职工生育保险规定》《广东省外商投资企业投诉处理服务办法》《广东省建设工程造价管理规定》《广东省家禽经营管理办法》《广东省人民政府法律顾问工作规定》。

### （二）广东省人民政府2014年立法的具体情况

1.《广东省桥梁水域通航安全管理规定》

为了维护桥梁水域通航秩序，保护桥梁和过往船舶安全，根据《中华人民共和国海上交通安全法》《中华人民共和国内河交通安全管理条例》《公路安全保护条例》等法律法规，结合广东省实际，2014年4月9日，广东省人民政府第十二届第23次常务会议通过了《广东省桥梁水域通航安全管理规定》，并自2014年7月1日起施行。

《广东省桥梁水域通航安全管理规定》共18条。该规定对桥梁水域的范围作出了界定，明确规定了对桥梁的通航安全要求，规定了船舶在桥梁水域通航安全的特别要求，强化了法律责任和对有关违规行为的处罚。该规定特别明确了有关部门管理职责，规范了广东省桥梁水域船舶航行、停泊、作业，以及与水上交通安全有关的桥梁建设、施工、管理等活动；明确了在通航水域修建桥梁，应当设置符合规定的水上交通安全设施；桥梁建设单位、管理单位在维护桥梁水域通航安全须承担的义务；船舶航行桥梁水域应当遵守的通航规定。

2.《广东省道路货物运输源头超限超载治理办法》

为了治理道路货物运输源头超限超载行为，保护公路路产，维护公路路权，保障人民群众生命财产安全，根据《中华人民共和国公路法》《公路安全保护条例》《广东省道路运输条例》等有关法律、法规，结合广东省实际，2014年5月22日，广东省

人民政府第十二届第26次常务会议通过了《广东省道路货物运输源头超限超载治理办法》，并自2014年8月1日起施行。

《广东省道路货物运输源头超限超载治理办法》共18条。《广东省道路货物运输源头超限超载治理办法》在源头管理、规范执法、责任倒查、考核奖惩、行政问责等方面，建立起涵盖源头治理全过程的法规和政策体系。该办法主要规范了七个方面的内容，首先确立了源头治理的责任主体制度，规定了县级以上人民政府负责本行政区域内的道路货物运输源头超限超载治理工作。其次，确立了货运源头单位的公布、监管主体和职责制度，规定了交通运输主管部门为公布本行政区域内货运源头单位及与货运源头单位签订责任书的主体责任；县级以上交通运输主管部门为对货运源头单位实施监管的主体责任。《广东省道路货物运输源头超限超载治理办法》的颁布施行，标志着广东省道路货物超载源头治理工作走上了依法治理的轨道。

3.《广东省专利奖励办法》

为了鼓励发明创造，推动自主知识产权的运用和保护，提高自主创新能力，根据《广东省专利条例》等有关规定，结合广东省实际，2014年7月21日，广东省人民政府第十二届第29次常务会议通过《广东省专利奖励办法》，自2014年10月1日起施行。

《广东省专利奖励办法》共24条。其主要亮点有：（1）确定“广东省专利奖”为省人民政府设立。将全省自2003年以来开展的专利奖励活动从部门奖提升为省政府奖，提升我省专利奖励级别。同时，“广东省专利奖”下还分设“广东专利奖”和“中国专利奖配套奖”两个子项。（2）单设了“广东发明人奖”。除了设金奖、优秀奖以外，还单设了“广东发明人奖”，每次不超过10项，既奖项目也奖人，拓展了奖励范围，是广东专利奖励对“中国专利奖”的重大突破和有效补充。（3）建立专利奖诚信档案。《广东省专利奖励办法》要求省人民政府专利行政部门应当建立广东专利奖诚信档案，对广东专利奖评审活动中有关单位和个人的违法违规行为，计入诚信档案，并依照省有关规定予以处理。

4.《广东省职工生育保险规定》

为了使职工在生育期间获得基本的医疗和生活保障，均衡用人单位生育费用负担，促进公平就业，根据《中华人民共和国社会保险法》《女职工劳动保护特别规定》等法律、法规，结合广东省实际，2014年9月22日，广东省人民政府第十二届32次常务会议通过了新修订的《广东省职工生育保险规定》，自2015年1月1日起施行。广东省人民政府2008年4月25日发布的《广东省职工生育保险规定》（省人民政府令第123号）同时废止。

新修定的《广东省职工生育保险规定》包括总则、生育保险基金、生育保险待遇、生育保险管理监督、法律责任和附则等六章，共48条，其中增加了17条条款，细化了缴费基数和费率，以及生育医疗费用支付范围和生育津贴计发办法。相比旧规，

《广东省职工生育保险规定》增加了享受计划生育手术休假的生育津贴，理顺了生育津贴和工资的关系，并改变此前按照社会平均工资作为基数的方式，规定生育津贴与本单位工资挂钩。工资高于社会平均工资的单位，生育津贴将更高。工资低于社会平均工资的单位，生育津贴也会相应降低。

5.《广东省外商投资企业投诉处理服务办法》

为了及时、有效地处理外商投资企业投诉，保障外商投资企业及其投资者的合法权益，进一步优化我省投资环境，根据国家法律法规规定，结合广东省实际，2014年9月22日，广东省人民政府第十二届第32次常务会议通过《广东省外商投资企业投诉处理服务办法》，自2014年12月15日起施行。

《广东省外商投资企业投诉处理服务办法》认定的外商投诉范围主要是在企业设立、生产、经营或者终止过程中，认为政府部门或者其他单位及其工作人员损害其权益，向外商投资企业投诉处理部门反映问题并要求予以协调解决的行为。《广东省外商投资企业投诉处理服务办法》规定，省商务行政主管部门负责全省外商投资企业投诉处理工作的协调、指导和监督。各地级以上政府和外商投资企业较多的县（区）人民政府、经济园区管委会承担本行政区域外商投资企业投诉处理工作。各行政主管部门按照职责分工，配合做好外商投资企业投诉处理工作。投诉处理部门接到投诉人投诉后，应当在5个工作日内进行审查，不予受理的，应当说明理由。投诉人对投诉处理部门不予受理有异议的，可以向上一级投诉处理部门反映。投诉处理部门直接办理的投诉，应当自受理之日起15个工作日内作出处理意见并答复投诉人。多个投诉人就同一事项投诉同一单位的，可以合并处理。对涉及部门多、情况复杂的投诉事项，处理期限可以延长30个工作日。

6.《广东省建设工程造价管理规定》

为了加强建设工程造价管理，规范建设工程计价行为，根据《中华人民共和国建筑法》《中华人民共和国招标投标法》《中华人民共和国合同法》等法律、法规规定，结合广东省实际，2014年9月22日，广东省人民政府第十二届第32次常务会议通过新修订的《广东省建设工程造价管理规定》，自2014年12月15日起施行。1998年7月1日，广东省人民政府施行的《广东省建设工程造价管理规定》（省政府令第40号）同时废止。

新修订的《广东省建设工程造价管理规定》包括总则、建设工程计价依据、建设工程计价活动、从业管理、监督检查法律责任和附则等七章，共45条。《广东省建设工程造价管理规定》对规范工程计价活动备案行为，强化国有投资工程造价控制，加强工程计价活动监督检查，建立诚信体系和信用档案制度，引导行业自觉恪守诚实信用有不少探索性和创新性规定。

7.《广东省家禽经营管理办法》

为了加强家禽经营管理，预防和控制传染病的发生和传播，保障公众健康和公共卫生安全，根据《中华人民共和国动物防疫法》《中华人民共和国传染病防治法》《中华人民共和国农产品质量安全法》《中华人民共和国食品安全法》和《广东省商品交易市场管理条例》等法律法规，结合广东省实际，2014年12月4日，广东省人民政府第十二届第36次常务会议通过了《广东省家禽经营管理办法》，自2015年1月15日起施行。

《广东省家禽经营管理办法》包括总则、活禽经营管理、生鲜家禽产品生产经营管理、安全风险防范、法律责任和附则等6章，共34条。《广东省家禽经营管理办法》以规范管理、明确职责、加强监督为重点，结合省情对限制活禽交易、休市制度、活禽和生鲜家禽产品生产经营规范、法律责任等各个环节和主要方面作了制度设计和法规规范。突出体现在：（1）充分考虑到广东地方实际。家禽经营管理不仅事关禽流感等疫病的源头防控，而且直接关系到我省传统的家禽经营方式、消费习惯和生产经营机制的转变，涉及面广，利益调整深刻。在总结广州、深圳、佛山等地试点工作经验，综合参考上海市和浙江省做法的基础上，《广东省家禽经营管理办法》在制度设计上充分考虑了我省实际情况，例如，在划定活禽经营限制区的同时，允许规划设置活禽零售点 根据疫情防控需要，采取临时性休市的灵活措施，在公共安全与私人权益，疫病防控和群众生活、饮食习惯的关系上取得一个平衡点。（2）建立活禽经营限制区制度。《广东省家禽经营管理办法》第四条和第五条规定了珠江三角洲各地级以上市城区和其他人口密集的地级市城区建立活禽经营限制区制度，限制区内不得新设活禽批发市场。地级以上市人民政府根据当地实际，可以在活禽经营限制区内规划设置1～3个活禽零售市场，规划设置的活禽零售市场应当符合本省活禽经营市场建设标准。（3）建立临时性休市制度。《广东省家禽经营管理办法》第十四条规定，为了保障公众健康和公共卫生安全，根据疫病疫情的预测和预警，以及对季节性发病规律的评估，地级以上市人民政府可以决定本行政区域内的全部或者部分活禽经营市场实行临时性休市。临时性休市的具体区域和时间由地级以上市卫生部门会同农业等有关部门提出，报同级人民政府审定后向社会发布公告。（4）落实了各方责任。明确了地方政府、各职能部门、活禽屠宰厂（场）、市场开办者、生鲜家禽产品经营者各方责任，使开展家禽“集中屠宰、冷链配送、生鲜上市”工作做到有法可依、有章可循、有责可究。（5）规范了家禽经营行为。将活禽宰杀出场、“1110”（一日一清洁消毒，一周一大扫除，一月一休市，零售市场活禽当日零存栏）等制度上升为行政法律规定。

8.《广东省人民政府法律顾问工作规定》

为了规范政府法律顾问工作，推进依法行政，建设法治政府，根据有关法律、法规规定，结合广东省实际，2014年12月31日，广东省人民政府第十二届第39次常务会议通过了《广东省人民政府法律顾问工作规定》，自2015年4月1日起施行。

《广东省人民政府法律顾问工作规定》作为全国首个关于政府法律顾问工作的省级政府规章，是广东省委、省政府贯彻落实党的十八届三中、四中全会以及省委实施意见关于“积极推行政府法律顾问制度”要求的重要举措，对推动我省政府法律顾问工作制度化、规范化具有积极的作用。《广东省人民政府法律顾问工作规定》的“亮点”：（1）确立了首席政府法律顾问制度，明确政府法制机构主要负责人为同级人民政府首席政府法律顾问；（2）确立了政府法律顾问参与以及提前参与办理政府法律事务制度，确保了政府法律顾问得以提前介入政府法律事务的处理；（3）严格设定了聘请的政府法律顾问的准入条件、聘请程序以及退出考核制度，确保政府法律顾问队伍素质；（4）创新设立了对行政机关工作人员的出庭要求以及对聘请的政府法律顾问的意见处理要求等制度。

## 二、广东省人民政府2014年立法清理情况

2014年，我省开展了全省地方性法规全面清理、与负面清单管理方式改革不适应的地方性法规和政府规章清理、中美投资协定谈判负面清单清理等多个专项清理工作，其中，在全面清理全省地方性法规和政府规章方面中，广东省法制办向省人大常委会法工委提出废止9项和修改86项法规的具体建议；组织省直有关部门对现行有效的231件政府规章进行清理，提出了废止14件、宣布失效2件和修改57件的初步清理意见。

## 三、广东省人民政府立法工作中的主要做法和探索

### （一）加强立法工作的计划性和主动性

为了加强地方行政立法工作的计划性和主动性，广东省人民政府着重抓好以下几点：（1）认真抓好重点领域和关键环节改革的配套立法，注重把党的政策部署规范化、法制化，确保各项改革措施有法可依、有序推进。围绕贯彻落实全面深化改革决策部署，重点推动并完成了工商登记管理、社会组织管理、社区矫正、行政许可监督管理、社会信用建设等立法项目，确保了重大改革和经济社会发展于法有据。（2）严格按照“分清轻重缓急、落实责任分工”的要求，明确立法项目办理的先后次序和责任分工，优先办理法规的新制定项目，兼顾修订项目和预备项目的办理工作。（3）适时提前介入立法草拟，重视对列入计划项目的跟踪督促，及时了解起草进展情况，必要时提前介入，加强与起草部门的协调沟通。对于涉及管理体制、职责分工、行政审批、行政处罚等较为重大、复杂的问题且有关部门存在意见分歧的，慎重对待、及时

沟通、充分协商，经反复协调仍不能取得一致意见的，及时提出解决问题的方案，报请有关领导决定，确保部门报送法规草案的时间和质量。

### （二）把提高立法质量作为核心追求

在地方行政立法中，始终注意把握以下几点：（1）注意厘清政府角色定位，用制度促进转变职能，规范和约束政府行为。（2）处理好权力与权利的关系。把权利保障放在优先位置来考虑和对待，科学合理地规定公民、法人和其他组织的权利及义务，实现权利与义务的平衡。（3）处理好权力与责任的关系。既要赋予行政机关必要的公共权力，又要规定其相应的责任，防止公共权力利益化。（4）处理好管理与服务的关系。在立法理念和制度设计上改变传统的以行政权为中心的政府管理范式，在管理上少用管控、禁止的整治手段，多用疏导、激励的方式解决问题；在服务上少用便于自身管理的方式，多从公民的需求和便利考虑，不断强化政府的服务意识。

### （三）在程序上坚持民主立法，畅通民意表达渠道

当前，经济社会发展中的深层次矛盾和不同利益诉求在立法中越来越多地反映出来，通过立法解决社会矛盾、促进社会公平的要求越来越强烈。我们始终坚持权利公平、机会公平和规则公平，畅通民意表达渠道，所有法规规章草案都通过门户网站向社会公开征求意见，重要草案在《南方日报》上征求意见。同时，深入基层一线了解情况，当面听取利益相关者意见，对涉及人民群众切身利益的法规、规章草案，都采取听证会、论证会、座谈会等方式广泛听取意见，不断拓宽公众参与渠道，使立法能集中民智，反映民意，确保制度设计既符合省委、省政府决策部署，又符合我省的实际情况。

### （四）加强立法制度建设，防止部门利益法制化

2014年，广东省人民政府印发了《广东省人民政府规章立项办法》《广东省人民政府法规规章起草工作规定》《广东省人民政府法规规章审查工作规定》和《广东省人民政府立法听取意见工作规定》等4项制度，以推进“开门立法”为核心，强化政府主导、法制机构审核把关作用，通过进一步完善政府立法工作制度，在制定法规规章过程中构筑完整、严密的“立项关”“专业关”“审查关”“民意关”，着力防止“部门利益法制化”现象。

在规章立项方面，立法办法明确了超越政府规章制定权限范围；拟解决的主要问题可以通过制定规范性文件或者其他政策措施予以调整，没有必要专项立法；未提出规章草案建议稿及说明，或者建议稿及说明内容存在较大缺陷等不予立项的情形。

在规章起草方面，起草工作规定提出省政府在组织起草地方性法规、政府规章时，起草单位可以根据需要，委托大专院校、科研机构或者社会组织起草。同时，起

草工作规定特别明确了五种情形下法规规章应当由省政府法制机构组织起草，包括：（1）规范共同行政行为的；（2）涉及省委、省政府中心工作，事关改革发展稳定大局或者重大公共利益，综合性较强的；（3）主管部门不明确的；（4）上级机关指定由省人民政府法制机构起草的；（5）其他需要由省人民政府法制机构起草的。

在规章审查方面，审查工作规定还明确从最广泛的民意出发开展立法工作，要求省政府法制机构应审查法规规章有无按照规定征求相关行政机关、行政管理相对人以及其他公众的意见，有无采纳各方面提出的合理性意见和建议，有无充分协调相关行政机关的意见分歧。

在规章听取意见方面，听取意见工作规定明确，起草、审查法规规章，应召开立法座谈会，听取相关行政机关、公民、法人或者其他组织的意见，并通过起草单位门户网站、省人民政府法制机构门户网站或者报刊公开征求社会公众意见。

## 四、广东省人民政府在立法中面临的主要问题

2014年，广东省人民政府在立法工作中取得了一定的成就，但也存在一些不容忽视的问题，具体体现在以下几个方面：

### （一）政府立法服务全面深化改革的作用还不够充分

地方行政立法对改革发展稳定的引领和推动作用是十分巨大的。通过制度设计可以更加有效地贯彻重大战略决策和部署，在法治轨道上规范和推进政府各项工作，通过法定程序凝聚共识、协调利益，通过调整社会关系、规范行为、设定价值目标来引领实践、推动改革、促进发展、维护稳定。总体而言，我省地方行政立法任务仍然很重：一些改革、发展、稳定急需的法规规章还没有制定出来，许多新的社会关系无从调整，无法可依；一些阻碍改革推行的法规规章还需要进一步清理和修订，制约广东新一轮改革发展的体制机制障碍需要进一步破除。

### （二）地方行政立法工作效能有待进一步提高

地方行政立法过程中各个环节以及各部门之间的沟通协调机制不够健全，个别起草部门受多方面因素的限制，或是迟迟拿不出法规规章草案，或是过多地重复上位法条文，或是片面强调部门的利益，导致一些法规规章重点项目草案不能及时报送，直接影响了地方行政立法的效率和质量。

### （三）地方行政立法机制不够完善

在地方行政立法过程中，立法调研比较多的是在地级市召开座谈会，较少深入基层现场考察和听取群众、一线执法人员的意见；立法征求意见的方式方法较为单一，主要是书面征求部门和地级市意见，在门户网站上公开征求意见，其广度和深度

不够；法规起草渠道仍过于单一，开放的、多元化的法规起草机制尚未有效形成；重点、难点问题的解决机制还没有建立。

### （四）地方行政立法人才队伍建设有待加强

广东省行政系统立法人才队伍与地方行政立法的工作任务和要求不相适应的矛盾日益突出，政府法制机构负责立法工作的人员配备不足，个别省直部门的法制机构不健全，立法专业人员尤其严重缺乏，采取面向社会引进人才、工作实践中发现人才等机制尚未有效建立，政府立法工作人才队伍梯队结构有待进一步优化。

## 五、广东省人民政府未来立法工作的建议

根据党的十八届四中全会的精神和要求，结合广东省人民政府立法实践中存在的问题，我们建议从以下几个方面切实加强和改进广东省人民政府的立法工作。

### （一）加强学习研究，提高创新意识

认真学习、深入贯彻、全面落实党的十八大、十八届三中全会和十八届四中全会精神，紧密围绕全面深化改革的部署要求，发挥立法的引领和推动作用，为我省全面深化改革提供有力法制保障。要把立法创新放在突出的位置，提高立法工作的理论高度、开创性和前瞻性，使地方立法在不违反上位法的前提下更多地体现广东特色，更好地为我省经济社会发展的大局服务。

### （二）切实提高地方行政立法的针对性、及时性和系统性

要紧紧围绕经济社会发展中迫切需要解决的现实问题开展地方行政立法工作，尤其是要抓住改革的重点领域和关键环节，深入调查研究，把握客观规律，做好制度设计。针对改革发展稳定中遇到的突出矛盾和问题，要及时通过地方行政立法予以规范和引导，使地方行政立法能够充分反映经济社会发展的客观要求，及时回应人民群众的迫切期待。要综合运用制定、修改、废止、解释、清理、备案审查等形式，保证地方政府规章与法律、法规的有效衔接。

### （三）改进调研工作，提升公众参与立法程度

进一步加大地方行政立法调研的广度、深度，适度增加调研地区，做到调研方式多样，对象广泛。既要到先进地区吸取经验，也要到欠发达地区了解情况；既要听取行政机关的意见，了解行政管理实际，又要深入基层、一线，广泛倾听群众呼声和诉求。对涉及特定群体或行业切身利益的，还要充分听取群体代表、行业代表的意见。要带着问题有针对性地进行调研，全面掌握情况，使调研结果能为解决立法中的重大问题提供参考。

### （四）进一步完善地方行政立法机制，推进科学立法民主立法

着力推动落实《广东省人民政府规章立项办法》等4个文件，严把地方行政立法的“立项关”“起草关”“审查关”和“民意关”4个关口，防止部门利益法制化，不断提高科学立法、民主立法水平。在立法项目征集、法规条文制定等方面更广泛、更深入地听取群众意见，探索意见征集方式多样化，拓宽公众反映意见的渠道；探索公众意见采纳情况的说明和反馈机制，加强对公众意见的吸纳，提高公众参与立法的有效性，使立法充分体现社会公众意愿。

### （五）做好赋予设区市立法权准备工作

根据党的十八届四中全会《决定》提出的要明确地方立法权限和范围，依法赋予设区的市地方立法权的要求，新修订的《立法法》规定了逐步赋予了设区的市的立法权。各地级以上市政府法制机构将在本地区推进法治建设中承担更多更重的任务。要抓住这一有利契机，加大对各市政府法制机构开展立法工作的指导力度，在业务指导和队伍培训等方面给予支持，尽快提升各市承接立法工作的能力。

（撰稿人：黄涛涛）

# 第二编　广州市地方立法年度观察报告（2014）

广州市地处中国大陆南部、广东省中南部、珠江三角洲北缘，接近珠江下游入海口，东连惠州市博罗、龙门两县，西邻佛山市的三水、南海和顺德区，北靠清远市的市区和佛冈县及韶关市的新丰县，南接东莞市和中山市。1954年7月23日至31日，广州市第一届人民代表大会第一次会议召开。1981年广州市人大常委会成立。根据《地方组织法》和《立法法（2015）》的规定，广州市属于较大的市。广州市人大常委会可以就下列事项制定地方性法规：（1）为执行法律、行政法规的规定，需要根据本行政区域的实际情况作具体规定的事项；（2）属于地方性事务需要制定地方性法规的事项；（3）除全国人大及其常委会专属立法事项外，其他事项国家尚未制定法律或者行政法规的，省、自治区、直辖市和较大的市根据本地方的具体情况和实际需要，可以先制定地方性法规。在国家制定的法律或者行政法规生效后，地方性法规同法律或者行政法规抵触的规定无效，制定机关应当及时予以修改或者废止。广州市人民政府可以就下列事项制定地方政府规章：（1）为执行法律、行政法规、地方性法规的规定需要制定规章的事项；（2）属于本行政区域的具体行政管理事项。①

2014年11月至2015年3月，我们对广州市人大常委会以及广州市人民政府2014年度立法情况进行了调查、评测，形成如下观察报告。

---

①根据《立法法（2015）》的规定，广州市人大、政府的立法事项将限制在城乡建设与管理、环境保护、历史文化保护等方面。

# 第三章 广州市人大常委会2014年度立法观察报告

## 一、广州市人大常委会2014年立法基本情况

### （一）广州市人大常委会2014年立法概述

2014年，广州市人大常委会会议共审议8个立法项目，涉及13个法律文件，其中审议通过了6件地方性法规，分别是《广州市预防职务犯罪条例》《广州市南沙新区条例》《广州市城乡规划条例》《广州市公共图书馆条例》《广州市公园条例》和《广州市廉洁建设条例》；废止2件地方性法规，分别是《广州市企业治安保卫条例》和《广州市蔬菜基地管理规定》。

### （二）广州市人大常委会2014年立法的具体情况

1.《广州市预防职务犯罪条例》

为了加强预防职务犯罪工作，遏制和减少职务犯罪，促进国家机关和有关单位及其工作人员依法履行职责，根据有关法律、法规，结合广州市实际，2014年4月30日，广州市第十四届人大常委会第28次会议通过《广州市预防职务犯罪条例》，经2014年7月31日广东省第十二届人大常委会第10次会议批准，自2014年11月29日起施行。

《广州市预防职务犯罪条例》包括总则、预防职责、预防措施、监督和保障、法律责任和附则等6章，共46条。《广州市预防职务犯罪条例》明确界定了预防职务犯罪的定义；确立了教育、制度、监督并重预防职务犯罪工作原则；构建了内部预防、专门预防和社会预防相结合的预防体系；规定了人民政府、检察机关、审判机关、监察机关、审计机关、履行国有资产出资人职责的部门等六大主体在预防职务犯罪工作的职权和责任，其中既包括加强宣传教育、开展廉政法制教育等在观念上的预防工作，也包括建立依法行政考核制度、部门内部管理制度、建设电子监察系统、经济责任审计制度等在制度上的预防工作，还包括向社会公布预防职务犯罪工作报告等强调信息公开、社会监督的制度；建立了制度廉洁性评估制度，规定市人大常委会和政府的法制工作机构要对地方性法规、政府规章和规范性文件进行廉洁性评估，其内容包括：是否存在部门利益化、扩大部门权力、侵害公共利益或者公民合法权益，是否存在利

益冲突，是否存在职权与责任关系明显失衡、自由裁量权范围过大，是否存在监督制约机制不完善、法律责任及问责机制缺位以及其他制度廉洁性风险。此外，还规定了岗位责任制度、岗位定期轮换制度、述职述廉制度、民主评议制度、诫勉谈话制度、担任领导职务的国家机关和有关单位工作人员报告个人有关事项制度以及公务信息公开和新闻发布制度等措施。

《广州市预防职务犯罪条例》实行国家机关和有关单位各司其职，各负其责，相互配合，公民和社会共同参与的预防职务犯罪的工作机制，并引入专家咨询制度、职务犯罪风险防范制度、信息公开制度等一系列制度，丰富了预防职务犯罪工作的内容和形式。①

2.《广州市廉洁城市建设条例》

为了遏制和预防腐败现象，提高本市政治、经济、文化、社会等各领域的廉洁水平，建设廉洁广州，根据相关法律、法规，结合广州市实际，2014年12月31日，广州市第十四届人大常委会第36次会议通过《广州市廉洁城市建设条例》，将在报广东省人大常委会批准后公布实施。

《广州市廉洁城市建设条例》包括总则、国家机关和有关单位廉洁建设、社会领域廉洁建设、监督保障措施、法律责任和附则等6章，共75条。《广州市廉洁城市建设条例》规定，廉洁广州建设工作应当坚持标本兼治、综合治理，惩防并举、注重预防，全民参与、社会共建的原则。《广州市廉洁城市建设条例》规定，广州市成立廉洁广州建设工作委员会，负责制定本市廉洁广州建设工作规划和重大决策，组织、协调、指导和监督廉洁广州建设工作；廉洁广州建设工作委员会成员单位依照法律、法规等有关规定承担廉洁广州建设职责，开展廉洁广州建设工作。《广州市廉洁城市建设条例》规定，国家机关、国有和国有控股企业、事业单位和人民团体对廉洁广州的建设工作负有不同的职责，特别是国家机关工作人员在晋升前要进行廉政审查和任职谈话。《广州市廉洁城市建设条例》规定，建立行政权力规范制度，规范行政决策和行政执法，落实重大行政决策终身责任追究制度和责任倒查机制。此外，对社会领域的廉洁建设《广州市廉洁城市建设条例》也作了相关的规定，对居民委员会、村民委员会、农村集体经济组织、社会组织、行业协会、商会的廉洁建设提出了不同的要求，如推进农村集体资产交易平台建设、规范村官出入境管理等。

3.《广州市城乡规划条例》

为了加强城乡规划管理，优化城乡空间布局，改善人居环境，促进城乡经济、社会、环境全面协调可持续发展，根据《中华人民共和国城乡规划法》《广东省城乡规划条例》和有关法律、法规，结合广州市实际，2014年8月27日，广州市第十四届人大

①郑佳欣：《重大事项决策同步预防职务犯罪》，http://news.sina.com.cn/c/2014-11-29/082031221230.shtml，访问时间：2015年1月31日。

常委会第31次会议通过《广州市城乡规划条例》，经2014年11月26日广东省第十二届人大常委会第12次会议批准，自2015年3月1日起施行。

《广州市城乡规划条例》包括总则、城乡规划的制定和修改、城乡规划的实施、城乡规划的公众参与、监督检查、法律责任和附则等7章，共77条。《广州市城乡规划条例》规定了开展城乡规划管理工作的主体，包括市城乡规划主管部门、区人民政府、镇人民政府、城市管理综合执法机关以及规划委员会，并对规划委员会的组成、运行方式、产生和任期作了相关规定。《广州市城乡规划条例》还规定了城乡规划和建设应当遵循以人为本、城乡一体、优化布局、生态文明、节约资源、集约发展和传承岭南特色的原则；规定了城乡规划的公众参与，赋予了公众对于城乡规划工作所享有的制定、修改、实施和监督检查的权利，政府应当积极公开城乡规划工作的相关信息，便利公众行使权利。同时还设立了义务监督员制度，通过一个具有较大权利的区别于政府和建设单位的第三方来监督城乡规划工作，既加强监督的实效，也能避免城乡规划工作中的权钱交易等腐败行为。另外，《广州市城乡规划条例》提出了划定生态控制线、推进绿色建筑和建筑节能、增加公共空间、保护历史文化名城等具体要求，规定城乡规划需公开，便利公众查询和监督，并利用科学技术推进城乡规划的信息化和电子化。

《广州市城乡规划条例》的通过是广州市深化改革的重要举措之一，但此法不足以自行。如果相关法律仅仅停留在纸面，规划也就难以避免“纸上画画，墙上挂挂”的命运。要想真正走出“一届政府一个规划”的怪圈，就必须严格执行法律规定，约束和限制修改行政首长在规划调整上的权力，对于违规修改规划的官员依法严惩，切实给规划通上高压电。①

4.《广州市南沙新区条例》

为了保障和促进广州南沙新区科学发展，发挥粤港澳全面合作示范区功能，根据有关法律、法规，结合广州市实际， 2014年6月20日，广州市第十四届人大常委会第29次会议通过《广州市南沙新区条例》，经2014年7月31日广东省第十二届人大常委会第10次会议批准，自2014年9月1日起施行。

《广州市南沙新区条例》包括总则、行政管理与服务、规划建设与土地利用、区域合作、生态环境保护、产业促进、人才保障、社会治理、法律责任和附则等10章，共77条。《广州市南沙新区条例》的亮点主要体现在以下几方面：（1）赋予了南沙新区创新“试错”权，设立鼓励创新的免责条款。《广州市南沙新区条例》第九条规定，本市制定的地方性法规不适应南沙新区发展的，市人民政府可以提请市人民代表大会或者其常务委员会就其在南沙新区的适用作出决定或者对有关地方性法规进行修

①张枫逸：《防止乱改规划，不缺立法却执法》，载《人民政协报》，2014年9月1日第5版。

改。第73条规定，南沙新区进行的创新活动，未能实现预期效果，但同时符合下列情形的，免于追究有关人员的责任并不作负面评价：创新方案的制定和实施程序符合有关规定；个人和所在单位没有牟取私利；未与其他单位或者个人恶意串通的。《广州市南沙新区条例》把先行先试作为新区发展建设的核心内容和关键举措，并给予了多个方面的试验任务，使得南沙新区在操作上站到了一个制高点上。在规划中国家还赋予了涉及财税金融、对外开放、土地管理、社会管理等多个方面的30多条政策，并明确要求建立包括港澳特区政府在内的各有关方面组成的高层协调机制，这些都将为南沙新区又好又快地开展提供强有力的支撑。（2）体制机制创新工作取得了新成效。一是在行政管理体制改革方面，按照精简统一高效原则，完善了职能有机统一的大部门设置。成立了明珠湾起步区开发建设领导小组和指挥部，探索实践“管委会+指挥部+平台公司”的开发建设组织模式。二是在行政审批制度改革方面，取消了行政审批事项67项、备案43项，转移、调整行政审批15项、备案7项，审批时限压缩了50%以上。（3）人才管理改革与创新。《广州市南沙新区条例》第55条规定，南沙新区管理机构应当建立专项资金，支持人才的培养与引进；南沙新区管理机构应当为南沙新区工作的人才在企业设立、创新创业、户口迁移、居住证办理、配偶就业、未成年子女教育、住房购买或者租赁、办公用房补贴、医疗保障等方面提供便利和帮助。（4）金融工作的创新。《广州市南沙新区条例》第46条规定，南沙新区在国家金融政策的支持下，推进拓展跨境贸易的人民币结算业务，开展资本项目可兑换的先行试验；支持符合条件的港澳和国际大型金融机构在南沙新区设立法人机构、分支机构和开展业务；鼓励和支持广州地区的企业和金融机构在香港发行人民币债券用于支持南沙新区的开发建设；广州市也在财税、管理权限等方面给予新区开发大力支持。

5.《广州市公共图书馆条例》

为了促进公共图书馆事业发展，满足公众的知识、信息与文化需求，实现与保障公众的基本文化权益，根据相关法律、法规，结合广州市实际， 2014年10月29日，广州市第十四届人大常委会第34次会议通过《广州市公共图书馆条例》，经2015年1月13日广东省第十二届人大常委会第13次会议批准，自2015年5月1日起施行。

《广州市公共图书馆条例》包括总则、公共图书馆的设立、公共图书馆的管理、公共图书馆的服务、法律责任和附则等6章，共58条。《广州市公共图书馆条例》的亮点主要有：（1）强调基本服务均等化。《广州市公共图书馆条例》规定了公共图书馆的基本服务，包括文献信息资源的阅览、外借、查询、参考咨询等服务；政府公开信息的查询服务；开展全民阅读推广活动和信息素养，举办公益讲座、展览、培训等社会教育活动；为公众终身学习提供条件和支持；提供学习、交流和相关公共文化活动的空间、平台以及其他服务，同时公共图书馆还应当根据自身的业务能力提供以下服务：为公众提供专题信息服务；为国家机关决策提供信息服务；为开展地方文献与地方历史文化研究提供服务。（2）注重公共图书馆的硬件、软件建设，推进图书馆公共服务优质化。公共图书馆选址应当位于人口相对集中、交通便利、市政设施配套良好的区域，符合安全、卫生、环保标准和服务半径合理的要求。同时对各级公共图书馆的建筑面积、人均馆藏纸质信息资源和年人均入藏纸质信息资源标准作了量化规定。（3）强化公共图书馆治理模式创新，加强社会监督。《广州市公共图书馆条例》根据党的十八届三中全会精神，明确要求市、区人民政府推动公共图书馆建立和运行法人治理机制，建立和完善理事会等法人治理机构，吸纳专业人士和市民等有关方面代表参与管理。为满足广大公众的文化需求，接受社会监督，《广州市公共图书馆条例》对第三方评估、购买社会服务、文献信息资源采购和用户监督等制度机制作了明确具体规定。（4）适应时代潮流，加强公共图书馆信息化建设。在计算机和互联网技术日益发达的今天，加强信息化建设是公共图书馆发展的必然趋势，有利于打破传统图书馆在时间和空间上的限制，为用户提供优质的便利化服务。为此，《广州市公共图书馆条例》对数字信息资源建设、提供信息化服务等方面作了明确规定。为节约成本，提高服务效率，《广州市公共图书馆条例》要求中心馆统筹负责全市所有公共图书馆的数字信息资源和信息化管理系统建设，免费提供给全市所有用户和其他公共图书馆使用。（5）创新激励机制，鼓励社会力量参与图书馆建设。随着社会经济的发展，社会力量越来越热心公益事业，为规范、引导和扶持社会力量有序参与图书馆建设，《广州市公共图书馆条例》对相关鼓励、支持措施作了具体规定，如针对社会力量难以集中的问题，《广州市公共图书馆条例》明确市、区人民政府可以发起设立公共图书馆发展社会基金，同时鼓励社会力量依法设立公共图书馆发展社会基金或者向公共图书馆发展社会基金进行捐赠，从而将分散的社会力量集中起来，形成规模效应。

《广州市公共图书馆条例》是广州市民生立法建设中的重要组成部分之一。条例充分借鉴了国内外公共图书馆发展经验，结合广州市经济社会发展实际情况，适应现代社会数字化、信息化的发展趋势和图书馆公共服务均等化、便利化、优质化需求，创新了一系列在全国领先的制度机制，为广州市公共图书馆的建设和发展提供了强有力的法制保障。

6.《广州市公园条例》

为了加强公园的规划、建设、管理和服务，促进公园事业健康发展，改善城市生态和人居环境，根据有关法律、法规，结合广州市实际， 2014年12月31日，广州市第十四届人大常委会第36次会议通过《广州市公园条例》，将在报广东省人大批准后公布实施。

《广州市公园条例》包括总则、规划与建设、管理与服务、法律责任和附则等5章，共63条。《广州市公园条例》的出台是广州城市建设重视民生的证明，其中不乏亮点：（1）适应公园管理城乡一体化的新形势，扩大条例的适用范围。《广州市公园条例》规定，其适用于广州市行政区域内公园的规划、建设、管理和服务，并对公园作了较为宽泛的定义。同时，实行名录和分类、分级管理。公园的名录、类别和等级的确定和调整由市园林行政主管部门根据相关规范和标准拟定，经市人民政府批准后向社会公布。（2）强化公园绿地保护制度，保证公园用地性质及其完整性。一是强化规划保护。《广州市公园条例》规定市园林行政主管部门应当组织编制公园建设与保护专项规划，经市政府批准后纳入相应的城乡规划；公园建设与保护专项规划经批准后，不得随意变更；确需变更的，应当按原审批程序报批；规定了编制公园建设与保护专项规划的原则、内容和程序性要求。二是严格限制改变公园用地使用性质、临时占用公园用地或者砍伐、迁移、修剪公园树木的行为。《广州市公园条例》严格限制了改变公园用地使用性质的情形和程序，规定只有“因城市重大基础设施建设、国家重点工程建设、城市重大防灾救灾项目”这三种情形才能改变公园用地使用性质；确需改变公园用地使用性质的，要按照法定的条件和程序调整城市总体规划或者控制性详细规划，在调整规划前应当采取座谈会、论证会、听证会或者其他方式充分征求公众意见；调整规划的同时还应当按照同类、就近补足面积的原则制定调整方案。《广州市公园条例》明确规定了临时占用公园用地或者砍伐、迁移、修剪公园树木的审批程序以及现场公示要求。三是明确公园建设的绿化率要求。《广州市公园条例》规定公园的绿地面积应当不少于公园陆地总面积的百分之六十五，并要求已建成公园的绿地面积比例未达到规定标准的，不得新建、扩建各类建（构）筑物。（3）严格规范公园内商业设施的建设和运营管理，确保公园的公共服务属性。为防止公园沦为“吃喝公园”，还绿于民，《广州市公园条例》规定了公园内配套商业设施的建设标准和要求；第二款明确禁止在政府管理的公园内建设或经营会所、酒吧、夜总会、酒店、宾馆等与公园功能无关的商业设施，禁止将亭、台、楼、阁等园林建筑改建为商业设施，禁止将公园管理用房改建为商业设施或者出租、出借给他人使用；第三款则要求对不符合规定的设施进行整改或者拆除，其中，会所、酒吧、夜总会、酒店、宾馆等与公园功能无关的高档商业设施，应当立即整改、拆除或者收回，其他设施应当在本条例实施之日起五年内予以拆除、整改或者收回。（4）规范当前公园管理中的突出问题，完善公园的管理和服务。一是创新公园噪声管理制度，有效处理噪声扰民问题。《广州市公园条例》对公园噪声管理作了以下制度设计：规定由市园林行政主管部门会同环保部门按照国家规定划定各公园所属的声环境功能区并向社会公布，各公园按照其所属的声环境功能区执行国家明文规定的环境噪声限值，由公园管理机构根据公园的环境噪声限值等因素在公园内划定安静休憩、健身、娱乐等区域；规定禁止在特定时间、特定区域开展健身、娱乐活动或者其他使用乐器、音响器材和歌唱等产生较大音量的活动；规定公园管理机构应当对游人进行引导并对公园内的噪声值进行经常性监测，有条件的公园应当在健身、娱乐活动区域设置声屏障、噪声监测设备和公共电子显示屏；规定在公园内开展健身、娱乐活动的组织者和参与者服从管理、限定音量的责任；规定公园管理机构发现违规行为时的劝阻、制止的责任。二是严格限制入园车辆，保护游人安全。《广州市公园条例》对可以入园的四类车辆作了列举性规定，包括：老、幼、病、残者专用的非机动车；公园内专用蓄电池观光车辆；公园内施工、养护等作业车辆；执行公务的公安、消防、救护、抢险等车辆。其他机动车和非机动车均不得入园。此外，还规定只有设有自行车道的公园，才允许未安装动力装置的自行车进入。三是规范宠物入园问题。宠物种类繁多，是否允许宠物或者允许哪些种类的宠物进入公园，应当根据公园的功能定位、设施建设、游人数量等多种因素综合考虑，不宜在条例中“一刀切”规定。为此，《广州市公园条例》关于宠物入园问题，援引现行《广州市养犬管理条例》，明确规定风景名胜公园、历史名园、纪念性公园和动物园禁止携带犬只或者其他宠物进入，盲人、肢体重残人士携带导盲犬、扶助犬除外。同时规定，其他公园是否禁止携带犬只或者其他宠物进入公园则授权公园管理机构根据自身实际情况决定，并要求禁止携带犬只或者其他宠物进入的公园，应当在公园入口的显著位置设置禁止标志；有条件的公园，可以开设宠物活动公共区域。（5）强化公园的监管力度，提高公园执法的有效性。一是赋予公园管理机构一定的行政处罚权。为及时制止破坏公园景观和秩序的违法行为，《广州市公园条例》规定园林行政主管部门可以委托符合《中华人民共和国行政处罚法》规定条件的公园管理机构，实施相关应当由园林行政主管部门实施的行政处罚。二是赋予执法部门暂扣的行政强制措施。为保障行政执法的顺利实施，条例第60条规定，园林行政主管部门在查处违反本条例规定行为时，可以暂时扣留涉嫌违反本条例规定行为所使用的物品和工具，在行为人接受处理后归还。

## 二、广州市人大常委会2014年立法清理情况

为全面贯彻党的十八大和十八届三中全会精神，维护国家法制统一，广州市人大常委会2014年开展了法规全面清理工作，将广州市人大常委会自行使立法权以来至2012年12月31日以前制定的共81件现行地方性法规全部纳入清理范围。为了确保法规清理质量，本次清理委托广州大学法治研究中心进行，广州市人大常委会负责清理的指导和协调工作。本次清理重点清理五个方面内容，即法规内容的合法性问题；法规内容与党的十八大以来的要求、精神是否一致，法规内容与国务院及省、市政府行政许可和非许可审批改革要求是否一致，广州市行政区划调整即黄埔和萝岗两区合并、从化和增城撤市改区后，现行法规是否适用和有效管用。清理工作已于2014年10月完成，形成了1个清理结果总报告和实效性问题清理报告、合法性问题报告、行政审批问题清理报告、政策性问题清理报告、区划调整问题清理报告等5个清理情况分报告以及1个法规清理建立总表、5个清理情况登记表、81个单项法规清理建立表。截至2014年

12月31日，废止《广州市企业治安保卫条例》《广州市蔬菜基地管理规定》已顺利完成，集中修正的《广州市出租汽车客运管理条例》《广州市旅游条例》《广州市教育经费投入与管理条例》《广州市按比例安排残疾人就业办法》和《广州市城市轨道交通管理条例》等5件法规按计划滚动至2015年进行第二次审议并交付表决。

## 三、广州市人大常委会在立法工作中的主要做法和探索

广州市人大常委会的立法工作始终坚持“不抵触、可操作、有特色”的标准和“有效管用”的基本要求，在科学立法和民主立法领域努力开拓创新，年年有新举措，大力打造科学立法、民主立法的广州品牌，争当全国地方立法的排头兵。

### （一）建立和完善地方立法制度体系

在立法制度建设方面，广州市人大常委会形成了一整套比较科学规范、运行有效的制度体系，主要包括：（1）地方性法规立项论证制度。确定了“十立十不立”的法规立项标准，建立了较为完备的论证审查机制。在此基础上，于2012年制定了《广州市地方性法规立项办法》，在全国率先建立起可以立项、优先立项、不予立项和废止法规的具体标准体系。从2013年开始依据这一标准体系开展更加严格的立项论证，严把立法项目的准入关。（2）地方立法计划项目库制度。因政府不能按时提案导致年度立法计划不能按时完成，是困扰广州市几十年的老大难问题。为有效解决这一问题，确保人大及其常委会对地方立法工作的主导权和主动权，广州市人大常委会于2011年建立了地方立法计划项目库，将地方立法计划中的正式项目分为审议项目和提案项目，审议项目是当年提交常委会审议的项目，提案项目是当年只提案不审议，提案后存入项目库，提交下年度审议的项目，以确保审议项目全部是在库项目。这一制度的推行，彻底扭转了以往的被动局面。（3）地方立法顾问论证制度。于1999年建立了地方立法顾问论证制度，每届聘请12名立法顾问。制定每一件法规、编制年度立法计划和五年立法规划都召开地方立法顾问论证会。（4）地方立法咨询专家论证制度。于2003年建立了地方立法咨询专家数据库，将本地区各个学科、领域的专家学者纳入数据库，每年进行更新，目前在库专家有500余人。制定每一件法规都召开咨询专家论证会。（5）地方立法信息汇编制度。于2008年建立立法信息汇编制度，制定每一件法规都委托专业机构编辑《专题信息摘报》，内容包括“现状背景”“焦点探析”“条例对比”和“参考借鉴”四个栏目，内容充实，为常委会组成人员和法制委委员提供丰富的立法信息和参考资料。（6）地方立法实地调研制度。制定每一件法规都到相关部门、单位或者基层社区进行实地调研，掌握实际情况。（7）立法协调制度。制定每一件法规都召开有市政府法制办、法规起草单位或行政主管部门、其他各相关行政管理部门、市人大常委会对口工委、省人大常委会对口工委和法工委的有关负责同志参加

的立法协调会，对法规草案逐条进行讨论和协调。（8）地方立法统一审议制度。市人大法制委执行这一制度坚持对法规条文逐条审议、一个法规三次审议，严把法规的合法性、合理性和可行性，成效显著。（9）地方立法后评估制度。我市是全国最先开展此项工作的城市之一，1997年就对当时的全部64件地方性法规进行了全面评估。2011年首次采用量化评估标准体系对《广州市城镇房地产登记办法》进行了评估。2012年制定了《广州市人大常委会立法后评估办法》，首次建立了由合法性、合理性、操作性、实效性、协调性和规范性等六个部分构成的评估指标体系，并按百分制量化各个部分的权重分值。2013年对《广州市大气污染防治规定》《广州市历史文化名城保护条例》和《广州市生态公益林条例》等3件地方性法规进行了量化评估，今年对《广州市市容环境卫生管理规定》《广州市城市轨道交通管理条例》《广州市城市供水用水条例》和《广州市安全生产条例》等4件地方性法规进行了量化评估。（10）地方性法规清理制度。我市的法规清理工作做得比较主动及时，近两届广州市人大常委会围绕行政许可法的颁布实施、建成中国特色社会主义法律体系、行政强制法的颁布实施和贯彻党的十八大、十八届三中全会精神，开展了四次大规模的清理。此外，近年来还编写了《立法业务指南》《立法工作手册》和《工作文章汇编》等业务用书，实现了地方立法工作的高效率和地方立法文书的标准化、优质化。

### （二）建立和拓展地方立法的公众参与

为保障立法的民主性，广州市人大常委会采取多种途径和措施拓展立法的公众参与，主要有以下几种途径和措施：（1）召开专场征求意见座谈会。召开专场征求意见座谈会，是广州市人大常委会立法过程中采用最多的一种公众参与立法方式。制定每一件地方性法规都分别召开征求管理相对人、人大代表、政协委员、政府相关部门、社会组织等各方面意见的专场征求意见座谈会。（2）书面广泛征求意见。制定每一件地方性法规都发函征求市政府相关部门、市政协社法委、市法院、市检察院、本市各区、县级市人大常委会以及相关社会团体、行业组织的意见。除了就地方性法规草案整体征求意见以外，还就地方性法规中的重大或者疑难问题，专门发函征求市政府和相关单位的意见，做到每修改一稿都征求一次意见。（3）在《广州日报》上公布地方性法规草案征求意见。凡是与人民群众利益关系密切的或者比较重要的法规都在《广州日报》公布，公开征求意见，在公布地方性法规草案时一并公布法规草案注释稿，同时刊登征求意见重点问题提纲。（4）网络参与地方立法。从2003年开始，所有的地方性法规草案都在市人大常委会门户网站上公布，公开向社会征求意见。在制定与人民群众利益关系密切的地方性法规时，还在国际互联网著名门户网站上开展立法民意调查。从2008年起至今，已将《广州市城市管理综合执法条例》《广州市养犬管理条例》《广州市违法建设查处条例》《广州市未成年人保护规定》等10余件地方性法规草案在著名门户网站上进行民意调查。2012年在腾讯网和新浪网开设全国人大系统第一个立法官方微博，将所有地方立法信息和立法项目都在微博发布和讨论，同时制定《广州市人大常委会立法官方微博管理办法》，规范微博的日常运作和管理。截至2014年11月底，立法官方微博共发布信息844条，关注粉丝有74323个，信息被转发和评论近6000次。在开设、运行立法官方微博的基础上，今年又建立了“广州人大立法”官方微信平台，为常委会组成人员、法制委委员、立法顾问、立法咨询专家、常委会机关工作人员和社会公众等提供咨询服务。此外，今年还在常委会门户网站上开通了立法专版，为今后常态化开展立法问卷调查、立法内容讨论，广泛收集社会各界的意见，扩大公民的广泛有序参与奠定了良好的基础。（5）委托社会组织开展立法民意调查。制定与人民群众利益关系密切的法规时，委托广州社情民意研究中心、国家统计局广州调查队等单位进行民意调查，收集来自社会各方面的意见，并进行专业分析，提出立法民意调查报告。（6）举行地方立法听证会。于2002年制定《广州市人大常委会立法听证办法》，规定在制定涉及市民群众切身利益的地方性法规时，必须举行立法听证会听取公众意见。听证会的陈述人和旁听人在报纸或互联网上公开征集，除设置听证陈述人陈述这一主体程序，还专门设置辩论程序、听证人询问和旁听人提问程序。从2010年开始尝试以市人大专门委员会的名义举行立法听证会，使立法听证会朝小型化、经常化的方向发展。2013年，在制定《广州市社会医疗保险条例》的过程中，在国际著名互联网门户网站大洋网上举行了为期7天的全国首个网上立法听证会，网上点击量高达1220.84万人次，网友参与投票和评论6353人次，发表意见、建议和评论919人次。在总结《广州市社会医疗保险条例》网上立法听证会经验的基础上，2014年9月22日至9月29日又在大洋网上举行了《广州市公园条例》网上立法听证会，就公园内广场舞等噪音扰民、机动车和宠物入园、占用公园场地进行高端餐饮及会所经营等问题的规范进行了立法听证。听证会页面的点击量累计为1326.18万人次，参与听证会投票的网友为689903人次，留言总数为792条。中央国际广播电台、广东电视台、广东电台、南方电视台、广州市广播电视台和《南方日报》《南方都市报》《广州日报》等20多家媒体对本次网上立法听证会的举行作了宣传和报道，广大网友对本次网上立法听证会给予了高度评价。（7）借助 “羊城论坛”收集意见。广州市人大常委会与广州电视台合办的“羊城论坛”，是广大市民参政议政、公开讨论时事的重要平台。广州市人大常委会借助和利用这一平台，让市民发表对地方立法的意见和建议。（8）强化对公众有序参与的指引。为进一步提高公众参与我市地方立法的便利性、参与率和实效性，广州市人大常委会法制工委于2012年制定了《广州市公众参与地方立法指南》，通过明确规定公众参与的途径、步骤、方法、要求和市人大常委会提供的各项服务与便利，引导公众在网上查阅法规草案文本提出意见，通过立法官方微博参与立法讨论提出意见，参与网络问卷调查，参与接触互动式立法民意调查，参加立法座谈会和立法听证会等。（9）着力强化地方立法论证会、座谈会的公开性。在制定涉及市民切身利益的法规过程中，将各种论证会、座谈会向新闻媒体开放。（10）建立公众意见采纳与反馈机制。对于公众提出的意见，市人大法制委在统一审议时均逐条研究，常委会审议时也对公众意见进行研究，凡可采纳的意见，均予采纳。在法规正式公布实施后，在网络等媒体上向公众反馈采纳意见的情况，激励公众持续参与。

## 四、广州市人大常委会立法中存在的主要问题

广州市人大常委会在2014年立法工作中取得了一定成果，但是仍然面临着一些不容忽视的问题，具体体现在以下几个方面。

### （一）人大常委会在地方立法工作中的主导作用有待加强

发挥人大及其常委会在地方立法工作中的主导作用，对加强和改进地方立法工作、提高立法质量至关重要。广州市人大常委会自行使地方立法权以来，始终坚持人大及其常委会对地方立法的主导。近几年来，在总结经验的基础上，不断探索创新，形成了比较完善的、具有广州特色的工作制度、机制。例如，建立立项论证制度，把握立法项目入口的主导权；建立立法计划项目库制度，把握法规审议进程安排的主导权；建立民主立法、科学立法一系列制度，完全自主地讨论修改法规文本，把握制度设计的主导权；建立立法后量化评估和法规定期清理制度，把握法规立、改、废的主导权；等等。但是，目前还存在以下问题，制约了主导作用的充分发挥：（1）人大常委会主导地方性法规起草机制尚未完全建立。由于立法专业人才队伍有限，对地方性法规涉及的专业领域也不是很熟悉，许多地方性法规难以自我起草，同时人大常委会委托科研机构、高校起草的长效机制尚未建立，由市人大常委会主导起草的地方性法规草案还非常有限，目前，仅有《广州市人民代表大会代表议案条例》《广州市地方性法规制定办法》《广州市人民政府投资管理条例》《广州市募捐条例》等少数几个法规项目。（2）人大常委会地方性法规审议质量有待进一步提高。地方立法主要由人大常委会承担，常委会组成人员是主要的立法主体，在地方立法过程中发挥着重要作用，常委会的审议质量决定了立法质量。常委会组成人员主要是通过参加常委会会议审议地方性法规案的方式参加立法活动，而常委会会议往往时间短、议题多，每个法规案每一审次的分组审议时间通常只有一两个小时，而且常委会组成人员中有相当一部分是非驻会常委，对相关地方性法规的了解比较有限，因此，常委会组成人员难以在有限的审议时间内发表充分有效的意见和建议，从而影响地方性法规审议质量。

## （二）人大与其常委会的立法权限划分不清

根据《宪法》《地方组织法》《立法法》的相关规定，广州市人大及其常委会都享有地方性法规制定权，但在过去一年的地方立法工作中，我们可以观察到广州市人大却没有制定任何地方性法规，法规的制定任务主要是由广州市人大常委会来完成的。其主要原因是人大会议每一年召开一次会议，而且时间短，没有时间进行立法，大量的立法工作必然由其常设机构——人大常委会来完成。这在现阶段，以至将来都是一种必然的现象。必须注意的是，有关人大常委会职权范畴及其议事规则等方面的地方性法规的制定应该由人大来实施，而不应该由人大常委会来实施，但至今为止，广州市相关地方性法规都没有对此作出相应的规定，从而难以避免人大常委会立法权力的滥用。这在地方立法中是一个普遍存在的问题。

## （三）科学立法、民主立法工作有待拓展

在科学立法、民主立法方面，虽然广州市人大常委会取得了一定的成绩，但是仍存在以下问题：（1）民主立法的广度和深度还有待进一步拓展。虽然广州市人大常委会建立了比较健全的民主立法制度体系，但是参与各项立法活动的社会公众毕竟有限，与广州市1000多万常住人口相比，民主立法的公众参与人数比例较小。因此，要进一步完善和创新民主立法的形式，扩大公众有序参与地方立法的人数和代表性，增加其参与深度。（2）网络民主立法的实效性有待进一步提高。由于网络民主立法是一个新鲜事物，在网络民意的代表性、真实性等方面还有待检验，因此，网络民主立法的实效性还存在不足。（3）精细化立法还有待进一步推进。广州市建立了精细化立法的各项制度机制，但是由于人手有限，立法的精细化程度距离理想状态还有一定的差距。（4）法规草案起草机制还需进一步完善。目前，法规起草还是以业务主管部门为主，人大自主起草或者委托第三方起草的情况较为少见。委托第三方起草法规草案的效果不理想。目前，有些法规草案是委托第三方起草的，但是由于这些专家学者或者组织对广州市的实际情况或者立法业务不甚了解，制度设计过于理想化，委托起草的效果并不理想，地方性法规草案往往被修改得面目全非。（5）公众意见采纳情况反馈机制有待进一步完善。目前，法工委在举行网上立法听证会后，会将对听证陈述人和网民意见的采纳情况在互联网上公开反馈，但是对通过其他途径提出的意见和建议还没有形成制度化的反馈机制。

## （四）地方立法人才队伍建设还不能满足科学立法的需要

立法人才队伍是立法业务的具体承担者，其素质和能力直接影响着立法质量。目前，广州人大法工委的机构设置和人员编制有一室二处，即办公室、法规处和备案审查处，编制为14人，承担地方立法工作的主要是办公室和法规处，编制共10人。办

公室因要承担行政后勤工作，因此，专门从事地方立法工作的不足10人。与广州市立法数量的实际需求和对立法质量的要求相比，广州市的立法机构设置和人员编制远远不足。近几年来，广州市人大常委会不断推进精细化立法，提高立法质量，工作量非常大，每个法规的制定，法制工委都要分别召开立法顾问、立法咨询专家的专题论证会，分别召开市人大代表、市政协委员、行政相对人、社会组织征求意见座谈会以及各有关政府部门参加的立法协调会，开展多次实地调研，公开征求网民和广大市民的意见，召开三次法制委统一审议会议，报省人大常委会批准、公布法规、报省人大备案等。此外，还要推进网络民主立法、组织立法听证会和人大代表立法视察等活动，每个法规要出十几稿甚至二十几稿，每一稿都要对条文逐条进行注释，提出六个以上的报告。同时，广州市的立法需求很大，每次编制年度立法计划时，各个政府部门和其他有关方面提出的立法建议项目有40多项，这些项目大都有立法的必要性和可行性，但是由于人手有限和要保障立法质量，纳入年度立法计划的立法项目只有5个左右，与立法实际需求反差极大。由于工作量相当大，立法工作任务非常繁重，现有处室和人员编制不能适应实际需要。

## 五、广州市人大常委会未来立法工作的建议

根据党的十八届四中全会关于科学立法的相关规定，结合广州市人大常委会立法实践中存在的问题，我们建议从以下几个方面切实加强和改进广州市人大常委会的立法工作。

### （一）强化人大常委会在地方立法工作中的主导作用

法律是治国之重器，良法是善治的前提。建设中国特色社会主义法治体系，必须坚持立法先行，发挥立法的引领和推动法治建设作用，抓住提高立法质量这个关键。①为了进一步改进立法工作，提高立法质量，应当加强人大常委会在立法工作中的主导作用，更好地发挥人大常委会在立法工作中的指导和引领能力。为此，广州市人大常委会可以从以下几个方面改进自身的立法工作：（1）适当延长常委会会议的会期。人民代表大会制度是我国的根本政治制度，人大代表和常委会组成人员履行职责的主要形式之一就是参加会议并发表审议意见，必须保障人大代表和常委会组成人员在会议期间有充分的时间发表意见，因此，适当延长常委会会议的会期是必要的，也是可行的。（2）进一步健全常委会组成人员参加专工委立法活动制度，使常委会组成人员提前了解法规案现实背景、制度设计和各方意见等有关立法情况，这有助于提高常委会审议质量。目前，市人大常委会法工委已经建立了这一制度，但还需要进一步完善，

①人民网：《习近平谈全面推进依法治国：法律是治国之重器》，http://politics.people.com.cn/n/2014/1028/c70731-25926164.html，访问时间：2015年3月9日。

需要推广到一审工委。（3）建立分组审议、联组审议、集中审议和辩论制度。目前，在常委会全体会议上一般只是听取法规草案的说明，对法规案的审议是分组进行的。分组审议是必要的，但如果仅限于分组审议，组与组之间缺乏讨论、交流、沟通，对法规案的审议也不充分，因此，在分组审议的基础上，对一些重大问题或个别存在较大分歧意见的条款，可以召开联组会议或全体会议进行讨论，必要时可以在全体会议上辩论，让代表不同观点的常委会组成人员进行面对面的陈述、论辩，使其他常委会组成人员在相互冲突的意见中进行理性的权衡和选择。（4）探索建立法条单独表决制度。目前，法规表决实行一次性整体表决，不能反映常委会组成人员对法规具体条文的意见。为此，可以建立重要法条单独表决制度，当常委会组成人员对拟表决的草案中的个别或少数重要条款有较大意见分歧时，可以先就该条款单独进行表决，再进行整体表决，提升立法的民主性和科学性。

### （二）明确划分地方人大与地方人大常委会的立法权限

广州市人大应该先行先试，对广州市人大与常委会的立法权限进行科学划分，将市人大主要负责人大及其常委会立法程序的制定、议事规则的制定等事项的立法，将其他事项立法全面交给广州市人大常委会，同时强化对广州市人大常委会立法的监督，从而使人大与人大常委会各负其责，有效地提升广州市地方性法规的质量。

### （三）推进地方立法公众参与的制度化和规范化

建立地方立法公众参与的制度体系是广州市人大常委会立法工作取得的显著成绩，在未来的地方立法工作更要发挥好这个优势，推进地方立法公众参与的制度化和规范化：（1）进一步完善民主立法机制，拓展公众有序参与的广度和深度。要进一步完善民主立法的制度，创新民主立法的形式，科学设置民主立法的程序，严密组织民主立法的各个环节，使公众有序参与，充分表达真实意见。（2）健全公众意见采纳情况反馈机制。对公众意见采纳情况的反馈是进一步激发公众有序参与地方立法的热情，发挥公众意见有效性的重要手段。要健全意见反馈机制，对反馈的途径、方式、范围等予以明确。（3）完善立法协商制度。在召开政协委员征求意见座谈会的基础上，通过召开征求意见座谈会等形式征求各民主党派、工商联、人民团体等的意见。

### （四）加强地方立法人才队伍建设

党的十八届四中全会提出，全面推进依法治国，要加强立法队伍建设。根据党的十八届四中全会精神与广州市人大常委会立法人才不足的问题，提出以下解决措施：（1）增加地方立法人才的数量，即增设新的立法处室和增加人员编制，吸纳更多的立法人才，增加专门从事立法工作的人员，以应对广州市每年庞大的立法需求。（2）提高地方立法人才的质量。光是有数量是不够的，还要着重提高立法人才的质量。除了提高吸纳新晋立法人才的门槛，招收高质量、高水平的立法人才外，还要对原有立法工作人员定期进行在职培训，每年安排一周以上的时间对在职人员进行职业培训，更新专业知识。（3）在编制合理的立法计划的同时，科学地配备立法人才，避免人才资源的浪费。无论是立法质询会还是专题论证会，都要科学地利用好人才资源，做到“因人制宜”。（4）适当增加地方立法外包。通过利用民间立法资源，将立法工作中的次要部分外包给具有相当资质的学术机构，减轻自身的立法负担，将自身有限的立法资源集中到重要的、关系到重大民生事项的议题中来，缓解当前立法人才和立法资源紧张的局面。

（撰稿人：张航）

# 第四章　广州市人民政府2014年度立法观察报告

## 一、广州市人民政府2014年立法基本情况

### （一）广州市人民政府2014年立法概述

2014年，广州市人民政府共制定13件规章，分别是《广州市物业管理暂行办法》《广州市限制商品过度包装管理暂行办法》《广州市商事登记暂行办法》《广州市科学技术奖励办法》《广州市大型群众性活动安全管理规定》《广州市专利行政执法办法》《广州市房屋交易监督管理办法》《广州市建设项目雨水径流控制办法》《广州市社会组织管理办法》《广州市行政调解规定》《广州市医疗废物管理若干规定》《广州市珠江游经营管理办法》和《广州市宗教活动场所管理办法》；修改3件规章，分别是《广州市城市道路临时占用管理办法》《广州市体育竞赛表演市场管理办法》和《广州市档案管理规定》；废止5件规章，分别是《广州市举办人才交流会审批办法》《广州市城镇职工基本医疗保险试行办法》《广州市房地产评估管理办法》《广州市人民防空管理办法》和《广州市村镇船舶修造业管理办法》。

### （二）广州市人民政府2014年立法的具体情况

1.《广州市物业管理暂行办法》

为了规范维护业主和物业服务企业的合法权益，根据《中华人民共和国物权法》、国务院《物业管理条例》、《广东省物业管理条例》等法律、法规，结合广州市实际，2014年1月27日，广州市人民政府第14届第101次常务会议讨论通过了《广州市物业管理暂行办法》，并自2014年5月1日起施行。

《广州市物业管理暂行办法》包括总则、物业管理区域、业主大会与业主委员会、前期物业管理、物业服务、物业的使用和维护、法律责任、附则等8章，共100条。《广州市物业管理暂行办法》的主要内容包括：物业管理的定义及《广州市物业管理暂行办法》的实施主体，对物业管理的区域的建设单位在不同的情况下需要提交不同的材料办理相关手续作了详细的规定；物业管理区域的界定以及建设单位在前期招标的相关工作；业主大会和业主委员会的产生、职责、运作方式；前期物业管理和

物业服务的具体内容以及如何使用物业和对物业进行维护的具体规定；违反《广州市物业管理暂行办法》所应承担的法律责任。

《广州市物业管理暂行办法》尊重业主自我管理权利，建立了业主自我管理的激励和引导机制，同时明确政府相关部门监管职责，加大法律监督力度，为业主自我管理创造良好的外部发展环境。①

2.《广州市限制商品过度包装管理暂行办法》

为了限制商品过度包装，减少包装废弃物的产生，促进资源节约和循环利用，保护环境，根据《中华人民共和国清洁生产促进法》《中华人民共和国循环经济促进法》等法律、法规，结合广州市实际， 2014年3月3日，广州市人民政府第14届第105次常务会议讨论通过了《广州市限制商品过度包装管理暂行办法》，并自2014年10月1日起施行。

《广州市限制商品过度包装管理暂行办法》包括总则、限制商品过度包装的一般规定、限制商品过度包装的特别规定、地方技术规范、责任主体的义务、监督管理、法律责任、附则等8章，共45条。《广州市限制商品过度包装管理暂行办法》首先界定了商品过度包装的定义，明确不需要包装能够实现流通和使用的商品不得使用包装，商品包装应当采用单一材料或者便于分离的材料；其次对于容易出现过度包装的商品，限制使用浪费资源或者难以回收处理的材料，推荐使用可回收利用的纸质包装。同时明确，包装成本总和不得超过商品正常销售价格的20%。在地方技术规范方面，鼓励相关行业协会应当根据本行业特点，制定限制商品过度包装的行业联盟技术规范。此外还规定责任主体的义务，规定包装生产企业应当实行清洁生产，科学设计、生产包装，使用可循环再生、回收利用的包装材料，简化包装结构，控制包装直接成本。对于相关政府部门还要对商品的过度包装进行不同程度的监督检查。

3.《广州市商事登记暂行办法》

为了推进本市商事登记制度改革，健全市场监管体制，促进经济发展，根据国家关于工商登记制度改革的要求和有关法律、法规规定，结合广州市实际， 2014年4月8日，广州市人民政府第14届第109次常务会议讨论通过《广州市商事登记暂行办法》，并自2014年6月1日起施行。

《广州市商事登记暂行办法》包括总则、登记和备案、年度报告和经营异常目录、商事主体信息管理和公示平台、法律责任和附则等6章，共47条。《广州市商事登记暂行办法》在科学界定商事登记和商事主体内涵的基础上，规定本市商事登记机关是工商行政管理部门，负责商事主体的登记及其相关监督管理工作，并负责组织实施本办法，规定实施商事登记的原则是遵循市场主导、主体自治、便捷高效；《广州市

①麦嘉慧：《加强维护广大业主合法权益，规范引导物业管理健康发展》，http://m.dayoo.com/70822/70823/201407/03/70823_37150050.htm，访问时间：2015年2月2日。

商事登记暂行办法》建立了年度报告制度，即商事主体应当在每年1月1日至6月30日向商事登记机关提交上一年度报告，同时商事登记机关应当自收到商事主体提交的年度报告之日起15个工作日内，向社会公示商事主体提交的年度报告，并设立年度报告抽查制度；建立了统一的商事登记管理信息平台和商事主体信息公示平台制度，其中市人民政府政务管理机构负责建设、管理商事登记管理信息平台和商事主体信息公示平台；市信息化行政管理部门负责基础平台技术支撑与维护。

4.《广州市科学技术奖励办法》

为了奖励对本市科学技术进步与自主创新作出突出贡献的个人和组织，调动科学技术工作者的积极性和创造性，推动科学技术进步，提高自主创新能力，建设国家创新型城市，促进本市经济建设和社会发展，根据《国家科学技术奖励条例》《广东省自主创新促进条例》和《广州市科技创新促进条例》，结合广州市实际， 2014年4月14日，广州市人民政府第14届第110次常务会议讨论通过了《广州市科学技术奖励办法》，并自2014年7月1日起施行。

《广州市科学技术奖励办法》包括总则、奖项设置、推荐评审与授予、法律责任和附则等5章，共22条。《广州市科学技术奖励办法》规定奖励科学技术遵循科学、公开、公平、公正的原则以及坚持高标准、严要求，好中选优的原则；规定设立市科学技术奖，包含市长奖和进步奖两类；规定奖项推荐、评审和授予的程序；规定五类不同的推荐主体以及评审工作由科学技术奖评审委员会负责，接受社会监督。

5.《广州市大型群众性活动安全管理规定》

为了规范本市大型群众性活动安全管理，维护本市社会治安秩序和公共安全，根据国务院《大型群众性活动安全管理条例》等法律、法规，结合广州市实际，2014年7月21日，广州市人民政府第14届第124次常务会议讨论通过了《广州市大型群众性活动安全管理规定》，并自2014年10月1日起施行。

《广州市大型群众性活动安全管理规定》包括总则、安全管理、安全责任、法律责任和附则等5章，共30条。《广州市大型群众性活动安全管理规定》规定，大型群众性活动的安全管理工作应当遵循安全第一、预防为主、综合管理的方针，坚持承办者负责、政府监管的原则；规定主要由市、区公安机关负责大型群众性活动的安全管理工作，其他相关行政主管部门根据自身职能履行相应的职责，提供必要的信息。规定承办者对活动所负的安全责任以及承办者应当制订大型群众性活动安全工作方案；活动场所的管理者负责与场所相关的安全事项；参加活动的人员遵守法律法规的相关规定；公安机关履行确保活动顺利进行、发生紧急事件时能够及时作出应对、保证活动举行信息公开等职责。

6.《广州市专利行政执法办法》

为了规范本市专利行政执法行为，保护专利权人和社会公众的合法权益，维护社会主义市场经济秩序，根据《中华人民共和国专利法》《中华人民共和国专利法实施细则》《广东省专利条例》等有关法律、法规，结合广州市实际，2014年7月28日，广州市人民政府第14届第125次常务会议讨论通过了《广州市专利行政执法办法》，并自2014年10月1日起施行。

《广州市专利行政执法办法》共32条。《广州市专利行政执法办法》的主要内容包括：规定专利行政执法主体为“市、区、县级市专利行政部门”，并对市、区、县级市两级专利行政案件的管辖范围进行明确划分，规范了在管辖权发生争议时的解决方案；规定在管辖原则方面遵循首次受理的行政机关管辖的原则；规定专利侵权纠纷和假冒专利案件的办案时限。

7.《广州市房屋交易监督管理办法》

为了加强监督管理，规范房屋交易行为，保障交易安全，维护房屋交易当事人的合法权益，根据有关法律、法规，结合广州市实际，2014年7月21日，广州市人民政府第14届第124次常务会议讨论通过了《广州市房屋交易监督管理办法》，并自2014年11月1日起施行。

《广州市房屋交易监督管理办法》包括总则、交易规则、监督检查、法律责任、附则等5章，共58条。《广州市房屋交易监督管理办法》规定了未取得商品房预售许可证的商品房项目，房地产开发企业不得进行预售，不得向买受人收取或者变相收取订金、预订款；房地产宣传广告不得含投资回报承诺以及房地产开发企业未取得商品房预售许可证，不得发布预售广告，同时房地产开发企业也不得拒绝购房者选择公积金贷款。《广州市房屋交易监督管理办法》规定了房地产行政主管部门应当建立网络监管平台和信用评价体系，完善执法检查制度，通过日常巡查、受理投诉举报等方式，加强对房屋交易的监督检查。

8.《广州市建设项目雨水径流控制办法》

为了控制和减少雨水径流量，提高城乡防洪排涝能力，保障公民生命、财产安全和公共安全，根据《中华人民共和国防洪法》《城镇排水与污水处理条例》《广州市水务管理条例》等法律、法规的规定，结合广州市实际，2014年7月28日，广州市人民政府第14届第125次常务会议讨论通过了《广州市建设项目雨水径流控制办法》，并自2014年11月1日起施行。

《广州市建设项目雨水径流控制办法》共24条。该办法规定：在雨水径流控制措施方面，要求雨水径流控制设施应当与建设项目主体工程同时设计、同时施工、同时使用，明确建设前后雨水径流量的计算方式，在城镇公共道路设置“渗排一体化”系统等；在雨水径流控制设施的规划方面，对建设项目具体应该配备的绿地、蓄水池都有详细的规定；在建设和管理维护方面要求使用雨水径流控制设施时，不得将雨水径流控制设施挪作他用，或者阻挠、妨碍雨水径流控制设施的管理、保护和养护维修，并规定了禁止从事的损害雨水径流控制设施的行为，包括堵塞雨水径流控制设施等。同时，对破坏雨水径流设施也设置了相应处罚。

9.《广州市社会组织管理办法》

为了促进社会组织发展，加强社会组织管理，促进社会组织诚信自律，发挥社会组织在社会管理服务中的作用，根据《社会团体登记管理条例》《民办非企业单位登记管理暂行条例》《基金会管理条例》等有关法律、法规规定，结合广州市实际，2014年6月16日，广州市人民政府第14届第119次常务会议讨论通过了《广州市社会组织管理办法》，并自2015年1月1日起施行。

《广州市社会组织管理办法》包括总则、成立登记、内部治理、培育扶持、监督管理、法律责任和附则等7章，共57条。《广州市社会组织管理办法》规定了社会组织管理坚持政社分开、权责明确、依法自治的原则和遵循培育发展与规范管理并重的原则。在社会组织的内部治理方面中规定建立民主选举、民主决策、民主管理、民主监督、诚信自律和廉洁从业机制。政府对社会组织的培育扶持也作了详细的规定，社会组织依照国家有关规定享受税收优惠政策。在监督管理方面规定相关主体对社会组织的监督管理职责。登记管理机关、业务主管机关，分别履行不同的管理职责，而社会组织自身也应当遵守宪法和法律的规定，不得违背社会公德和公序良俗。

10.《广州市行政调解规定》

为了规范行政调解活动，依法解决争议纠纷，维护社会和谐稳定，根据有关法律、法规，结合广州市实际， 2014年10月8日，广州市人民政府第14届第135次常务会议讨论通过了《广州市行政调解规定》，并自2015年1月1日起施行。

《广州市行政调解规定》包括总则、行政调解范围和管辖、行政调解程序、行政调解协议、法律责任和附则等6章，共40条。《广州市行政调解规定》在总则中界定了行政调解的定义，规定了行政调解应当遵循谁主管谁负责，依法调解与依法处理相结合，自愿平等、公平公正、合情合理、及时便民的原则。在规定行政调解的范围的同时还列举了行政调解的负面清单，明确行政调解的受理范围。关于行政调解的程序以及行政调解协议的具体内容也作了相关规定，包括提出、受理、主持行政调解以及行政机关制作行政调解协议书和行政调解协议不得违反法律、法规和规章的强制性规定，不得损害国家利益、公共利益和他人的合法权益。

11.《广州市医疗废物管理若干规定》

为进一步规范医疗废物收集、贮存、运送和处置行为，确保医疗废物集中无害化处置，加强本市医疗废物管理，根据国务院《医疗废物管理条例》等相关法规，结合广州市实际， 2014年10月20日，广州市人民政府第14届第137次常务会议讨论通过了《广州市医疗废物管理若干规定》，并自2015年1月1日起施行。

《广州市医疗废物管理若干规定》分医疗废物分类管理、台账管理、预警分析、农村乡镇偏远地区医疗废物管理、医疗废物联单管理、处置收费、生产和处置情况报告、处置行为的监督检查、动物诊疗机构医疗废弃物管理等，共18条。《广州市医疗废物管理若干规定》主要规定了医疗废物的收集、贮存、运输、处置活动中所应遵循的方法和规章。其中包括设立医疗废物台账制度，加强台账管理，并对相关数据进行分析，建立预警制度；其次是改革收费模式，由按床位计价改为按重量计价；建立医疗废物联单管理制度，充分利用信息化技术科学管理医疗废物；最后在监督检查方面则规定环境保护行政主管部门应当加强对医疗废物集中处置单位医疗废物处置行为的监督检查，每季度的现场监督检查不少于一次。

12.《广州市珠江游经营管理办法》

为合理开发利用本市珠江水上旅游资源，规范珠江游经营行为，保障旅游者和经营者的合法权益，依据《中华人民共和国旅游法》《国内水路运输管理条例》《广州市旅游条例》等法律、法规规定，结合广州市实际情况， 2014年11月17日，广州市人民政府第14届第141次常务会议讨论通过了《广州市珠江游经营管理办法》，并自2015年2月1日起施行。

《广州市珠江游经营管理办法》分总则、经营许可、经营管理、监督管理、法律责任和附则等6章，共36条。《广州市珠江游经营管理办法》首先在总则中规定珠江游行业发展应当遵循科学规划、合理开发、安全环保和可持续发展的原则，实现社会效益、经济效益、生态效益相统一。接着在经营许可中对主体作了必要的条件限制。然后在经营管理方面对珠江游专项规划进行了规定，市旅游行政管理部门应当会同水路运输、城乡规划等有关行政管理部门根据本市旅游发展规划和珠江游的发展需要，编制珠江游专项规划，报市人民政府批准后实施。此外还确定了珠江游新增运力调控机制，合理优化珠江游航线和运力，以培育健康、稳定发展的珠江游市场。最后在监督管理方面规定了水路运输行政主管部门应当定期组织旅游、海事、价格、交通等有关行政管理部门对珠江游经营者的经营行为、服务质量、安全生产等情况进行联合监督检查。

13.《广州市宗教活动场所管理办法》

为了加强广州市宗教活动场所的管理，维护正常的宗教活动秩序，保护宗教活动场所的合法权益，根据国务院《宗教事务条例》《广东省宗教事务条例》以及《广州市宗教事务管理条例》等有关法律、法规的规定，结合广州市实际， 2014年11月24日，广州市人民政府第14届第142次常务会议讨论通过了《广州市宗教活动场所管理办法》，自2015年2月1日起施行。

《广州市宗教活动场所管理办法》分总则、宗教活动场所规划建设、宗教活动场所安全保障、宗教活动场所民主管理、法律责任和附则等6章，共35条。《广州市宗教活动场所管理办法》首先界定了宗教活动场所的定义。其次，强化了宗教场所的财务监督，规定宗教场所应建立财务管理小组和监督小组，定期提交财务报告，还首次提出，宗教活动场所应当定期聘请有资质的会计师事务所进行财务审计，并在每年第一季度内向其登记管理机关提供上一年度财务报告和审计报告。再次，规定相关主体的安全保障责任，保证宗教活动场所的安全保障落到实处。另外，《广州市宗教活动场所管理办法》明确规范宗教场所的规划建设，把宗教场所建设纳入社会发展规划。

## 二、广州市人民政府2014年立法清理情况

### （一）广州市人民政府2014年立法清理概述

2014年度广州市人民政府在立法清理工作取得了巨大成效，共修改3件规章，分别是《广州市城市道路临时占用管理办法》《广州市体育竞赛表演市场管理办法》和《广州市档案管理规定》；废止5件规章，分别是《广州市举办人才交流会审批办法》《广州市城镇职工基本医疗保险试行办法》《广州市房地产评估管理办法》《广州市人民防空管理办法》和《广州市村镇船舶修造业管理办法》。

### （二）广州市人民政府2014年立法清理情况

1.《广州市城市道路临时占用管理办法》的修改

2014年11月24日，广州市人民政府第14届第142次常务会议通过《广州市人民政府关于修改〈广州市城市道路临时占用管理办法〉的决定》，由广州市人民政府令114号公布，自2015年1月11日施行。广州市人民政府第14届第142次常务会议决定对《广州市城市道路临时占用管理办法》作如下修改：第四条第二款修改为：“临时占用区管道路的，由区市政管理部门和公安交通管理部门批准。临时占用市管道路的，由市市政管理部门和公安交通管理部门批准。”此次修改将原来“各区市政、公安交通管理部门”和“市市政、公安交通管理部门”的字眼删去，统一规定为临时占用区管道路和临时占用市管道路的分别由相关部门批准，与上位法衔接，完善法制的统一，也有利于政府部门的执法工作。

2.《广州市体育竞赛表演市场管理办法》的修改

2014年11月24日，广州市人民政府第14届第142次常务会议通过《广州市人民政府关于修改〈广州市体育竞赛表演市场管理办法〉的决定》，由广州市人民政府令115号公布，自2015年1月11日施行。广州市人民政府第14届第142次常务会议决定对《广州市体育竞赛表演市场管理办法》作如下修改：删去第九条第三款、第十四条、第十五条、第三十九条，相关条文序号相应修改；第九条第二款修改为“举办广州市内的体育竞赛表演活动，举办人应当在体育竞赛表演活动举行前30日向所在区（县级市）体育行政部门备案”；原第三十六条修改为：“违反本办法第九条第二款，没有按照规

定办理体育竞赛表演活动备案的，由体育行政部门处以警告，责令限期改正，并可处以5000元以上1万元以下的罚款”；原第四十条修改为：“违反本办法第十四条，没有办理注销备案手续的，由体育行政部门处以警告，责令限期改正，并可处以5000元以上1万元以下的罚款”。本次修改主要集中在举办体育竞赛表演活动的备案制度以及体育竞赛表演活动的公开与变更制度上。在市场经济的环境下，各种资讯和信息都是瞬息万变的。竞赛表演活动的举办人为了盈利，必然是将有关活动的真实情况反映给社会大众，吸引更多的观众，这是市场规律在发生作用，不需要法律特别规定举办人负有相关的义务，更何况，如果举办人因为没有如实公布相关信息而导致观众利益受损，那么相关观众可以通过其他法律例如民法的有关规定来追究举办人的责任，这也是符合市场规律的。在活动事项需要变更的情况下，只要举办人及时公开相关信息，观众自然会根据变更的事项作出选择，如果此时还需要向相关机构备案，就会拖延信息的及时公开，反而不利于观众进行选择。《广州市体育竞赛表演市场管理办法》的修改顺应中央深化改革、简政放权的浪潮，使政府在充分激发市场活力的同时，又进行了适度的监管。

3.《广州市档案管理规定》的修改

2014年11月24日，广州市人民政府第14届第142次常务会议通过《广州市人民政府关于修改〈广州市档案管理规定〉的决定》，由广州市人民政府令116号公布，自2015年1月11日施行。市政府第14届第142次常务会议决定对《广州市档案管理规定》作如下修改：第六条第三款修改为“部门档案馆负责收集、保管本部门及其所属机构形成的档案，并在一定范围内提供利用。部门档案馆收集档案的范围，由其主管部门制定”；第七条修改为“机关、人民团体、国有企业事业单位应当自成立之日起3个月内建立档案工作机构或者指定专人负责本单位的档案工作”以及删除第二十三条第一款第(三)项。这样的修改扩大了相关档案工作机构的权力，一是可以减少相关档案工作机构和备案机构的工作量，二是也考虑到档案管理工作并不像其他工作诸如法律、法规的制定那样需要严密的备案审查制度，备案工作本身的作用并不大，删去有关备案的规定是一举两得的做法。

4.《广州市举办人才交流会审批办法》等5件政府规章的废止

2014年11月24日，广州市人民政府第14届第142次常务会议通过《广州市人民政府关于废止〈广州市举办人才交流会审批办法〉等5件政府规章的决定》，由广州市人民政府令113号公布，自2015年1月11日施行。这5件规章分别是：《广州市举办人才交流会审批办法》《广州市城镇职工基本医疗保险试行办法》《广州市房地产评估管理办法》《广州市人民防空管理办法》和《广州市村镇船舶修造业管理办法》。

为解决广州行政审批制度改革工作后法规、规章的滞后问题，保障广州市行政审批制度工作的顺利推进，广州市法制办牵头开展了广州行政审批、备案事项涉及的地方性法规和政府规章的清理工作，经过半年时间的清理，提出政府规章相关修改建议。鉴于上述5件政府规章主要设立的行政审批、备案事项已被审改工作取消或者调整，加上部分政府规章的内容已被新的地方性条例涵盖，因此废止了《广州市举办人才交流会审批办法》《广州市城镇职工基本医疗保险试行办法》《广州市房地产评估管理办法》《广州市人民防空管理办法》和《广州市村镇船舶修造业管理办法》。

在一系列需要废止的政府规章中，《广州市举办人才交流会审批办法》《广州市城镇职工基本医疗保险试行办法》引起网友的关注。[①]一是由于《广州市人力资源市场条例》正在制定中，举办人才交流会审批制度也简化为备案制度，因此建议废止相关办法，并将相关备案内容纳入正在制定的条例当中。二是《广州市城镇职工基本医疗保险试行办法》中设立的“按月缴纳过渡性基本医疗保险金审批”“企业自建补充医疗保险方案备案”均已被取消，同时《广州市社会医疗保险办法》正在制定中，因此也建议废止相关办法，并将相关备案内容纳入正在制定的条例当中。

## 三、广州市人民政府在立法工作中的主要做法和探索

广州市人民政府在2014年的立法工作中回应民意，在重大民生事项上制定相关的地方政府规章，进行了许多有益的探索，包括以下几个方面：

### （一）强调地方行政立法工作的组织领导

党的十八届四中全会强调，党的领导是中国特色社会主义最本质的特征，是社会主义法治最根本的保证。把党的领导贯彻到依法治国全过程和各方面，是我国社会主义法治建设的一条基本经验。在立法工作上，完善立法体制，就是要加强党对立法工作的领导，完善党对立法工作中重大问题决策的程序。广州市人民政府在过去一年的立法工作中，正是不断强化组织上的领导，把党的意志深入贯彻到规章的制定全过程，制定出一批体现民意和党的意志相结合的、注重法的实用性和有用性的规章。首先是立法牵头起草单位成立立法工作小组，指定人员负责政府规章的制定工作，建立健全立法工作负责制。其次是保障正式项目立法进度。牵头起草单位制订详细的立法工作时间表，于规定期限报广州市法制办，由广州市法制办监督执行。正式项目的立法工作在规定期限内完成，不能如期完成的，牵头起草单位向市法制办提交书面报告，说明情况。

### （二）注重公众参与地方立法实践

广州市人民政府在立法工作中切实执行《广州市规章制定公众参与办法》，制定

①张西陆：《广州：举办人才交流会无须审批》，http://gz.southcn.com/g/2014-11/25/content_112886638.htm，访问时间：2015年2月12日。

公众参与工作方案，并通过座谈会、论证会等方式征求公众意见。送审稿经市法制办修改、论证，形成规章草案征求意见稿后，在市政府门户网及市法制办网站上的统一发布平台公开征求公众意见。社会关注度较高，或者对社会利益有重大影响的制度和措施，在其合法性、合理性和可行性经过充分论证并相对成熟之前，不得在媒体上公布或者通过其他方式向社会公开。例如在《广州市珠江游经营管理办法》的制定中就很好地体现了公众参与立法。首先，在部门起草阶段，起草部门广州港务局组织召开了专家论证会和行业座谈会。一是2012年10月29日，邀请来自华南师范大学法学院、交通运输部珠江航务管理局、广东省交通运输厅、广东省船东协会等法学和港航管理领域的专家，对《广州市珠江游经营管理办法》立法涉及的重大问题进行研讨。二是2013年5月22日组织广州市港口航运协会、珠江游行业各经营人及社会公众代表召开《广州市珠江游经营管理办法》草案征求意见建议专题座谈会； 2013年6月7日、14日到各企业再次征求意见并对《广州市珠江游经营管理办法》内容进行详细解释和宣传沟通。其次，在广州市法制办的审核阶段，通过网络征求公众意见。2013年11月14日至12月13日，市法制办通过市政府和本办门户网站发布关于公开征求对《广州市珠江游经营管理办法》（草案征求意见稿）意见的公告及征求意见稿全文，公开征求公众意见。此外，市法制办还会同有关部门赴广州市客轮公司开展立法调研，听取企业对《广州市珠江游经营管理办法》立法的意见。

### （三）注重提高地方行政立法质量

在组织的有力领导和公众积极、有效的参与下，广州市人民政府在立法工作中也加强自身的立法技术和水平，提高立法的质量。在立法的全过程中，起草单位的起草水平对整部规章的质量起主导作用，因此，起草单位切实提高送审稿质量，从大局出发，克服部门利益倾向，对涉及重大民生问题的立法，严格按照《国务院关于加强法治政府建设的意见》履行专家咨询、风险评估、合法性审查、集体决定的程序，公众关注度高的项目还必须进行听证。送审稿涉及其他部门职责的，均与相关部门充分协商和沟通，对不予采纳的意见则说明理由， 相关部门亦给予配合。起草单位向市法制办报送的送审稿均符合《广州市人民政府规章制定办法》第十二条、第十三条、第十四条的规定，条文思路清晰，制度切实可行，做到真正解决问题。只有在规章制定的“起点”做到严谨、周密、科学，才能在“终点”得到一部质量高、作用大、人民满意的规章。

## 四、广州市人民政府在立法中面临的主要问题

广州市人民政府在2014年立法工作中取得了一定成果，但是仍然面临着一些不容忽视的问题，具体体现在以下几个方面：

## （一）地方行政立法质量仍需进一步提高

党的十八届四中全会指出，法律是治国之重器，良法是善治之前提。建设中国特色社会主义法治体系，必须坚持立法先行，发挥立法引领和推动作用，抓住提高立法质量这个关键。过去一年里，广州市人民政府在立法工作上取得了不俗的成绩，但在立法质量这方面是不能松懈的，为此需要找出不足的地方进而改正，不断提高立法的质量。一是立法需要回应民意。广州市人民政府在立法选择上主要倾向于与重大民生事项相关的项目进行立法，无论是《广州市大型群众性活动安全管理规定》，还是《广州市珠江游经营管理办法》，都是针对当前社会和民众最为关心的热点问题进行立法，用以解决问题的，但这却远远不够。例如，在个人信息保护，就没有进行相关的地方行政立法进行有效的保护。个人信息的泄露，容易被不法分子利用，进行诈骗，导致市民利益的损失和被无止境地骚扰。2014年，全国全年主动举报的垃圾短信累计已达17.22亿条，骚扰电话总量是5.37亿个。各类理财、保健品、房地产等推销电话及花样百出的“中奖”短信让国人心力交瘁，而行骗伎俩也不断“推陈出新”，有骗子甚至能利用目标单位的座机号段，一网打尽一个单位的员工，手段之高令人咂舌。①广州市作为全国最大的城市之一，对于这些“骚扰”，广州市民也深受其害。笔者在前段时间也接到所谓自称“领导”的电话，利用一般人怕事、不敢得罪领导的心理进行诈骗。与庞大的诈骗、骚扰比较，我国有关的法律则显得无力。无论是《侵权责任法》，还是《消费者权益保护法》，都不能很好地保护个人在被骚扰后的权益，因此广州市人民政府自身要对此作出相关的回应，制定出实效、有用的规章来规范和保护市民的权益。当然，这并不仅仅限于个人信息保护领域，还包括众多的与民生利益相关的领域。二是地方行政立法效率需要进一步提高。地方行政立法不仅需要有针对性，还要讲究效率。由于我国处于社会转型之中，不少法律、法规本身已具有滞后性，如果地方立法，尤其是地方行政立法工作拖延、缓慢的话，那么对于法的公信力以及法制体系的危害都是相当大的。提高地方行政立法效率，就要克服地方行政立法工作中部门化倾向、争权诿责的现象，避免地方行政立法久拖不决。

## （二）公众参与地方行政立法的制度建设仍有提升空间

深入推进民主立法，拓宽公民有序参与立法途径，是广州市人民政府过去一年的立法工作中所坚持的正确做法之一，但仍存在以下问题：一是公众参与立法的广度和深度还比较低。虽然广州市人民政府积极探索公众参与立法的途径，但与广州市1000多万的人口相比，公众参与立法的人数比例较小，因此，要进一步创新和完善公众参与立法的形式，扩大公众有序参与地方立法的人数和代表性，增加其参与的深度和广

①连海平、陈小雁、唐金凤：《让法治步伐跟上“网速”》，http://gzdaily.dayoo.com/html/2015-03/02/content_2873618.htm，访问时间：2015年3月3日。

度。二是公众参与立法的积极性还比较低。虽然很多规章在制定前都会在相关媒体进行公布和征求意见，但并非每个广州市民都能够及时得知相关规章启动制定的程序，导致很多人还没发表意见规章就已经通过了，从而削弱了市民参与立法的积极性。三是网络民主立法的实效性有待进一步加强。由于网络民主立法还未经过足够的检验，在网络民意的代表性、真实性等方面还有待检验，因此，网络民主立法的实效性还存在不足。四是公众意见采纳情况反馈机制还需进一步完善。无论是网络上征求的意见，还是专家座谈会上征求的意见，都需要及时作出反馈，形成制度化的反馈机制。

### （三）地方行政立法人才队伍建设仍需加强

党的十八届四中全会提出，全面推进依法治国，必须大力提高法治工作队伍思想政治素质、业务工作能力、职业道德水准，着力建设一支忠于党、忠于国家、忠于人民、忠于法律的社会主义法治工作队伍，其中，立法人才队伍的建设尤为重要。立法人才队伍是立法业务的具体承担者，其素质和能力直接影响着立法质量。与广州市立法数量的实际需求和对立法质量的要求相比，广州市的立法机构设置和人员编制远远不足。随着近年来“依法治市”口号的提出，立法工作的要求和复杂程度也在不断地提高。每一个规章的制定，都要召开相关的咨询会、论证会，还要召开有关政府部门参加的立法协调会，并开展实地调研，还包括网上调研，公开征求网民和广大市民的意见，其工作量可谓相当大，例如《广州市珠江游经营管理办法》从提出到通过就用了超过两年的时间，既反映了规章制定的工作量极大的现实，也从侧面表明了目前地方行政立法工作中人手不足的现状。

## 五、广州市人民政府未来立法工作的建议

以广州市人大常委会在立法工作中存在的问题为导向，对广州市人民政府未来立法工作提出以下几点建议。

### （一）切实提高地方行政立法质量

提高立法质量，首先是要回应民众的需求，解决民众最为关心的问题。广州市人民政府每年都会提出办好“十件民生实事”的政策，这就可以通过利用法律思维的模式去解决如何办好“十件民生实事”，也就是将民生实事与立法工作相结合，制定出具有实效性和有用性的规章，既回应了民众的需求，也能让民众感受到法律的作用。其次是对于规章的起草工作，要完善立法工作机制，提高制度建设质量。在立法过程中，要积极创新立法工作机制：（1）加大自主起草力度和实施法制部门牵头起草、委托专家起草、多部门联合起草等多种立法模式。例如，广州市人民政府在2014年牵头起草了《广州市医疗废弃物管理若干规定》《广州市建设工程质量管理办法》等规

章，自主起草《广州市限制商品过度包装管理办法》和《广州市行政调解规定》，这种做法需要进一步发扬。（2）深入参与起草部门的调研、论证以及初稿修改等工作，对立法项目的框架思路、合法性、合理性和可行性提前把关。（3）更加注重发挥专家的论证作用，建立政府立法征求法律咨询专家制度；更加注重规范公众参与，完善立法听证程序；更加注重基层调研，建立立法调研工作制度。（4）强化立法出台后的实施准备和宣传解读工作，在广州市法制办门户网站设置新规章解读栏目，加大力度对政府规章进行释义和解读，提升立法的实施效果。

### （二）健全公众参与地方行政立法制度

党的十八届四中全会提出，法律的权威源自人民的内心拥护和真诚信仰。政府所制定的规章要想得到人民的内心拥护和真诚信仰，就要在立法阶段让人民充分参与，提出自己的意见。为此，一是要提高公众参与立法的广度和深度，要进一步创新和完善公众参与立法的形式，将公众参与立法制度化、常态化，扩大公众有序参与地方立法的人数和代表性，增加其参与的深度和广度。例如，将《广州市珠江游经营管理办法》的制定经验推广到其他规章的制定。每一部规章都有其所针对的领域，该领域都有其所属的专业人士，那么在规章的制定过程中要充分咨询和参考该专业人士的意见和建议，使得该规章的出台更加具有针对性和实用性。二是提高公众参与立法的积极性。加强规章制定的前期宣传，建立宣传工作覆盖全市的网络，同时居委会、村委会和其他社会组织配合宣传工作，务必使绝大多数的市民都能及时了解到规章的制定，让市民们可以及时地发表自己的意见；另外可以探索建立一定的奖励和补贴机制，激励公众参与立法的积极性。三是完善网络民主立法。当今世界是社交媒体盛行的时代，每个人都在自己的社交网络上发表自己的言论。社交网络给了每个人都有对自己生活的社会发表意见的平台。这些意见不一定专业、科学，但在一定程度上也是民意的体现，因此政府要在立法时将这些因素加以考虑，开通关于立法的政府社交账号，例如微信或者微博，与广大市民进行交流，收集市民的意见和建议，将网络民主立法工作中收集得来的意见和建议进行科学化的分析和筛选，利用好其有用的和反映真实民意的意见和建议。四是完善公众意见采纳情况反馈机制。无论是网络上征求的意见，还是专家座谈会上征求的意见，都需要健全意见反馈机制，对反馈的途径、方式、范围等予以明确。对收集得到的意见和建议，采纳的和不予采纳的，都要将采纳理由和不予采纳的理由进行公告，要让市民了解到自己的意见是否被认真对待，从而提高人们参与立法的积极性和对法律的真诚信仰和拥护。

### （三）加强地方行政立法人才队伍建设

根据党的十八届四中全会精神与广州市人民政府立法人才不足的问题，提出以下解决措施：一是增加立法人才的数量，即增设新的立法处室和增加人员编制，吸纳更多的立法人才，增加专门从事立法工作的人员，以应对广州市每年庞大的立法需求。二是畅通立法、执法、司法部门干部和人才相互之间以及与其他部门具备条件的干部和人才交流渠道。法律的生命在于实施，规章制定的最终目的也是为了能够顺利实施，取得良好的效果，而政府在制定规章的同时，自身也是该规章的执法者，因此要建立立法、执法、司法部门干部和人才相互之间的交流机制，执法人才可以为立法工作提供充足的实际操作经验，提高规章的可执行性。三是提高立法人才的质量。除了建立立法、执法、司法部门干部和人才相互之间的交流机制外，还要对原有立法工作人员定期进行专业培训，每年安排足够的时间对在职人员进行专业培训，更新专业知识。四是可以适当增加立法外包。通过利用民间立法资源，将立法工作中的次要部分外包给具有相当资质的学术机构，减轻自身的立法负担，将自身有限的立法资源集中到重要的、关系到重大民生事项的议题中来，缓解当前立法人才和立法资源紧张的局面。五是在编制合理的立法计划的同时，对立法计划的实施进度进行公开。广州市人民政府已经建立了每年度市政府重点工作落实情况制度，并可在网上查询。对于每年度制定的立法计划也可以进行同样的做法，定期地将立法计划的实施情况向市民公布，供大家查询和监督。

（撰稿人：张航）

# 第三编　深圳市地方立法年度观察报告（2014）

深圳是中国南部海滨城市、国家副省级单列城市，毗邻香港。深圳全市面积2020平方公里，总人口超过1200万，且是一个移民城市，已经取代广州，成为中国的南大门，其中罗湖海关是中国人流最大的海关。深圳经济总量相当于国内的一个中等省份，位居全国大中城市的第四位，是中国大陆经济效益最好的城市之一，城市综合竞争力位列内地城市第一。1980年深圳经济特区成立。1986年7月，深圳市开始筹备人民代表大会。1990年12月，深圳市第一届人民代表大会第一次会议召开，会议选举产生了深圳市人大常务委员会。1989年4月4日，第七届全国人民代表大会第二次会议通过了《关于国务院提请审议授权深圳市制定深圳经济特区法规和规章的议案的决定》。1992年7月1日，全国人大常委会七届第26次会议认真审议并通过了《关于授权深圳市人大代表大会及其常委会和深圳市人民政府分别制定法规和规章在深圳经济特区实施的决定》，其中规定，“授权深圳市人民代表大会及其常委会根据具体情况和实际需要，遵循宪法的规定以及法律和行政法规的基本原则，制定法规，在深圳经济特区实施，报全国人大常委会、国务院、广东省人大常委会备案。”自此，深圳人大直接获得制定经济特区法规和规章的立法权。2000年3月15日第九届全国人民代表大会第三次会议通过的《立法法》保留了经济特区立法，又赋予经济特区所在地的市以较大市身份的立法权，使深圳市人大实际拥有了双重立法权，这是对深圳市人大立法权的进一步扩大和规范。深圳市人大立法已经走过20多年的历程，在立法上创造了国内数十个“第一”，填补了国家多项法律空白。

2014年11月至2015年3月，我们对深圳市人大及其常委会以及深圳市人民政府2014年度立法情况进行了调查、评测，形成如下观察报告。

# 第五章　深圳市人大常委会2014年度立法观察报告

## 一、深圳市人大常委会2014年立法基本情况

### （一）深圳市人大常委会2014年立法概述

2014年，深圳市人大常委会共审议制定地方性法规4件，分别是：《深圳经济特区促进全民健身条例》《深圳经济特区无偿献血条例》《深圳经济特区政府投资项目管理条例》《深圳经济特区居住证条例》；修改地方性法规3件，分别是：《深圳经济特区审计监督条例》《深圳市学校安全管理条例》《深圳经济特区道路交通安全违法行为处罚条例》。

### （二）深圳市人大常委会2014年度立法的具体情况

1.《深圳经济特区促进全民健身条例》

为了促进深圳经济特区全民健身活动的开展，增强市民身体素质，保障市民在全民健身活动中的合法权益，根据《中华人民共和国体育法》《全民健身条例》等法律、法规，结合深圳市经济特区实际，2014年8月28日，深圳市第五届人大常委会第31次会议通过了《深圳经济特区促进全民健身条例》，并自2015年1月1日起施行。《深圳经济特区促进全民健身若干规定》同时予以废止。

《深圳经济特区促进全民健身条例》包括总则、全民健身活动、全民健身设施的建设与利用、保障措施、法律责任和附则等6章，共60条。《深圳经济特区促进全民健身条例》明确了区政府体育行政部门应当履行的职责范围，规定了每年11月为全民健身活动月；鼓励各企业、社会团体和个人要积极参与，强化了法律责任和对有关违规行为的处罚。《深圳经济特区促进全民健身条例》规定了全民健身设施的规划建设、健身设施管理单位职责、学校体育设施开放、医保卡可用于健身消费，鼓励市民购买安全责任保险，以及市民健身激励等多项制度，并鼓励社会力量支持参与全民健身事业和产业发展。

《深圳经济特区促进全民健身条例》的出台，有助于推动大运会体育设施的充分

利用，更好地促进深圳市全民健身事业发展。[①]

2.《深圳经济特区政府投资项目管理条例》

为了规范深圳市本级政府投资项目管理，建立健全科学、高效的政府投资项目决策程序和实施程序，提高投资效益，根据有关法律、法规的基本原则，结合深圳经济特区实际，2014年8月28 日，深圳市第五届人民代表大会常务委员会第31次会议通过了《深圳经济特区政府投资项目管理条例》，并自2015年1月1日起施行，《深圳市人民政府投资项目管理条例》同时予以废止。

《深圳经济特区政府投资项目管理条例》包括：总则、政府投资项目审批管理、政府投资项目计划管理、投资项目建设管理、政府投资项目监督、法律责任及附则等7章，共64条。《深圳经济特区政府投资项目管理条例》对经济特区政府的投资范围作出了界定，明确规定了采用直接投资、资本金注入方式的政府投资项目，应当依次审批项目建议书、可行性研究报告、初步设计和项目总概算，规定了市发展改革部门根据国家有关法律、法规、政策和深圳市经济社会发展目标以及实际需要编制政府投资项目年度计划草案的明确要求，明确了政府投资各参与方，包括项目单位、项目统一建设管理单位、项目自建单位以及项目法人单位、代理建设单位、工程咨询机构、设计单位、评审机构、项目审批单位、其余有关行政管理部门等各自的工作职责，清晰界定各方的法律责任，还规定将政府投资项目信息公开予以制度化，要求可行性研究报告审批情况、经市人大批准的市政府投资项目计划草案、项目验收结果及时向社会公开，还要求对经济、社会和环境具有重大影响的项目，市发展改革部门在项目建议书批准后予以公示，公示期不少于20日。《深圳经济特区政府投资项目管理条例》特别明确了有关部门管理和监督制度，规范了政府投资项目建设应当坚持概算控制预算、预算控制决算的原则，建立健全项目责任制，严格执行基本建设程序，禁止边勘察、边设计、边施工，并对政府投资项目年度计划的执行情况进行监督。

3.《深圳经济特区无偿献血条例》

为了保证医疗临床用血安全和需要，保障献血者和用血者的身体健康，发扬人道主义精神，促进社会文明进步，根据有关法律、行政法规的基本原则，结合深圳经济特区实际，2014年10月30日，深圳市第五届人民代表大会常务委员会第32次会议通过了《深圳经济特区无偿献血条例》，自2015年1月1日起施行，《深圳经济特区公民无偿献血及血液管理条例》同时予以废止。

《深圳经济特区无偿献血条例》共32条。《深圳经济特区无偿献血条例》明确规定了全市无偿献血实行统一采供血机构，统一采集、统一检测、统一管理和统一供应血液制度。无偿献血者所献血液经检验合格的，其本人临床用血可终生无限量优先

---

①参见解冰、裴冕、张鹏、冯世攀：《社保卡可健身接地气更亲民》，载《深圳商报》2014年9月23日第A16版。

使用、免交临床用血费用且同时其配偶、子女、父母临床用血时可合计免交其无偿献血的等量血液的临床用血费用。市政府应当根据采供血机构提供的无偿献血单位宣传和组织情况以及无偿献血者的献血次数等情况，对在无偿献血中作出贡献的单位、个人授予荣誉称号或者给予表彰，并全面规定了违反无偿献血的各种不当违法犯罪行为的法律责任。《深圳经济特区无偿献血条例》放宽了献血者的年龄上限，提倡献血者的年龄从过去的最高55周岁延长至60周岁。《深圳经济特区无偿献血条例》确立了无偿献血信息管理制度。一方面规定采供血机构和医疗机构应当建立献血者信息保密制度，对献血者个人信息予以保密；另一方面规定采供血机构应当定期公布采血量、用血量和免交临床用血费用数额等无偿献血信息。既实现无偿献血工作公开透明，便于社会监督，又保护无偿献血者个人隐私，防止个人信息滥用甚至被违法使用，打消大多无偿献血者的顾虑，使更多的人加入无偿献血的队伍。①

4.《深圳经济特区居住证条例》

为了建立健全实际居住人口登记制度，加强非深圳市户籍人员（以下简称“非深户籍人员”）服务管理，保障其合法权益，维护社会秩序，促进人口与经济、社会、资源、环境协调发展，根据有关法律、行政法规的基本原则，结合深圳经济特区实际，2014年10月30日，深圳市五届人大常委会第32次会议通过了《深圳经济特区居住证条例》，并自2015年6月1日起施行，其施行12个月后，《深圳市居住证》《深圳市临时居住证》失效。

《深圳经济特区居住证条例》包括总则、居住登记、居住证管理、持证人权益、信息管理服务、法律责任以及附则等7章，共55条。《深圳经济特区居住证条例》主要规定居住登记实行申报义务人主动申报制度。非深户籍人员在特区居住的，申报义务人应当依照本条例的规定向公安机关或者公安机关委托的机构主动申报非深户籍人员居住登记信息，界定了非深户籍人员申领居住证应符合在特区有合法稳定居所和合法稳定职业的条件、申办居住证的条件和注销的各种情况，并规定居住证实行签注制度，每年签注一次，逾期不签注或者签注有效期届满的，使用功能中止。《深圳经济特区居住证条例》特别明确了持证人的相关权益，并明确了有关部门的管理职责，细化了信息管理服务的规定，强化了法律责任和对有关违规行为的处罚。

《深圳经济特区居住证条例》的颁布能切切实实让深圳外来人口享受特区红利，得到了广大外来人口的热烈反响和支持。②

---

①参见郑思韵、李娉著：《献血者及亲属可直接申请免费用血》，载《宝安日报》2015年2月2日第A08版。

②参见深港在线：《深圳居住证条例明年6月1日起实施》，http://sz.szhk.com/2014/11/21/282891426373996.html，访问时间：2015年2月26日。

5.《深圳经济特区审计监督条例》的修订

为了加强审计监督，维护财政经济秩序，保障公共资产的安全与效益，促进廉政建设，根据法律、行政法规的基本原则，结合深圳经济特区实际，2014年8月28日，深圳市第五届人民代表大会常务委员会第31次会议修订通过了《深圳经济特区审计监督条例》，自2014年10月1日起施行。

《深圳经济特区审计监督条例》包括总则、财政审计监督、企业事业单位和金融机构的审计监督、政府投资项目审计监督、社会公益性资金审计监督、经济责任审计监督、绩效审计监督、内部审计和社会审计监督、审计程序、审计结果执行、法律责任、附则等12章，共69条。《深圳经济特区审计监督条例》首先在审计监督方面做了修订，主要包括财政审计监督，进一步明确了财政审计范围，细化了财政审计内容；政府投资项目审计，进一步进行了细化，确保审计全覆盖，坚持审计突出重点，并明确执行程序；经济审计责任，重点补充了经济责任审计启动程序，规定了经济责任审计结果报告应当归入被审计负责人档案中，并作为考核、任免、奖惩的重要依据，加大了经济责任审计力度；环境资源审计，明确规定“应当开展对自然资源的开发利用和保护、污染防治、生态保护以及其他环境资源事项的财政收支、财务收支审计监督”，是全面开展环境资源审计工作的法律保障。其次，在规范审计程序、细化审计职权方面有所修改，规定审计机关依法制定年度审计项目计划并报本级政府行政首长批准；对于年度审计项目计划外，需要临时交给审计机关办理的审计事项，应当由有关部门报经本级政府行政首长批准后交由审计机关统筹安排；并完善审计基本程序。再次，《深圳经济特区审计监督条例》通过建立审理机制、建立审计业务质量检查制度、完善审计整改规定、对审计结果运用进行规范四个方面规定提升审计工作质量。最后，为了适应光明、坪山、龙华、大鹏以及前海合作区的高速发展，《深圳经济特区审计监督条例》对审计派出机构的设置条款修改为“经本级政府批准，审计机关可以依法设立政府投资审计机构和其他专项审计机构，以及在有关部门和区域依法设立审计机关派出机构”。[①]

修改后的《深圳经济特区审计监督条例》，在保持原有基本框架结构和内容不变的基础上，适应新形势要求，在财政审计、政府投资项目审计、经济责任审计与绩效审计等方面细化审计内容，进一步完善审计程序，全面规范审计行为，提高审计工作质量，在深圳特区产生了重大的、积极的社会反响。

6.《深圳市学校安全管理条例》的修改

为了加强学校安全管理，保护学生的人身安全，维护教育教学秩序，预防和处理学校安全事故，依据有关法律、法规，结合深圳市实际，深圳市在2005年就以较大

①参见深圳市审计局：《完善审计工作机制强化审计监督职能》，载《深圳特区报》2014年11月24日第A06版。

市立法权制定了《深圳市学校安全管理条例》，但是2012年国务院实施《校车安全管理条例》后，深圳市现行条例中部分涉及校车安全条款与国家行政法规不一致，所以随着社会对学校安全关注程度的提高和国家对学校安全的更加重视，现行条例已不能完全适应新形势的需要，亟须重新修订，为学校安全提供更有力的法律保障。2014年10月30日，深圳市第五届人民代表常务委员会第32次会议通过了《深圳市人民代表大会常务委员会关于修改〈深圳市学校安全管理条例〉的决定》（以下简称《修改决定》），并于2014年11月26日经广东省第十二届人民代表大会常务委员会第十二次会议批准，予以公布施行。

《深圳市学校安全管理条例》包括总则、学校环境安全管理、学校设施安全管理、学校活动安全管理、应急救助与调查处理、法律责任、附则等7章，共65条。《深圳市学校安全管理条例》主要在以下几个方面有所修改：首先，在完善校车安全管理规定方面，《修改决定》要求市教育行政管理部门、公安机关交通管理部门、交通运输行政管理部门建立健全校车安全联合管理机制，并制定校车安全管理具体规定。校车使用条件方面，保持与国家规定相一致，明确规定“使用校车应当符合国家规定的条件”。其次，《修改决定》明确了政府相关职能部门的安全管理职责，详细列举了教育、公安、住房、卫生、市场监督管理等行政管理部门的职责，尤其明确了学校的安全管理职责，学校应当根据不同年龄学生的认知能力、身心特点，对学生进行必要的安全教育、心理健康教育、自我保护和自救知识教育，增强学生的安全意识，提高防范能力。再次，《修改决定》要求学校建立小学四年级以下学生的上下学交接制度，学生监护人要做好学生上下学的交接。还要求学校应当安排有关人员看管晚离校的四年级以下学生。同时，《修改决定》在原来规定了学生人身伤害校方责任险制度的基础上补充了学生人身意外伤害险制度，规定学生人身意外伤害险由监护人自愿购买，财政、教育发展基金按照规定给予适当补贴。

保护孩子安全既是学校的责任，也是家长的责任，《深圳市学校安全管理条例》对于学生的安全深入细致的规定，得到了大多数家长的热烈响应。

7.《深圳经济特区道路交通安全违法行为处罚条例》的修改

为了加强道路交通管理，维护道路交通秩序，保障道路交通安全，根据《中华人民共和国道路交通安全法》以及有关法律、行政法规的基本原则，结合深圳经济特区（以下简称“特区”）实际，深圳市制定了《深圳经济特区道路交通安全违法行为处罚条例》。为更好地推动各项道路交通安全管理工作，2014年10月30日，深圳市第五届人民代表大会常务委员会第32次会议通过了《关于修改〈深圳经济特区道路交通安全违法行为处罚条例〉的决定》的第三次修正，自2015年1月1日起施行。

《深圳经济特区道路交通安全违法行为处罚条例》包括总则、道路交通安全违法行为的处罚等2章，共37条。《深圳经济特区道路交通安全违法行为处罚条例》主要是在处罚措施上有所修改，并提高处罚额度，此外驾驶机动车违规行为被罚500元的范围扩大，以前规定闯红灯、不减速避让罚500元，此次则规定驾车时“跨越、骑轧双黄线行驶的；在高速公路、城市快速干道行驶，机动车驾驶人和乘车人未按规定使用安全带的；在禁止鸣喇叭区域、路段鸣喇叭的”等行为也将被罚500元。驾驶机动车在高速路上逆行等行为罚款也由1000元提高至3000元。此外，新增罚款规定还包括，“十二周岁以下儿童乘坐在副驾驶位置，或者四周岁以下儿童乘坐小型、微型非营运载客汽车未使用符合国家标准儿童安全座椅的”及“使用手持电话、电子设备或者有其他妨碍安全驾驶行为的”均将被处以300元罚款。驾驶机动车在道路上追逐竞驶的，处5000元罚款。[①]

《深圳经济特区道路交通安全违法行为处罚条例》总体上加强道路交通管理，维护道路交通秩序，保障道路交通安全，得到了大多数市民的拥戴。[②]

## 二、深圳市人大常委会立法工作的主要做法和探索

2014年，深圳市人大常委会，充分发挥人大常委会在立法中的主导作用，积极探索推进科学立法、民主立法，取得了一些成果。

### （一）注重与政府的沟通协调

面对地方立法中的分歧问题，深圳市人大常委会始终坚持充分表达、有效沟通、理性探索、互动引导的原则，进行大量的沟通协调工作。例如，关于居住证的办证条件和持证人权益，一直是《深圳经济特区居住证条例》立法过程中争议较大的问题，深圳市人大常委会就此问题专门征求深圳市人民政府意见。三审期间，深圳市人大常委会组成人员对按深圳市人民政府及有关部门意见修改的《草案修改二稿》持不同意见者居多。深圳市人大常委会及时将常委会组成人员的审议意见反馈深圳市人民政府办公厅，又将深圳市人民政府办公厅重新提出的修改意见在表决稿说明中予以重点阐述，并向深圳市人大常委会主任会议报告，最终取得深圳市人大常委会组成人员的理解和支持。

### （二）注重精细立法，增强可操作性

法的生命力在于精确和细腻，粗放立法只是特定历史时期立法工作的权宜之计。在中国特色社会主义法律体系基本建立，立法经验日益丰富，法学理论日渐成熟的情况下，地方立法工作不仅要注重速度，更要注重质量，适时地由粗放立法向精细立法

---

①参见中国道路运输在线：《2014年深圳最新交通处罚标准》，http://www.zgdlys.cn/ysgl/2014/1031/5198.html，访问时间：2015年3月23日。

②参见深圳市公安局：《〈深圳特区交通违法处罚条例〉修订 儿童坐车必须有安全座椅》，http://www.gdga.gov.cn/jwzx/gdjx/szsj/201501/t20150106_726894.html，访问时间：2015年3月23日。

转变，以应对纷繁复杂、日新月异的现实生活的要求，使法律、法规便于遵循和执行。在制定《深圳经济特区全民健身条例》时，深圳市人大常委会根据全国人大“立法能具体尽量具体，能明确尽量明确”要求，秉持促进全民健身宗旨、优化相关制度、强化可操作性的指导思想，对全民健身设施的规划和建设，学校体育设施的开放，体育表演、竞赛等健身活动的名称和冠名等相关制度进行了进一步的完善。[①]在制定《深圳经济特区政府投资项目管理条例》时，对政府投资项目公示、政府投资项目储备、政府投资项目建设管理、政府投资项目的验收等制度进行了补充完善和细化，对进一步规范深圳市人民政府投资项目管理、保证工程质量、提高政府投资效益起到了积极作用。

## （三）强化激励导向，增强社会效益

法的功能不仅限于组织管理、惩戒强制，还有激励引导。深圳市人大常委会在立法中重视发掘运用地方性法规的激励功能，探索以增加个人效益的方式增加社会效益，使地方立法为建设社会主义和谐社会发挥更大作用。在制定《深圳经济特区全民健身条例》时，为鼓励市民积极参加全民健身活动，建立市民健身激励制度，规定：市民的医疗保险个人账户上一年度余额达到5000元以上的，可以将余额的百分之十用于个人健身消费。具体消费额度由社会保险管理部门每年核定一次。通过允许市民将其医疗保险个人账户余额的一定比例转入健身账户，用于个人健身消费，鼓励市民参加健身活动，增强身体素质，进而促进全民健身活动的开展。在制定《深圳经济特区无偿献血条例》时，有意见认为无偿献血者本人临床用血可终生无限量优先使用的规定可能会增加深圳的血液用量，造成血液供给不足，产生血荒，建议按照国内其他城市无偿献血者等量用血的规定予以修改。法委经过认真研究认为，对无偿献血者应当给予充分的鼓励和保障，才能提高全社会的献血热情，从源头上保障血液供给，杜绝血荒。从该项制度执行情况来看，也没有产生血液供给不足的情况，反而使深圳的无偿献血量一直稳居全国前列。深圳市人大常委会在保留该项制度的同时，为方便无偿献血者或者其配偶、子女、父母报销规定的用血费用，还增加了方便无偿献血者及其家属的可以向采供血机构报销的规定。

## （四）广泛征集民意，深入调研论证

充分发扬立法民主，采取多种形式倾听广大人民群众和社会各界的意见，不仅可以从立法程序上保证法规的科学性，保障立法质量，还可以增强地方性法规贯彻实施的群众基础。在制定《深圳经济特区居住证条例》时，深圳市人大常委会在市、区、

①参见吴孟菲：《深圳市特区促进全民健身条例正式出台》，载《深圳特区报》2015年1月5日第A12版。

街道等不同层级，先后组织召开了30多场座谈会，听取了500多名企业管理者和员工、基层民警、街道社会工作人员的意见和建议，还专门征求了市政府办公厅、市发改、财政、人力资源和社会保障、经贸信息、教育、民政、卫生、住建、法制办等部门的意见，并将《深圳经济特区居住证条例（草案）》在《深圳特区报》和“深圳人大网”“深圳政府在线”“深圳新闻网”全文公布，公开向社会征求意见。[①]在制定《深圳经济特区全民健身条例》期间，开展了广泛的问卷调查，有效回收的调查问卷涵盖了约1100名市区两级人大代表、政协委员、5600多名普通市民，另外走访了深圳市十几所中小学校、社会健身运营机构，考察了开展全民健身活动较好的湖南省长沙市和江苏省苏州市的情况。

### （五）加强地方立法工作队伍建设

进一步发挥人大代表在地方立法工作中的作用，完善人大代表候选人推荐机制，统筹考虑深圳实有人口结构，科学规划代表的年龄、知识和专业结构以及界别构成，尤其要注重人选的综合素质和履行代表职责的能力。在地方立法过程充分听取和吸收人大代表的意见建议，把审议人大代表议案、办理人大代表建议同制定和修改法规紧密结合起来；邀请人大代表列席法规草案审议会议、参加法规实施检查工作，及时通报立法和法规实施有关情况；进一步发挥市人民代表大会的立法职能，选择事关深圳市改革发展大局的重大立法事项，依法提请市人民代表大会审议；各级人大代表注重与人民群众保持密切联系，注意收集和反映群众立法意见。

同时，进一步提升深圳市人大常委会和各专门委员会组成人员的专业化、职业化水平，优化深圳市人大常委会和各专门委员会组成人员的年龄、知识、经历、专业结构和代表性，探索适当提高深圳市人大常委会和各专门委员会专职组成人员的比例；制定完善有关工作制度，保证深圳市人大常委会和各专门委员会中的非专职组成人员更多地开展地方立法调研、参与地方立法工作；健全深圳市人大立法工作机构，根据深圳市人大立法工作的现实需要，研究完善相应的专门委员会及工作机构设置；统筹整合有关立法工作力量，探索由专门机构牵头组织起草法规草案，拟定立法技术规范，指导全市法规草案起草工作，为深圳市人大常委会组成人员、人大代表提供立法服务；加强地方立法研究力量建设，建立立法专家库，从政府有关部门、司法机关、法学机构和其他社会机构中遴选专业人士组成，立法专家库人员根据不同领域专长，参与立法项目组。探索建立市人大制度研究组织，加强人大制度和立法理论研究。[②]

---

①参见周元春：《居住证条例草案提请审议》，http://www.baidu.com/link?url=VB1YIGoieXird6SD_6SHlhJb1YScuLUACRFcO8tJV9IW97XKIBUez3bOfCjxpSyJtMia4r_y89jfRBIz7bZGxK，访问时间：2015年3月23日。

②参见刘一平：《中共深圳市委关于进一步发挥市人大及其常委会在立法工作中主导作用的意见（摘要）》，载《深圳特区报》2014年7月8日第A4版。

# 三、深圳市人大常委会在立法工作中存在的主要问题

2014年中共深圳市委《关于进一步发挥人大及其常委会在立法工作中主导作用的意见》正式“出炉”，通过一系列立法机制的创新，建立“人大主导，多方参与”的特区立法新机制。在其过程中深圳市人大常委会取得了一定成果，但是仍然面临着一些不容忽视的问题。

## （一）地方立法公众意见反馈机制有待完善

作为拥有两个立法权的城市，深圳开门立法无论是时间还是数量都走在全国前列。早在1992年，深圳市取得特区立法权之时，市政府就颁布1号令，规定在涉及公民、法人和其他组织的重大权益或对特区有重大影响的规章和法规草案应登报，公开征询公民、法人和其他组织意见。在随后的20多年里，这座以改革著称的城市在立法“开门”上屡有创新之举，在深圳召开了全国第一场地方立法听证会，出台第一个听证条例，率先试水立法辩论制度等。尽管深圳市立法“开门”态度明确，但是公众的反应却明显不同。2014年4月实施的《深圳经济特区行业协会条例》，在3个月的征求意见过程中，共收到意见和建议3000多条。《深圳经济特区居住证条例（草案）》，在公开征求意见过程中网民点击量达到30万次，收集建议5000多条，然而7月25日举行的“轨道交通运营管理办法立法听证会”，在发出征集听证代表的公告后一周，仅有5位市民报名（计划需要8位），以至需要在网络上进行二次公告。这种遇冷并不是个案。据了解，社会关注度较高的《深圳市信息安全条例》等地方性法规，收集到的意见也仅为个位数。①

对于2014年出台的一些开门立法项目公众参与遇冷主要有以下几种原因：（1）与一些立法项目本身覆盖面较小，公众关注度不高有关。（2）法律过于专业和严谨，没有相关的注解与说明，致使很多人看不懂，限制了其参与的可能性。（3）当前，一些立法部门的地方性法规草案征求公众意见，公众发表意见的途径还是较为狭窄。（4）公众的社会参与还需要一个培育的过程。深圳市人大法制委员会办公室副主任张凌说，开门立法公众反应冷淡的最重要原因在于公众意见并没有获得重视，在公众心中留下了“有无意见一个样”“参不参与一个样”的印象，因此，必须改变立法机构对公众意见、建议“重征集、轻处理”的状况。

## （二）地方立法的透明度有待提高

从立法计划编制到起草、论证、审议，到法律的颁布、编纂、修改等各个阶段都存

①参见李舒瑜：《“门”要开得大 “客”要请得对》，载《深圳特区报》2014年8月5日第A4版。

在专业性、科学性不足的问题。强调立法的科学性，改变过去“立法宜粗不宜细”的做法，提高法律规范的精密化程度。要重视法律的“立改废”工作。2014年12月29日，深圳市第五届人大常委会第35次会议听取并审议了深圳市人民政府关于治理交通拥堵和交通污染情况专项工作报告。会议认为，深圳市人民政府高度重视深圳交通拥堵和交通污染的治理工作，把保障交通顺畅、减少交通污染作为一项重要工程列入现代化城市治理体系，通过规范路边停车管理，充分合理地利用了现有停车资源等，使深圳交通拥堵和交通污染日趋恶化的状况得到了一定的遏制。《深圳经济特区道路交通安全管理条例》第76条规定，市政府可以采取下列交通拥堵治理措施：（一）实行机动车保有量增量调控；（二）实施交通高峰时段区域限行；（三）限制机动车使用频率，鼓励市民选择公共交通工具出行，鼓励多人共乘；（四）合理提高机动车驾驶人的道路交通使用成本，削减繁忙路段交通流量；（五）其他交通拥堵治理措施，其中第一条、第二条就是限行和限购政策，但是《深圳经济特区道路交通安全管理条例》的第86条明确规定，市政府及有关部门采取条例第76条规定的措施前，应当公告相关预案，听取公众意见，公告征求意见的时间不得少于30日。深圳市人大常委会却解释说，深圳市人民政府治堵的专项工作报告经过市人大常委会第一次全体会议、分组审议、主任会议、第二次全体会议审议，最终表决通过，符合程序。[①]虽然这不是严格意义上的地方立法，但在没有任何预兆的情况下上午出台，下午即执行的审议过程，足以表明其审议程序透明度不高，公众参与几乎没有，这样的立法方式亟待提高。

### （三）地方立法的亲民性有待改善

法律的宗旨是保障当事人的合法权益，在法律制定的时候需要注重比例原则。比例也就是尺度，尺度合适才能更加亲民，施行度更高。2014年出台的《深圳经济特区道路交通安全违法行为处罚条例》，此条例重点在于惩治恶意的交通违法行为。比如，对于进入高速公路、在机动车道上做小买卖等“恶意”违法，罚款提高到了100元；对于遮挡、污损车牌等恶意逃避交通监管的行为，除了扣留机动车外，还将处以5万元罚款，记12分。《行政处罚法》有关“应当坚持处罚与教育相结合”“设定和实施行政处罚必须以事实为根据，与违法行为的事实、性质、情节以及社会危害程度相当”，以及“违法行为轻微并及时纠正，没有造成危害后果的，不予行政处罚”的规定，要求在所有能够达成目的之手段中，选择对相对人“最少侵害”的方法，以体现行政处罚的谦逊性特征，但《深圳经济特区道路交通安全违法行为处罚条例》的第28条规定：“驾驶无号牌、无行驶证或者未取得临时通行牌证的机动车上道路行驶的，扣留机动车，处1万元罚款，并处暂扣机动车驾驶证6个月。非汽车类机动车有前款规

---

①参见郭启民、李亚坤等：《深圳人大：限购限行政策出台程序合法》，http://paper.nandu.com/nis/201412/31/312805.html，访问时间：2015年3月14日。

定情形的，扣留机动车，处3000元罚款，并处暂扣机动车驾驶证六个月。驾驶人不按照临时通行牌证注明的时间和路线移动车辆的，按照前两款规定予以罚款。” 具体地看，像临时号牌放置，“位置不对”一般属于“不知情”，不是什么严重的过错，一般不会造成太大的后果，处以6000元罚款和暂扣驾驶证6个月的处罚，未免有点过了。不应当对微小的罪过行为采取如此强烈的惩罚手段，以致手段与目的之间的关系严重地失去平衡。一着不慎便被6个月禁驾，造成相对人的困厄，超过人们的心理底线。再比如，像外地车，很多司机对深圳的新规并不知情，所谓“不知不为过”，其警示效力本身就是不对等的。[①]而这种超过一定尺度的惩罚措施，难以获得人们内心的认同，亲民性自然不高，虽然严罚可以更好地扼制违法交通的情况，但未免会出现“过犹则不及”的弊端。

### （四）深圳市人大及市人大常委会的立法权限有待明确

我国《立法法》明确规定了我国省、自治区、直辖市和较大的市的人大及其常委会享有制定地方性法规的立法权限，民族自治地方的人民代表大会还享有制定自治条例、单行条例的权力。我国地方人大及其常委会的立法权也就是我国地方权力机关的立法权，地方人大常委会作为地方人大的常设机构，无论是在《宪法》《立法法》《地方组织法》等明文规定中，还是在其他的授权上，都被视为与地方人大享有同样的立法权限，缺乏明确具体的权限划分。因此，在地方立法实践中，地方人大常委会的立法权过于膨胀，几乎独揽了我国地方权力机关所有立法权，地方人大的立法权形同虚设。深圳市2014年所有地方性法规都是由深圳人大常委会审议并通过的，深圳市人大没有通过一个地方性法规。这种立法现状如果只是阶段性的，那是很正常的，但如果是长期性的，则严重地阻碍了深圳市地方立法的发展，影响其立法质量。产生这种情况的原因是多方面的：在认识上，将深圳市人大常委会视为深圳市人大理所当然的代表；在法律上，对于地方人大及其常委会立法权限没有作出明确具体的划分；地方人大及其常委会本身制度对两者立法权限划分的影响；缺乏对地方人大及其常委会立法权限方面的监督。[②]

## 四、深圳市人大常委会未来立法工作的建议

人民代表大会制度是我国的根本政治制度，具有无可比拟的优越性和旺盛的生命力。党的十八大、十八届四中全会和习近平总书记一系列重要讲话精神，对坚持和发

①参见《下月起深圳首设交通严管区，违停将重罚2000元！》，http://www.szjiaotong.com/html/2014/sznews_1225/2227.html，访问时间：2015年3月14日。

②参见易君：《论我国地方人大与常委会立法权限划分》，湖南师范大学2011年硕士论文，第45页。

展人民代表大会制度提出了新的目标、任务和要求。我们要始终把国家根本政治制度坚持好、完善好、发展好，为全面推进党和国家宏伟奋斗目标履行好神圣职责，担负起时代重任，作出应有的贡献。为此，深圳市人大常委会应当遵照党的十八大、十八届三中、四中全会和习近平总书记一系列重要讲话精神，紧紧围绕全面深化改革、推进国家治理体系和治理能力现代化总目标，以推动、保障和促进改革为工作重心，以加强人大制度建设为工作重心，完善相关地方立法制度，实现科学立法。

## （一）完善地方立法公众意见反馈机制

立法的目的在于服务于公众，保障公众合法权益。制定一项新的地方性法规，理应让本区域的公众参与进来。深圳已经建立公众参与机制，甚至还拟引进立法辩论机制，以在制定新地方性法规时能够得到公众意见的反馈，使制定的地方性法规切合社会公众的期待和需求，但实践证明，深圳地方立法公众参与还需要继续加强：（1）要做好地方性法规草案宣传。发布地方性法规征求意见草案时，不仅在深圳市市人大网、深圳新闻网、政府在线等主要网上发布，更要在《深圳特区报》《深圳商报》等深圳主要媒体上摘要或者全文刊发，或者刊发征求意见的报道，引起公众关注。（2）对地方性法规草案的解读要到位。地方性法规与市民生活息息相关，但是地方性法规专业性很强，许多群众“看不懂”，所以在公布地方性法规草案的同时，邀请相关专家、草案起草者接受媒体记者采访，客观、生动地解读地方性法规的主要内容、亮点、热点，将“法言法语”变成“群言群语”，引导群众发表意见。（3）强化公众参与要多辟“开门”渠道。地方性法规草案征求意见不能图省事，仅在深圳市人大网上挂挂，还应该针对性地走出去，进行调查研究，倾听更多的群众的意见和建议。比如，在制定《深圳经济特区行业协会条例》时，除了在网上征求意见外，还召开了10多场调研座谈会，听取了部分人大代表和政协委员、100多家行业协会和会员单位以及20多位专家学者的意见建议，并实地走访了部分行业协会，上门听取和收集意见，从而在一定程度上确保了公众的参与。（4）注重充分吸收民意。深圳市人大常委会应该由专人对收集到的意见和建议进行认真研究，能吸收的尽量吸收，并通过媒体向社会作出回应，让市民觉得“提了不白提”。比如，《深圳经济特区居住证条例（草案）》征求意见后，对社会各界提出的“办个居住证不能跑断腿”等10个方面主要意见和建议进行研究吸收，提出草案修改意见，向社会作出回应。[①]在这些方法的努力下，深圳市人大及常委会的立法科学性和民主性等都会有进一步的提高。

①参见李舒瑜：《“门”要开得大 “客”要请得对》，载《深圳特区报》2014年8月5日。

## （二）提高地方立法技术，完善地方立法程序

地方立法技术，是指关于地方性法规、规章等规范性法律文件的内部结构和外部结构的形式、文体和语言表达方式等方面的规则。地方立法技术的好坏直接关系到地方性法规、规章的质量、有效性和可操作性。为此，必须完善地方立法技术，以提高地方立法质量[①]：（1）地方立法语言要准确、肯定、严谨、规范。“立法应尽量避免模糊和非故意含糊的句法规则”。[②]地方立法语言的准确、肯定，就是用清楚、具体、明白无误的立法语言文字来表述法的内容，因为只有准确、肯定的立法语言文字，才能准确地表述和记载特定主体的立法意图、立法目的和准确地体现有关立法政策，保证法的有效实施。所谓规范是指立法语言文字要符合常规，使用法律专业术语。严谨则指立法语言的使用务必严密周详、无懈可击。（2）地方性法规、规章的内容应详备具体，必须有实施措施。不要再有像《深圳市公共厕所管理办法》“在便器外便溺罚100元”那样的无法实施的规定[③]。（3）地方立法应该完备责任追究和救济制度。责任条款是地方性法规、规章条文中的实体条款。无论做出什么强制性、义务性规定，如果没有责任条款，这些条文的有效性将不存在或大打折扣，而变成政策性条款或道德性条款，地方性法规、规章也失去了它的强制力和应有的威严。

地方立法程序，是指有权的地方国家机关在制定、认可、修改、补充和废止具有地方性法规、规章的活动中，所必须遵循的法定步骤、方式、方法和时限。科学完善的地方立法程序是制定出科学合理的地方立法的重要前提条件。因为科学的地方立法程序的合理性最大限度地排除了地方立法中程序性不合理因素，限缩了立法主体在立法过程的主观利益倾斜，防止不完善的立法程序产生质量低下的地方性法规，进而造成该区域内相关法律关系调整的混乱。深圳虽然制定了《深圳市制定法规条例》，但由于各种因素的影响，深圳地方立法程序仍存在许多漏洞，因此建立完善深圳地方立法程序十分有必要。地方立法程序包括地方立法规划和提案阶段、地方立法审议阶段、地方立法表决与公布阶段，以及地方性法规的修改、废止和清理等。深圳这些年在地方立法程序上有很多创新，也得到了社会各界的承认，但在地方立法程序各个阶段都还存在可以完善、健全的制度空间。我们认为，深圳在完善、健全相关地方立法程序时最为重要的是要在整个地方立法过程中贯彻《深圳市制定法规条例》第3条所确定的“公开原则”。只有公开人们才得以有可能参与立法程序的各个阶段，人们才能

---

①参见孙书妍：《立法技术与法律的有效性》，http://blog.sina.com.cn/s/blog_62afee1a0100f67g.html，访问时间：2015年2月28日。

②罗伯特·塞德曼编，赵庆培、杨华译：《立法服务手册》，中国政法大学出版社，1992年，第172页。

③奚旭初：《“尿歪罚一百”出现“零罚单”，谁之过？》，http://opinion.people.com.cn/BIG5/n/2015/0324/c1003-26741994.html，访问时间：2015年2月28日。

见证自己的意志在地方立法过程中的命运。这不仅有助于地方立法结果在现实中顺利运行，也有助于人们监督地方立法机关行使立法权的过程。

## （三）提高地方立法亲民性，促进地方性法规的实施

地方立法强调突出地方特色和解决地方实际问题，以民为本，把人民群众拥护不拥护、赞成不赞成、满意不满意作为出发点和归宿，努力把广大人民群众的切身利益实现好、维护好、发展好，防止和克服立法工作中的地方和部门的保护主义倾向，确保立法的公正性和科学性。[①]所以，要更加切合时机地在立法中开启协商机制和提前介入等工作机制，例如更加注重司法鉴定、资源综合利用、听证会等一切利于使立法更加合理的方法。“公正，就是合比例；不公正，就是破坏比例。”行政手段与目的之间的均衡比例实际上就是公平正义观念的量化体现。从价值层面理解，比例原则追求公权力与私权利的平衡，通过控制公权力的实施，防止公权力的滥用，以达到最大限度保护私权利的目的；从技术层面理解，它要求行政主体的行政活动，在合法的前提下，注意合理的比例和相互协调，避免出现对应上的不匹配。

对于针对2014年出台的《深圳经济特区道路交通安全违法行为处罚条例》中的规定，应该是处罚手段和危害程度相对应。虽然对于乱象环生的交通违规对症下药的办法是重罚，但是处罚也不能“一刀切”。对于违法事实、性质、情节及社会危害相对较轻的惩罚应该相对较轻。《行政处罚法》规定了7种行政处罚，“警告”“责令改正”“没收违法所得”等各种严厉程度的处罚手段，在制定法律以及执行过程中应该做到惩罚合理有度。所谓“绝对平等即不公，懒汉式的理性即非理性”，对于“人生地不熟”的外地人来说，如此地一视同仁“从严从重”，实质让外来车辆陷入被罚款的陷阱。[②]所以在立法的处罚力度上可以征求多方意见，在保障公民合法权益的基础上制定更加合理有度、公平的法律。《深圳经济特区道路交通安全违法行为处罚条例》的制定与执行，只有最大限度地反映和体现社会普遍认同的公平、正义等基本价值观念，才能有效维护和实现社会的公平正义性。

## （四）明确地方立法的具体权责，促进相关职能部门各司其职

由于法律对地方人民代表大会及其常委会立法权限没有明确的划分，导致在实践中，地方人民代表大会制定的地方性法规数量很少，地方人民代表大会制定地方性法规的修改任务也主要由人大常委会承担，而且大量的法规都由地方人大常委会制定，

---

①参见华为：《务实立法更亲民》，载《人民之声》2003年第12期。

②参见《新条例旨在严重打击交通违法》，http://baike.baidu.com/link?url=oSP8sVu9JFZwJQcVoYXSLOOobs4QXxZZxH50381vgQ1YWMoozoOyfCVd9gsAVbE5tMtYy_1FdKp0V-mxcZUUfK#ref_［1］_3378444，访问时间：2015年3月14日。

地方人大的立法权几乎被人大常委会独揽。[①]根据我国目前地方人大的工作模式和已有的地方立法惯例，地方人大常委会的立法权被完全抽离，再完全还原给地方人大也并不现实，所以在地方人大及人大常委会立法划分的问题上，应该更加具体细化。科学界定地方人大和人大常委会各自的立法权限，并明确规定地方人大对地方人大常委会的立法监督机制，这样既可以避免使地方人大的立法权被虚置，地方人大常委会的立法也有法可依，还可以避免地方人大常委会的越俎代庖，违法立法。

虽然《地方组织法》多次修改，但是对于地方人大及地方人大常委会的立法权限的规定并没有变化。根据《立法法》的第76条和第77条的规定，对于地方人大及其常委会的立法权限划分上有很大的突破，第76条规定：本行政区域特别重大事项的地方性法规，应当由人民代表大会通过；第77条规定：地方性法规案、自治条例和单行条例案的提出、审议和表决程序，根据中华人民共和国地方各级人民代表大会和地方各级人民政府组织法，参照本法第二章第二节、第三节、第五节的规定，由本级人民代表大会规定。这两个法条除了明确地方性法规、自治条例和单行条例的制定程序的规定一定由代表大会指定外，代表大会与其常委会立法权限划分，用的是比较模糊的“特别重大事项”。由于“特别重大事项”的说法太原则、太抽象，其实践意义并不大。为此必须对地方人大常委会的立法权附上条件以对其限制和规范，也应对地方人大的立法权更加具体和细化。具体而言，主要包括以下三个方面：（1）根据《地方组织法》和《立法法》可以看到地方人大常委会所享有的地方立法权必须是在地方人大闭会期间才能实现，因此，地方人大常委会立法权只能在地方人大闭会期间行使。（2）地方人大及其常委会的组织规则，包括议事规则等，是对地方人大及其常委会权力行使的规范，应该由上级人大及其常委会或本级人大制定，不能由地方人大常委会制定。[②]（3）不宜将代表大会的立法事项全部框在“特别重大事项”里面，应该规定得更加全面。当然，对于“特别重大事项”的模糊概念进行细化，须列举基本的事项，再用一个兜底性的规定来弥补列举不周延可能出现的问题。

（撰稿人：李存珍）

①参见肖巧平：《立法法修改之划分地方人大及其常委会立法权限的建议》，http://www.rdyj.com.cn/inc/ShowArticle.asp?artid=3485&catid=10，访问时间：2015年3月29日。

②参见易君：《论我国地方人大与常委会立法权限划分》，湖南师范大学2011年硕士论文，第52页。

# 第六章　深圳市人民政府2014年度立法观察报告

## 一、深圳市人民政府2014年立法基本情况

### （一）深圳市人民政府2014年立法概述

2014 年，深圳市人民政府围绕贯彻落实党的十八大，十八届三中、四中全会的精神和深圳市委 “三化一平台” 战略部署的总体要求，坚持敢创新、善借鉴、重实效的原则，把握深圳市经济社会发展和改革创新的方向，通过地方立法手段来拓展深圳发展的空间，为深圳市全面深化改革、转型升级和体制机制创新提供制度保障。重点在推动深圳市科学发展和改革创新、加快转变经济发展方式、完善现代市场体系、保障和改善民生、推进社会建设和社会管理创新、节约能源资源、保护生态环境、规范行政行为和加强政府自身建设等领域加强立法工作。到目前为止，经深圳市人民政府审议通过发布深圳市人民政府规章12件，分别是：《深圳市碳排放权交易管理暂行办法》《深圳市机动车道路临时停放管理办法》《深圳市亚硝酸盐监督管理若干规定》《深圳市地下管线管理暂行办法》《深圳市豆制品质量安全监督管理若干规定》《深圳市基本农田保护区管理办法》《深圳市发展快递业管理规定》《深圳市公众移动通信基站管理办法》《〈深圳经济特区欠薪保障条例〉实施细则》《深圳市海上休闲船舶运营安全管理办法》《深圳公证处管理暂行办法》《深圳市人才安居办法》。

### （二）深圳市人民政府2014年立法的具体情况

1.《深圳市碳排放权交易管理暂行办法》

为建设环境资源友好型社会，加快经济发展方式转变，促进节能减排和绿色低碳发展，建立和规范碳排放权交易市场，实现温室气体排放控制目标，根据《深圳经济特区碳排放管理若干规定》，2014年3月14日，市政府五届105次常务会议审议通过了《深圳市碳排放权交易管理暂行办法》，并自2014年3月19日起施行。

《深圳市碳排放权交易管理暂行办法》包括总则，配额管理，量化、报告，核查与履约，碳排放权登记，碳排放权交易，监督管理，法律责任等8章，共86条，比此前公布的征求意见稿多出4条。主要亮点体现在：一是管控单位的覆盖门槛降低。二是配

额调整时间提前，管控单位实际配额数量的计算公式公布。《深圳市碳排放权交易管理暂行办法》将配额调整时间提前至每年5月20日，并公布计算实际配额数量的计算公式。三是拍卖比例有上升空间。通过的《深圳市碳排放权交易管理暂行办法》中对拍卖方式出售配额数量的比例描述发生变化，由之前的“不得高于当年配额总量的百分之三”变为“不得低于年度配额总量的百分之三”。四是列出核查机构及核查人开展业务的所需具体条件。五是惩罚力度升级。

《深圳市碳排放权交易管理暂行办法》加大了对管控单位虚构、捏造碳排放或者统计指标数据、管控单位和核查机构相互串通虚构或者捏造数据，以及核查机构出具虚假报告或者报告严重失实的惩罚力度，不仅增加了核查机构的违法责任，而且罚款金额均由之前的固定罚款调整为“处与实际碳排放量的差额乘以违法行为发生当月之前连续六个月碳排放权交易市场配额平均价格三倍的罚款”。[①]

2.《深圳市机动车道路临时停放管理办法》

为加强道路交通安全管理，合理利用道路资源，保障道路交通有序、安全、畅通，根据《深圳经济特区道路交通安全管理条例》等有关法律和法规的规定，结合深圳市实际，2013年12月6日，市政府五届99次常务会议审议通过了《深圳市机动车道路临时停放管理办法》，并自2014年5月1日起施行。

《深圳市机动车道路临时停放管理办法》包括总则、道路停车设施规划和设置、道路停车收费、道路停车设施使用管理、服务规范、法律责任等7章，共37条。《深圳市机动车道路临时停放管理办法》主要明确了以下内容：一是明确道路临时停车的主管部门是交通运输部门，负责道路停车及道路停车设施的规划、设置和管理。二是明确了道路停车管理单位的职责，并根据交通、交警部门的委托，实施道路停车日常管理，以及与道路停车违法行为相关的行政处罚。三是明确了停车泊位规划和调整的程序，市交通运输管理部门会同市公安机关交通管理部门，根据全市及片区道路交通状况，结合周边停车需求及道路实际情况，制定道路停车设施设置规划，向社会公布。四是明确占用道路资源停车付费制度，使用道路停车设施停放车辆的，应当按照规定缴纳路边临时停车位使用费。

该《深圳市机动车道路临时停放管理办法》的出台，标志着深圳的路边临时停车收费工作正式启动，将对市民生活带来深远影响。《深圳市机动车道路临时停放管理办法》加强了对道路停车秩序和停车行为的规范。在允许停放时段以外停放的、未按照规定启动缴费程序的、未按照停车位标线、停车类型停放等情形，由市公安机关交通管理部门依照《深圳经济特区道路交通安全违法行为处罚条例》关于违反机动车临时停放的规定予以处罚，妨碍其他车辆、行人通行的，可以拖移车辆。

---

①中国碳交易网：《〈深圳市碳排放权交易管理暂行办法〉最新亮点》，http://www.zgtjyw.com/news/show.php?itemid=611，访问时间：2015年2月2日。

3.《深圳市亚硝酸盐监督管理若干规定》

为加强对亚硝酸盐的监督管理，防范亚硝酸盐化学危害和化学性食物中毒，保障公众身体健康和生命安全，根据《中华人民共和国食品安全法》《危险化学品安全管理条例》等法律、法规，结合深圳市实际，2014年3月18日，市政府五届106次常务会议通过了《深圳市亚硝酸盐监督管理若干规定》，并自2014年6月1日起施行。2008年9月1日深圳市人民政府令第190号公布的《深圳市亚硝酸盐监督管理若干规定》同时废止。

《深圳市亚硝酸盐监督管理若干规定》共26条，包括对适用范围的规定、对亚硝酸盐进行范围界定、对相关监管部门的职责分工和职责进行明确、对亚硝酸盐生产企业要求的界定等内容。修订后的《深圳市亚硝酸盐监督管理若干规定》有四大亮点：一是禁止餐饮服务环节购买、储存、使用亚硝酸盐。二是取消对亚硝酸盐销售实施专营管理和施工现场、工业生产领域使用亚硝酸盐需备案的制度。三是修订后的《深圳市亚硝酸盐监督管理若干规定》根据国家危险化学品法律法规的规定，将亚硝酸盐纳入危险化学品进行管理，进一步加强对亚硝酸盐的监管。本次《深圳市亚硝酸盐监督管理若干规定》的修订和完善，充分遵循了科学合理、公开透明、公平公正和与时俱进的原则。①一方面，旧的《深圳市亚硝酸盐监督管理若干规定》规定亚硝酸盐只允许特定的商店销售，如工业用亚硝酸盐由化工原料商店专营；食品添加剂亚硝酸盐由食品添加剂门店专营；化学试剂亚硝酸盐由化学试剂门店专营，日用百货和食品商店（场）、集贸市场、小商品批发市场一律不得经营亚硝酸盐。这虽然有利于加强对亚硝酸盐的管理，但实践证明，除了属于危险化学品的亚硝酸盐以外，其他的亚硝酸盐，尤其是食品添加剂用亚硝酸盐的专营规定难以落实。另一方面，这种专营的规定没有上位法的支撑，与许可法的基本要求不相符。旧的《深圳市亚硝酸盐监督管理若干规定》也设定了施工现场、工业生产领域使用亚硝酸盐的备案制度，这也与当前国务院三令五申要求减少审批的精神相悖，因此本次修订取消了上述两项规定。修订后的《深圳市亚硝酸盐监督管理若干规定》还要求购买者购买亚硝酸盐时，必须向亚硝酸盐生产或经营企业告知购买用途，并出具相关证件，销售者购进和销售亚硝酸盐时，必须履行严格的登记制度。四是加大对违反《深圳市亚硝酸盐监督管理若干规定》的购、销、存、运亚硝酸盐行为主体的处罚力度。将罚款上限从3万元提高至10万元，大大提高违法成本，凸显《深圳市亚硝酸盐监督管理若干规定》对违法行为人的震慑力。②

---

①深圳市市场和质量监督管理委员会：《深圳市亚硝酸盐监督管理若干规定解读》，http://www.szaic.gov.cn/zcwj/zcjd/201412/t20141205_2749697_15991.html，访问时间：2015年2月3日。

②深圳市人民政府：《〈深圳市亚硝酸盐监督管理若干规定（修订）〉4月7日发布》，http://news.hexun.com/2014-04-11/163846567.html，访问时间：2015年2月3日。

4.《深圳市地下管线管理暂行办法》

为加强本市地下管线管理，保护市民生命财产和城市安全，保障地下管线正常运行，根据有关法律、法规规定，结合深圳市实际，2014年3月18日，市政府五届106次常务会议审议通过了《深圳市地下管线管理暂行办法》，并自2014年6月1日起施行。

《深圳市地下管线管理暂行办法》包括总则、规划管理、建设管理、维护管理、信息与档案管理、法律责任等7章，共62条。《深圳市地下管线管理暂行办法》主要内容包括：明确了地下管线的管理部门；要求道路和地下管线建设要同步；在地下管线工程结束后，规划国土部门应该及时划定地下管线安全保护范围，在该范围内严禁内倾倒污水、建筑泥浆等行为；地下管线权属单位应当定期排查和消除地下管线安全隐患，制订应急预案并定期进行演练；责任单位每年至少检查两次等。

地下管线建设工程容易占用城市道路，对市民交通出行影响非常大，为防止同一道路短时间内重复开挖，《深圳市地下管线管理暂行办法》强调，涉及道路和建筑控制区内的管线敷设，必须向交委和交警部门申请，由交委来协调安排工程的施工工期、时段和范围。新建、改建或者扩建的道路竣工后5年内，大修的道路竣工后3年内不得开挖敷设地下管线。如果敷设工程需要占用公共绿地、砍伐或者迁移树木，需要获得城管部门的行政许可；管线工程需要进入轨道交通安全保护区、电力设施保护区、水源工程保护区等重点区域的，建设单位还需取得相关权属单位的同意并签订相关设施保护协议。《深圳市地下管线管理暂行办法》指出，今后深圳在新建、改建或者扩建道路时，应当同步规划安排在道路用地红线范围及建筑控制区内的给水、排水、燃气、热力、电力、通信等地下管线工程，并按照先地下、后地上的原则进行统筹。地下管线工程施工期间，施工单位应当在施工现场设置施工围挡、安全警戒线、相应交通安全设施和施工标志牌，并清晰标注建设单位、施工单位、施工期限、负责人和联系电话等内容。根据《深圳市地下管线管理暂行办法》，施工单位有责任保护现状资料中未标明的地下管线，敷设非金属管线的地下管线工程应当同步布设管线示踪线及电子标签，为后期维护提供条件。另外，除市、区政府组织的隐患排查专项行动外，各相关行业主管部门，也必须定期检查地下管线日常维护、应急抢险、预防地面坍塌等工作情况，检查的频率不得低于每年两次。因地下管线事故造成地面坍塌、燃气和石油等危险物料泄露的，街道办应立即报告辖区政府及有关部门。应急管理机构负责组织协调应急处置，做好相关信息发布工作。①

5.《深圳市豆制品质量安全监督管理若干规定》

为规范深圳市豆制品生产经营秩序，完善豆制品安全质量标准体系，加强豆制品监督管理，保障消费者身体健康和生命安全，根据《中华人民共和国食品安全法》

①重庆土木建筑网：《深圳市地下管线管理暂行办法：城市新建道路5年内不得开挖》，http://www.cqtmjz.cn/news/show-45539.html，访问时间：2015年2月12日。

《中华人民共和国产品质量法》的规定，结合深圳市实际，2014年4月15日，市政府五届107次常务会议审议通过了《深圳市豆制品质量安全监督管理若干规定》，并自2014年8月1日起施行。2008年2月26日深圳市人民政府令第182号公布的《深圳市豆制品监督管理若干规定》同时废止。

《深圳市豆制品质量安全监督管理若干规定》共30条。《深圳市豆制品质量安全监督管理若干规定》对豆制品的生产、流通，餐饮服务环节的准入，质量安全标准体系的创新和质量安全责任人的确定，问题豆制品的召回，生产经营台账管理，豆制品送货单制度等进行了进一步的规范，特别是突出强化了豆制品包装化、标识化和冷链化的要求，充分反映了豆制品行业规范化、规模化的发展需求和市民对豆制品质量安全水平的新要求。

6.《深圳市发展快递业管理规定》

为促进快递业健康发展，加强快递行业管理，规范快递服务行为，保护企业和用户的合法权益，根据《中华人民共和国邮政法》及有关法律、法规、规章的规定，结合深圳市实际，2014年5月27日，市政府五届110次常务会议审议通过了《深圳市发展快递业管理规定》，并自2014年8月1日起施行。

《深圳市发展快递业管理规定》包括总则、支持措施、经营主体、快递服务、快递安全、法律责任、附则等7章，共51条。《深圳市发展快递业管理规定》从土地政策、设施规划、资金支持、车辆通行等方面，对促进快递业发展提出相关扶持政策，在明确快递企业提供快递服务应当符合国家标准的前提下，对进一步加强和提升深圳市快递服务规范作了指引。①《深圳市发展快递业管理规定》还对加强快递行业安全保障以及快递企业经营许可相关细则进行了明确。

《深圳市发展快递业管理规定》以政策促发展，以监管保发展，着力解决目前我市快递企业遇到的用地用房难、停车通行难、融资发展难、通关查验难、用人用工难、案件立案难等“六难”问题；并在保障消费者权益、加强安全监管等方面作出详细规定。②《深圳市发展快递业管理规定》对眼下快递消费热点问题集中关注，如严禁快递企业野蛮作业，抛扔、踩踏、坐压等造成快件损毁；快递员需统一着装、文明服务；快递企业要当面验视交寄物品，检查是否为国家禁止或限制寄递的物品等，并对违反《深圳市发展快递业管理规定》行为最高罚款3万元。《深圳市发展快递业管理规定》的出台从法律层面对深圳市快递业发展进行了规范，将对推进快递行业发展，促进深圳市由快递大市

①广东省邮政管理局：《〈深圳市发展快递业管理规定〉获深圳市政府常务会议原则通过》，http://gd.spb.gov.cn/dsjxx/201405/t20140528_322094.html，访问时间：2015年2月18日。

②深圳特区报：《〈深圳市发展快递业管理规定〉8月实施　野蛮作业最高罚3万》，http://info.10000link.com/newsdetail.aspx?doc=2014071790022，访问时间：2015年2月20日。

向快递强市发展，为实现“小快递”服务“大民生”做出更大贡献。

7.《深圳市公众移动通信基站管理办法》

为加强公众移动通信基站管理，促进公众移动通信事业的发展，保障公共利益，推进智慧深圳建设，依据《深圳经济特区无线电管理条例》的规定，结合深圳市实际，2014年5月9日，市政府五届108次常务会议审议通过了《深圳市公众移动通信基站管理办法》，并自2014年9月1日起施行。

《深圳市公众移动通信基站管理办法》，包括总则、基站规划、基站设置、基站管理、法律责任等6章，共40条。《深圳市公众移动通信基站管理办法》明确规定基站是保障国家安全、人民生命财产安全的重要基础设施，基站管理应当遵循统一规划、合理布局、资源共享、环境保护的原则。同时，《深圳市公众移动通信基站管理办法》明确了“法定图则应当与基站站址专项规划相衔接”，以及“城市更新单元规划应当根据法定图则及相关规定，落实基站站址”等内容，并理顺了基站站址配套预留及建设的基本程序，对法律责任进行了强化、细化，规定了打击 “伪基站”的内容等。

规划基站站址，应当考虑“网络覆盖需要、电波传播特性、设备性能状态、网络优化需要、法律法规规章及相关技术标准的规定”等。运营企业应当开放站址资源，实现资源共享。否则，占有站址资源的运营企业5年内不得在同一区域另行建设基站，并由市无线电管理机构对每基站处以10万元罚款。《深圳市公众移动通信基站管理办法》的出台，将对推进我市智慧深圳建设产生积极的作用。

8.《〈深圳经济特区欠薪保障条例〉实施细则》

为实施《深圳经济特区欠薪保障条例》，结合深圳市实际，2014年8月14日，市政府五届114次常务会议审议通过了《〈深圳经济特区欠薪保障条例〉实施细则》，并自2014年10月1日起施行。

《〈深圳经济特区欠薪保障条例〉实施细则》包括总则、欠薪保障机构、欠薪保障基金管理、欠薪垫付、垫付欠薪追偿等6章，共40条。《〈深圳经济特区欠薪保障条例〉实施细则》规范欠薪保障机构的运作机制，细化欠薪保障委员会的组成，建立委员会会议制度，并对欠薪保障费调整、欠薪保障基金使用情况公开作出了明确规定；规范欠薪保障基金管理措施，按照欠薪保障基金的管理职能分工和具体收支程序的需要，明确各方在欠薪保障基金管理中应当履行的职责；细化欠薪垫付工作程序，便于欠薪垫付工作实践操作；明确欠薪追偿的具体程序，对启动欠薪追偿、完成法定追偿程序材料、追偿所得的处理、主动偿还垫付欠薪、核销处理、无法完成追偿的处理等内容作出了具体规定。①

在《深圳经济特区欠薪保障条例》规定的基础上，《〈深圳经济特区欠薪保障条例〉实施细则》作出了补充和细化规定，尤其是针对欠薪逃匿入罪后，欠薪保障工作中遇到的欠薪不逃不匿的情形。某些企业负责人为了规避刑罚，不再逃匿，有些是“匿而不逃”，或者仅委派代理人出面但不支付欠薪。《〈深圳经济特区欠薪保障条例〉实施细则》细化规定了“隐匿或者逃逸”的情形，明确对于用人单位法定代表人或者主要负责人未在指定时间地点配合接受调查的，或者只通过代理人出面接受调查但不达成支付欠薪协议，在区人力资源部门再次通知后，用人单位法定代表人或者主要负责人仍未在指定时间地点配合接受调查的，将其视为欠薪隐匿或者逃逸，纳入欠薪垫付的受理范围。《〈深圳经济特区欠薪保障条例〉实施细则》进一步完善我市欠薪保障制度，推动欠薪保障工作，促进劳动关系和谐稳定。

9.《深圳市海上休闲船舶运营安全管理办法》

为加强海上休闲船舶经营活动管理，保障休闲船舶所有人、经营人和游客的人身和财产安全，根据《中华人民共和国安全生产法》《广东省渔港和渔业船舶管理条例》和《深圳市海上交通安全条例》等法律、法规的规定，结合深圳市实际，2014年9月24日，市政府五届118次常务会议审议通过了《深圳市海上休闲船舶运营安全管理办法》，并自2014年12月1日起施行。

《深圳市海上休闲船舶运营安全管理办法》包括总则、经营管理、安全管理、监督检查、法律责任等6章，共46条。《深圳市海上休闲船舶运营安全管理办法》从船舶、船员、停靠码头设施等方面对经营人做了以下规定：一是经营人应当依法进行商事登记并取得营业执照；二是使用的船舶应当适航，取得船舶检验机构核发的检验证书及相关证书；三是配备的船员应当经过专业技术培训，并取得主管部门签发的船员适任证书；②四是具有可供安全靠泊、上下游客的码头或浮动设施，且上述码头或浮动设施应经交通主管部门验收合格；五是建立相应的安全管理制度、应急预案和配备安全管理人员；六是配备相应的通信、应急救援设施设备。各相关管理部门将按照规定对休闲船舶经营人在日常经营活动中是否符合上述经营条件进行日常监督管理。

《深圳市海上休闲船舶运营安全管理办法》主要是加强对休闲船舶经营海上休闲活动的运营安全管理，解决深圳市目前休闲船舶经营活动中存在的安全隐患问题。

---

①深圳市人民政府：市政府出台《〈深圳经济特区欠薪保障条例实施细则〉，完善欠薪保障制度》，http://www.sz.gov.cn/cn/xxgk/bmdt/201410/t20141008_2591008.htm，访问时间：2015年3月3日。

②中国船舶网：《深圳12月1日实施〈深圳市海上休闲船舶运营安全管理办法〉》，http://www.cnship.org/new_view.asp?id=26848，访问时间：2015年3月3日。

10.《深圳公证处管理暂行办法》

为创新深圳经济特区公证管理体制，改革深圳公证处运行机制，提高公证服务质量和公信力，促进深圳市场化、法治化、国际化建设，根据《中华人民共和国公证法》等法律法规，2014年10月23日，市政府五届120次常务会议审议通过了《深圳公证处管理暂行办法》，并自2015年1月1日起施行。

《深圳公证处管理暂行办法》包括总则、治理结构、财务和人事管理、监督管理等5章，共29条。《深圳公证处管理暂行办法》规定，公证处经费来源于办理公证收费以及其他合法收入。公证处应实行企业化财务管理制度，自收自支，依法纳税。同时，公证处应坚持量入为出、以收定支的原则，按照深圳市有关事业单位国有资产管理的规定编制财务预算。在监督管理方面，《深圳公证处管理暂行办法》规定，公证处应按规定将上一年度工作报告提交主管部门审查，公证处年度工作的基本情况、重要决策、预算执行情况、计划与目标的完成情况等信息应当按照有关规定向公众公开，接受社会监督。

《深圳公证处管理暂行办法》出台后，深圳公证处将推行法定机构运作模式的新探索，通过打造决策、执行、监督相结合的法人治理结构，建立以管委会为核心的决策机构，健全公证处的执行机构，实现了深圳公证由行政管理向法治管理的转变，完善了深圳公证处运作机制，进一步规范深圳公证处的业务、财务和资产管理，切实提高公证服务的质量和公信力。法定机构的公证管理体制为我国公证机构改革闯出一条创新之路，为全国公证行业提供有益的借鉴，也将促进深圳公共服务市场化、法治化、国际化建设。①

11.《深圳市人才安居办法》

为加快实施人才强市战略，优化人口结构和创新创业环境，提高城市竞争力，根据《深圳市保障性住房条例》及相关规定，2014年9月18日，市政府五届117次常务会议审议通过了《深圳市人才安居办法》，并自2015年1月1日起施行。2011年6月1日颁布实施的《深圳市人才安居暂行办法》同时废止。

《深圳市人才安居办法》包括总则、杰出人才安居、领军人才安居、新引进人才租房补贴、公租房配租（售）法律责任等7章，共40条。《深圳市人才安居办法》规定了三类“人才”的租房补贴标准；对新引进人才的租房补贴分为前半年和后半年两次集中发放；要求新引进人才应在引进审批文件签发之日起一年内提出租房补贴申请，并禁止新引进人才在领取租房补贴期间租住公租房等内容。

《深圳市人才安居办法》分“杰出人才安居”“领军人才安居”“新引进人才租

①深圳市司法局：《〈深圳公证处管理暂行办法〉已经市政府常务会议审议原则通过》，http://www.szsf.gov.cn/www/webInfo.do?method=showInfoDetail&INFO_ID=771495，访问时间：2015年3月3日。

房补贴”等几个层面，面对在深圳没有购房、未享受其他住房补助的人才群体。为形成人才和智力引进的长效机制，深圳一直在探索如何为人才提供良好的安居条件。《深圳市人才安居办法》对新引进人才的租房补贴制度调整较大，新引进人才本科租房补贴6000元/人、硕士9000元/人、博士12000元/人。另外，相比以前按月发放的方式，新的补贴发放方式更能“救急”。《深圳市人才安居办法》对新引进人才的租房补贴制度调整较大，将补贴分为前半年和后半年两次集中发放，更符合在深租房的实际情况。[①]

## 二、深圳市人民政府在立法工作中的主要做法和探索

2014 年，深圳市人民政府在加强重点领域立法的同时，始终把提高地方立法质量作为加强和改进政府立法工作的重点，把坚持科学立法、民主立法贯穿于政府立法工作的始终，不断增强地方立法的科学性和可操作性，取得了一系列成就。

### （一）完善开门立法的制度

所谓“开门立法”，即在地方立法过程中坚持走群众路线，让群众积极参与，实现立法民主化。具体而言，就是采用公开征求立法建议、立法听证等方式，使民主立法延伸到最起始阶段，让民众的意志从立法的最初就得到体现，从而提高立法的透明度，拓宽人民群众参与立法的渠道，使立法更好地集中民智、体现民意、符合民心。深圳市人民政府法制办表示，推进“开门立法”方面总的思路是，在立项选择上优先考虑社会公众真正关心的项目，以多种形式介绍立法项目的起草背景，使社会各界对立法项目增加了解和认识，还将尝试在报纸、政府网站、新闻媒体等平台上，开辟在线访谈、立法项目论坛、征求意见专栏等形式，以及采取个别访谈、民意调查等多种形式为公众发表意见创造更加便利的条件。

公众提的立法建议和意见如果没有得到及时反馈，就会损害公众参与立法的积极性。近年来，深圳市人民政府“开门立法”似乎正遭受“冷热不均”，市民反映时而“热情如火”，时而“冷淡如冰”。针对这一现象，根据《深圳市人民政府制定规章和拟定法规草案程序规定》，深圳市人民政府结合党的群众路线教育实践活动，加强地方立法调研，2014年出台了《深圳市法制办审查法规规章征求意见工作指引》，细化了拓展群众有序参与政府立法工作的途径和具体程序，进一步扩大了政府起草法规规章草案征求意见的范围，加强意见征集，规范和丰富了征求意见的方式和程序，属于网上征求意见的，在法规草案经深圳市人民政府常务会议审议通过形成议案提请市人大常委会、规章草案经市政府常务会议审议通过并经市长签署政府令后，主办处室应当以一定的形式予以反馈。目前，深圳市人民政府法制办的网站上已经专门设置了

①李欢：《深圳市人才安居办法　深圳市住房和建设局住房补贴如何申请？》，http://news.e23.cn/content/2015-01-01/2015010100229.html，访问时间：2015年3月3日。

征求意见的反馈栏目。“开门立法”，广开言路，广纳民意，让民意和民智在地方立法过程中得到最大限度的尊重和发挥，这样创制出来的政府规章才能得民心，才能切合社会实际，才能达致地方立法的科学。脱离群众和本国实际的闭门造车盲目移植，即使法律文本美轮美奂，也容易水土不服难以取得理想的立法效果。

## （二）地方立法听证会逐步常态化

立法听证会是指由法案的起草单位主持，由代表不同利益的双方或多方参加，对立法草案内容的必要性、合理性等进行辩论，起草单位根据辩论结果，确定草案内容。它是加强立法民主化、科学化的一个重要措施，是社会主义民主立法和人民群众参加国家管理的重要形式。立法听证较之座谈会有其优越性，就是透明度高，对问题的调查更深入、更充分。

为了落实开门立法的要求，深圳市人民政府近两年分别在绿化和公园条例、亚硝酸盐监督管理若干规定、无偿献血条例、食品安全、垃圾分类等项目的起草审查过程中召开了立法听证会，在涉及民生的重要立法项目中逐步实现举办立法听证会常态化。通过立法听证会收集到了各方面大量的修改意见，为提高立法质量提供了保证，取得了良好的效果。立法听证会不仅能检验和促进法案的起草质量，而且能使立法决策更具合法性、正当性，同时立法听证还能会为某一法案的立法史提供了一份立法者及各种利益群体关于某一法案所持立场的永久公开记录。除此之外，立法听证还在很多方面都发挥着其影响力：①立法听证会对立法者的影响表现在以下两个方面：其一，听证会为立法者提供发现事实、获取信息的机会，保障其有效行使知情权和调查权。在立法活动中，立法听证会是立法者发现事实、获取信息的好机会。参加立法听证会，听到来自相关行政管理部门、利益群体代表、专家学者及有识公民等社会各方面对法案的不同意见，听到代表不同利益群体的不同声音，能使其对法案所要调整的社会关系认识得更清楚，对作出正确、科学的立法决策是很有帮助的。其二，听证会能弥补立法者专业知识的不足。在当今社会分工越来越细的情况下，立法的内容也越来越细化和专业化，而立法者不可能掌握所有领域的知识。这就引起了立法者专业知识不足与立法者必须对专业领域的内容作出立法判断之间的矛盾。解决这一矛盾的途径有很多，比如立法主体在审议前举行专题讲座，邀请有关专家为立法者作学术辅导；或举行座谈会，邀请数量较多的专家发表不同的学术观点；或邀请专门的行政管理机构作情况介绍等，但这些方式都存在一定的缺陷，即缺少公开性和学术观点之间的辩论，立法者往往容易被一种观点所引导和左右。实践证明，举办专业性的立法听证会能弥补这一缺陷。在这种听证会上，立法主体必须邀请数量相当的持不同学术观点的专家参加，专家们通过陈述事实、说明理由来证明自己的学术观点，通过相互辩论为听证人提供科学的决策依据，从而在一定程度上弥补立法者专业知识的不足。②立法听证会对立法过程也会产生重大的影响，主要表现在：其一，听证会能检验和促进法案的起草质量。法案起草活动是立法程序中的首要环节，其质量的好坏直接影响立法工作的效率和质量。立法听证会上，不同利益群体的代表提出各自的意见，对法案中的某些问题进行辩论，对不合理内容进行批驳，对没有规定的内容进行补充，这在客观上就检验了政府在起草法案时是否站在全局的、人民的角度，合理设定行政管理机关的权力与责任、公民（法人）的权利与义务，从而促使提案人在今后的法案起草时，尽可能注意全面地反映民意，符合社情。这对进一步提高法案的质量起到了间接的推动作用，为今后的立法打好了基础。其二，听证会使立法决策更具合法性、正当性。在现代民主国家，立法活动不仅注重立法结果的科学性，而且更注重通过正当的立法程序来达到正当的立法结果。一方面，立法听证会的公开性，使立法过程处于社会公众的监督之下，立法机关自然会努力使立法活动本身合法化。另一方面，公众参与立法也使得立法机关的决策因具有了民意成分而显示出合法性和权威性。另外，立法听证会本身有一整套严密的程序和规则，一般都要求听证机构事后将听证意见被吸纳的情况向公诉人反馈并向社会公开，这使得听证机关在进行立法决策时会认真考虑和分析听证意见，而不仅仅把它作为一种民主的装饰，防止了立法过程中的随意和专权，使立法决策更科学、更理性。③立法听证会对社会和公众也产生了深远的影响，表现在：其一，听证会为社会利益群体和公众提供了影响立法决策的正式渠道。公民参与立法活动的形式很多，如来电来信、参加各种座谈会等，都是公民发表对某一法案意见的常用途径。立法听证会是公民参与立法活动的又一有效方式，相比其他形式，它对公民更具有吸引力，因为这种参与更为直接，获得的信息也更全面。听证程序的价值就在于，虽然并非一定要满足每个公众的目的，但必须让参与听证的公众相信他们的意见是有影响力的，而且还必须让他们相信立法者听取了他们的意见。并且经认真研究分析后才作出采纳或不采纳的决定。这种机制能使制定出来的法律法规尽可能符合大多数人的要求，更易于为各方接受，从而减少公众自力救济的抗议方式。美国政治学家们认为，听证会在这个意义上有效地起着“泄洪作用”。其二，听证会为各利益群体进行政治协调提供了对话平台。听证会不仅沟通了立法机关与社会公众及利益群体（或潜在的利益群体）之间的信息，而且还为不同利益群体之间的沟通提供了对话平台，便于公开调解群体间利益冲突并进而极大限度地消除隐患。从这个意义上说，听证制度起到了“安全阀门”的作用。在我国传统的政治体制中，各利益群体反映意见的渠道不少，但几乎没有一项制度能为不同利益群体在公开、理性的氛围中相互协商、进行辩论提供对话的平台，不同的利益诉求几乎都通过政府这一渠道得以非公开地表达并被非公开地处理，相互之间无法进行制度性的沟通和协商。单向的利益诉求往往是局部的、狭隘的，不利于从全局的高度解决彼此的利益冲突。成功的法律和公共政策往往是妥协和协商的结果，听证会则提供了潜在的妥协机会。立法听证会安排不同利益群体的代言人在同一场合进行面对面的讨论与交流，这样的讨论与交流，不仅有助于立法者在各种争论中认清法案调整的对象，合理厘定权利和义务，而且也有助各利益群体了解彼此观点，在理性的对话和辩论中达到相互妥协，从而减少利益冲突。这样，即使最终的立法结果并没有全部体现某一利益群体代表的意见，他们也能理解立法机构取舍背后隐含的深意，因为他们经历了利益协商和权衡的关键过程。

### （三）注重发挥地方人大代表、政协委员、专家学者的作用

“政协委员是各个界别的代表，集聚了各方面的民意，政协委员积极参政议政，在两会中也提出了很多建设性意见。”马蔚华说，并建议立法法修正案草案中应该专门提及政协委员，不能把政协委员包含在专家、学者之中，特别是对规章的制订，也应该征求政协委员的意见，发挥政协委员的作用。

除了认真梳理代表委员议案建议外，市政府召开座谈会、听证会常态化邀请相关人大代表、政协委员、专家学者到场听取意见；对个别专业性较强的立法项目，市政府还组织专门的专家论证会。如在互联网信息安全管理若干规定的起草审查过程中，就在北京召开了专题论证会，邀请到了国家相关部门、专业研究机构的专家参与研究论证，收集到了大量的专业意见。通过这些举措，可以说在科学立法民主立法方面已经取得了一些成功的经验，收到了比较好的效果。

## 三、深圳市人民政府在立法中面临的主要问题

深圳市人民政府在2014年立法工作中取得了一定成果，但是仍然面临着一些不容忽视的问题，具体体现在以下几个方面。

### （一）地方立法存在部门化倾向

随着社会、经济和科技的飞速发展，深圳市人民政府的立法所涉及的领域变得越来越广泛，所要调整的社会关系也日益复杂，并由此导致立法专业性和技术性要求的提高。在这种情况下，政府部门参与立法成为提高立法效率和立法质量的关键，但现行的立法程序更多的是赋予了部门立法的权力，而较少涉及其责任，使得部门立法缺乏有效的限制。根据现代行政管理学理论，政府作为社会公共事务的管理者，在某种意义上说存在一定的独立利益，因而极容易利用法案起草者这一身份，通过立法扩大自己的管理职权，而不写或少写自己的责任，使法案中行政管理机关的权力与责任设置不科学、不合理，这就是立法中所谓的“部门利益倾向”。在这种情况下，政府部门参与立法的结果是弊大于利。一方面由于部门自身利益的驱使，会使各部门在将立法视为进行权力和利益分配的重要手段，导致地方立法的部门倾向严重；另一方面，

承担地方立法任务的各部门为追求立法效率，而常常忽略了地方立法的民主性，因此，对于部门立法，应从地方立法程序上进行严格的控制，防止部门滥用立法权和保障公民在立法过程中的合法权益。

### （二）公众参与地方立法制度有待完善

公众参与是现代立法的一个重要环节，尤其是与公民切身利益直接相关的法规制定过程中，应该广泛征求公众意见，以保证立法活动的民主性和法规内容的正当性。建立立法的公众参与制度，有利于民主政治建设，加强立法的民主性；有利于提高公民的法制意识和守法的自觉性，加强法制建设。法律是社会的调整器。法律的规定能否变为现实的社会秩序，归根结底要靠执法机关的严格执法和公民的自觉守法，特别是公民的自觉守法；有利于建立科学的决策机制，加强立法的科学性。现代社会是科学技术高度发展的社会。从实际出发，实事求是，科学地规范社会关系，是立法活动必须始终遵守的重要原则，但立法者是各行各业的专家。因此，对立法的科学性问题，必须经常地、认真地听取和尊重来自立法机关外部的有关专家的意见。建立立法的公众参与制度，把这种听取和尊重专家意见的做法法律化、制度化，对建立科学的决策机制，加强立法的科学性，具有极其重要的意义，但在当前深圳市人民政府立法中，公众参与立法制度存在着以下几个方面的缺陷：一是公民参与立法的范围过于狭窄。公民仅仅可以在立法起草的阶段参与法规制定，而立法的审查和公开等阶段则无公民参与的规定。二是立法信息公开制度有待完善。立法信息公开包括立法文件公开、立法程序公开和公布规章等，现阶段深圳经济特区在立法文件和立法程序信息公开方面仍有待完善。[①]三是立法机关对于公众参与立法的实施状况缺乏相应的责任机制。这是公众参与制度存在诸多漏洞的最终原因。缺乏相应的责任机制，立法机关并不需要为其在公众参与制度中的过错行为承担任何的义务和接受任何处罚，导致了公众参与环节在实践中难以全面有效地开展。

### （三）地方政府规章清理不够及时

政府规章的清理是指市政府在其职权范围内，根据法律、行政法规、国家政策的要求或者深圳市地区经济社会发展的需要，对政府规章进行梳理，确定是否继续适用或者是否需要加以变动（修改、补充或者废止）的专门活动。其目的是把有关的政府规章，以一定的方式，系统地加以分析、研究和处理。从概念的界定来看，政府规章清理是一种立法活动，因为“清理是对现行存在的政府规章依一定的方法和原则进行分类、整理、审查，并在必要时，即存在立法冲突时，依法定职权和程序进行必要

①黄喆：《论深圳经济特区立法的成果、不足及完善》，载《江汉大学学报》（社会科学版）2012年第5期。

的修改、补充甚至废止的行为，实质上是法的立、改、废的活动，因而是项立法活动”。此外，政府规章清理也是一种对政府规章的监督形式，是市政府根据其对深圳市经济社会发展规律的认识对过去立法活动的一种反思和检讨。其实质是市政府根据特定目的，对其制定的政府规章在国家法律体系内的冲突情况进行梳理，对政府规章的有效性进行审查、评价，从而决定哪些政府规章需要修改、废止，哪些可以继续适用。通过市政府的自我检查，发现和消除政府规章之间的矛盾和不协调现象，使政府规章在纵向与横向上保持协调和一致，从而维护国家法制统一，消除和减少政府规章的立法冲突，提高政府规章的立法质量。对政府规章的清理性修改、废止与对政府规章一般性修改、废止之间是存在区别的，两者并非相同概念：①政府规章的清理性修改不同于政府规章的一般性修改。一次政府规章的清理性修改，针对的是一定时间、一定范围内众多的政府规章进行的修改；而对政府规章的一般性修改，无论是政府规章的修订还是政府规章的修正，大都是针对某一部政府规章进行的修改。政府规章的清理性修改，从实践情况来看，大多数是对相同位阶的政府规章之间不协调、政府规章与上位法规定不一致等有关规定的修改，或者是对政府规章中明显不适应地方社会发展现状的规定予以删除，很少会有创设一个新制度这样的实质性修改，并且在一般情况下也不会对政府规章的结构进行大的调整，而政府规章的一般性修改是根据地方经济社会的发展情况并在实践成熟经验的基础上进行的修改，既包括了政府规章中制度的重新设计与创新等实质性内容的修改，同时也包括了政府规章结构与技术的修改。②政府规章的清理性废止不同于政府规章的一般性废止。政府规章的一般性废止大多是对某一部政府规章予以废止；与一般性废止不同，政府规章的清理性废止多是一次性废止多部政府规章。

深圳市人民政府在市政府规范性文件清理工作方面，从2014年年初开始先后围绕党的群众路线教育实践活动整改方案和加快建设一流法治城市工作实施方案的总体部署，组织各区各部门开展了市政府规范性文件的集中清理工作。重点围绕深圳市推进行政审批制度改革、商事登记制度改革和加快社会信用体系建设的需要对现行有效的规范性文件进行全面梳理，切实解决规范性文件当中存在的与深圳市当前各项改革内容和任务要求相抵触、不配套、不适应的问题。通过清理，到目前为止，已废止了73件市政府规范性文件，宣布失效9件，然而，市政府对规章的清理却还存在不及时。立法清理的产生原因是所规定的事项已不再适应因情势变迁而已经改变的现实。如果对与深圳市当前各项改革内容和任务要求不适应的规章不进行及时的清理，显然，这些规章的适用效果势必适得其反。

### （四）个别条款可执行性、可操作性不强

深圳市人民政府2014年出台的规章中，个别条款规定不得当、可操作性不强。例

如《深圳市机动车道路临时停放管理办法》中第二十条第一款规定：“有下列情形之一的，免收路边临时停车位使用费：（一）在夜间等非交通繁忙时段使用道路停车位的”该条款中的“非交通繁忙时段”规定含糊，因为对“非交通繁忙时段”的理解会因人而异，该条款应像第八条第二款中所规定的一样，对“非交通繁忙时段”给出具体的时间段，如此才方便公众理解该条款。又如，第二十二条规定：“任何单位或者个人不得擅自占用道路停车位，不得在道路停车位内从事车辆清洗、维修等与道路停车无关的活动。”该条款的规定不太得当，既然是可以停车的地方即为不影响交通的地方，若机动车在停车后发生故障应允许其在停车位修理，高速公路不也设有应急车道。当然，从事车辆清洗等活动应在特定的区域进行，理应是不允许的。

## 四、深圳市人民政府未来地方立法工作的建议

在今后的立法工作中，深圳市人民政府应着力在以下几个方面加强和改进政府立法工作：

### （一）加强重点领域的地方立法工作

党的十八大提出了“完善中国特色社会主义法律体系，加强重点领域立法”的重大课题。我们要充分认识新时期加强重点领域立法的意义，自觉服从党和国家工作大局和法治建设总体布局，切实重视和加强重点领域立法工作，更好为改革发展提供服务。认真贯彻落实党的十八届三中、四中全会、市委五届十九次全会的精神，按照全面深化改革的新要求，继续加强重点领域的立法工作。在加快完善现代市场体系方面，拟推动深圳标准、深圳质量等方面建设的立法；在推进社会事业和社会治理改革创新方面，拟围绕社区建设、社会组织、社会救助、食品安全等方面开展立法；在加快生态文明制度建设方面，拟围绕城市规划、城市更新、基本生态线保护等方面开展立法；在加快政府职能转变方面，拟在政务服务、部门权责法定化等方面开展立法，并适时启动审批制度改革方面的立法。

### （二）不断深化科学立法、民主立法的内涵，提高公众参与程度

紧紧围绕提高立法质量这个重点，继续坚持把推进科学立法、民主立法作为提高立法质量的根本途径，并不断深化科学立法、民主立法的内涵。抓好立法项目论证，科学确定立法项目；进一步完善规章草案征求意见机制和公众意见采纳情况反馈机制，进一步拓展群众有序参与立法的途径，扎扎实实地把科学立法、民主立法贯穿到政府立法工作的全过程和各方面。

公众参与制度，是立法工作者从实际出发，学习借鉴其他国家的有益经验，在长期的立法实践中不断创造、摸索和积累起来的，是有中国特色的社会主义民主政治制

度的重要方面，是人民代表大会制度这一我国根本政治制度的重要补充，是我们党和国家联系群众的重要途径。它对加强立法的民主性和科学性，提高立法质量，促进法制建设，起到了积极的作用。但也应该看到，立法的公众参与制度还只是摸索起步阶段，还没有法律化、制度化，公众参与的渠道还不够多样化，公众提出的意见还未能得到足够的重视，等等。增强立法的民主可以使制定的法律更加符合实际，为保障深圳市人民政府立法的民主性，提高公众参与的程度是其重要途径。对于完善现有的公众参与制度的建议如下：首先，要逐步完善立法信息公开制度。立法机关应及时向社会公开相关的立法信息，保证立法工作的透明度。完善立法信息公开，扩大公民参与立法活动的范围，有助于充分地发挥地方立法积极作用，实现人民对立法机关立法活动的监督。再者，要建立地方立法辅助制度。立法机关应当重视专家、学者在立法中的作用，在立法过程中举行专家座谈会或论证会，不仅有利于解决法案起草中的专业性、技术性问题，同时也能增强规章的科学性和民主性。建立立法辅助制度，要明确辅助人员的职责范围，确定立法辅助人员的配备方式，以确定适当的辅助人员。立法机关可以通过设立专门的立法助理办公室来负责立法辅助人员的管理。总之，公众参与立法是现代立法的基本原则之一，只有保障公民能够参与立法，并为法规的制定提出建议和意见，才有利于保证法规内容的科学性和民主性，而且能有效地克服立法中的部门利益倾向。

### （三）地方政府规章清理的常态化

按照深圳市委、市政府《深圳市加快建设一流法治城市工作实施方案》的要求，将政府规章的清理作为常态化工作，健全政府规章动态清理、适时调整机制，及时修改、废止与我市经济社会发展不相适应的政府规章，更好地发挥法治对政府职能转变的引领和推动作用。

将政府规章的清理作为常态化工作有助于市政府立法的开展。通过对地方政府规章的清理，一方面，可以总结深圳市人民政府立法的经验教训，看清利弊得失，找出规律性的东西，避免在新的立法中走弯路；另一方面，可以了解现存政府规章哪些仍然适用，哪些应当修改、补充或废止。哪些已经有了，哪些是空白，哪些需要增多。据此所作的立法规划才可能是科学的、系统的，根据这种规划所立的法才会成龙配套、协调一致。其次，政府规章的清理也是市政府自身控制立法质量的一种途径。政府规章的清理市内部监督政府规章效力的一个过程，市政府可以通过内部政府规章的清理方式实现对立法的控制，若市政府定期地对政府规章进行集中、审查、筛选，有利于发现政府规章的矛盾或重复立法的情况，可以对其进行及时的纠正，重新确认其有效性。

任何事物都是在发展变化而不是一成不变的。“与相对而言较为原则性、纲要化的法律相比，政府规章这些下位法更侧重细节性、具体化的制度设计，对社会生活、公民权利的影响也更加直接。正因此，对于建构一个完善的法制体系而言，下位法清理不仅不可或缺，而且更具有‘细节的力量’。”政府规章在制定实施以后，由于社会的客观情势发生变化，需要对已生效的政府规章进行适当的调整，适时性地进行清理，这是市政府立法工作与时俱进的体现，同时也是市政府立法工作的必然要求。政府规章清理并非简单地为了方便人们学习和使用，对现行生效的政府规章进行审查、清理，其主要目的是为了发现并及时消除政府规章与上位法之间以及政府规章之间冲突的不一致和不协调之处。通过政府规章的清理，使不同层次等级的法律法规之间能够协调一致，促进整个法律体系一致、结构完整，从而有利于法律法规的适用和实施，也有利于整个社会的守法。

### （四）切实增强规章的可执行性和可操作性

地方立法作为国家立法的重要组成部分，其显著特征就是“不抵触、有特色、可操作”。条款的可操作是公民守法之根本，也是研究整个规章是否有效的重要前提。没有规定具体、可实施的条款则形同虚设，甚至会浪费大量的人力物力。市政府应树立质量立法的理念，坚持以人为本、立法为民，把质量要求落实到规章制定的各个环节。法贵简约，条款不在多少，关键要精致、实用，没有切中要害的，不管用的则不是好法、良法，起码质量不高，有针对性、可操作性的才是管用的好法。

关于如何切实增强规章的可执行性和可操作性，有以下几点建议：①加强制度建设，完善立法审议程序的公开透明化，更好促进民主立法，切实提高立法质量。增强政府规章的可操作性，首先要树立科学的立法观和精品意识，在政府规章的各个环节落实质量要求，尽可能对规范的事项进行细化、量化。注重法规审议程序，审议过程突出重点。长期以来重实体轻程序的立法理念根深蒂固，许多立法者把程序当作工作中的具体问题，而不是立法问题，这是影响法规可操作性的很重要因素。增强政府规章可操作性，必须把制定必要的程序性规定放到与制定实体性规定相同重要的位置。②加强立法工作机构的自身建设，提高立法工作人员素质水平，树立依法治国的法治理念和意识，提升立法技术水平，加强调查研究，保障立法经费落实。③克服部门利益，推进配套性规范制定，加强政府规章和规范性文件的备案审查工作。“部门利益权力化，部门权利法制化”是立法工作中体现了严重问题，很多政府主导的地方立法，政府议案部门利益倾向，忽视了地方立法中公民和条例管理的相对人的权利保障和维护，因此必须尊重公民权利，立法不扰民，做到简要通俗易懂，吸收更多民众的意见，从而克服部门利益倾向。此外，保障地方立法的可操作，应加强对政府规章和规范性文件的备案审查工作，特别是配套规章或者规范性文件的及时出台，防止行政立法不作为。

## （五）完善监督机制，强化地方立法监督

由于私欲的驱动和政治制度的不完善，立法中的部门利益倾向是不可避免的，解决该问题的关键在于建立健全一套地方立法的监督机制，包括对法案起草的监督，以极大限度地减少地方立法部门化倾向。为此，首先要根据《立法法》的要求，完善深圳市人大常委会的监督方式，由单一的备案制度改变为备案审查制度，从而使以往对于深圳市人民政府立法“备而不查”的情况得以改善。其次要明确地方立法监督的内容，一方面包括对地方立法内容的监督，即对市政府规章内容的合法性进行审查，另一方面还要进行立法程序合法性的监督，强调依法立法。通过立法内容和程序的监督，能有效地保障规章内容的公平合法，减少规章冲突的发生，并促进立法活动的科学化和民主化，控制部门立法的利益化倾向。

（撰稿人：罗兰）

# 第四编　珠海市地方立法年度观察报告（2014）

珠海市位于广东省珠江口的西南部，东与香港隔海相望，南与澳门相连，西邻新会、台山市，北与中山市接壤，是珠江三角洲南端的一个重要城市。由于其重要的地理位置以及与香港、澳门经济特区的密切联系，珠海于1980年成为首批经济特区之一，下辖香洲区、金湾区、斗门区（原斗门县）、横琴新区。为使经济特区的建设顺利进行，使特区的经济管理充分适应工作需要，更有效地发挥经济特区的作用，1996年3月八届全国人大四次会议通过《关于授权汕头市和珠海市人大及其常委会、人民政府分别制定法规和规章在各自的经济特区实施的决定》，授权珠海市人大及其常委会根据具体情况和实际需要，遵循宪法以及法律和行政法规的基本原则，制定地方性法规，在珠海经济特区实施，并报全国人大常委会、国务院和广东省人大常委会备案。2000年7月1日《立法法》实施后，珠海获得“较大市立法权”。从此珠海成为国内拥有两个立法权的为数不多的特区城市。

2014年11月至2015年3月，我们对珠海市人大及其常委会以及珠海市人民政府2014年度立法情况进行了调查、评测，形成如下观察报告。

# 第七章　珠海市人大及其常委会2014年度立法观察报告

## 一、珠海市人大及其常委会2014年立法情况

### （一）珠海市人大及其常委会2014年立法概述

2014年，珠海市人大审议并通过了地方性法规1件，即《珠海市人民代表大会议事规则》。珠海市人大常委会会议共审议地方性法规草案5件，其中3件地方性法规获得通过，即《珠海经济特区见义勇为人员奖励和保障条例》《珠海经济特区相对集中行政处罚权条例》和《珠海经济特区行政执法与刑事司法衔接工作条例》。同时，珠海市人大常委会对不适应新形势发展需要的地方性法规进行了清理，废止了2件地方性法规，即《珠海市见义勇为人员奖励和保障条例》和《珠海市相对集中行政处罚权条例》。

### （二）珠海市人大及其常委会2014年立法的具体情况

1.《珠海市人民代表大会议事规则》

为了保障珠海市人民代表大会依法行使职权，提高议事质量和效率，根据《中华人民共和国宪法》《中华人民共和国地方各级人民代表大会和地方各级人民政府组织法》《中华人民共和国全国人民代表大会和地方各级人民代表大会代表法》等法律，结合珠海市实际， 2014年1月25日，珠海市第八届人民代表大会第四次会议通过了《珠海市人民代表大会议事规则》，并从公布之日起开始实施。

《珠海市人民代表大会议事规则》包括总则、会议的准备、会议的举行、议案的提出和审议、听取和审查工作报告、审查和批准计划及预算报告、选举、辞职、罢免和补选等10章，共64条，明确了代表大会会议期间提案主体提出议案程序及处理流程。《珠海市人民代表大会议事规则》要求珠海市人民代表大会按照民主集中制原则，充分发扬民主，依法行使宪法和法律赋予的职权。《珠海市人民代表大会议事规则》以列举的方式，对常务委员会在市人民代表大会会议举行前进行的准备工作进行了详细的规定。同时规定主席团第一次会议由常务委员会主任或者主任委托的副主任召集，推选主席团常务主席若干人，推选主席团成员若干人分别担任市人民代表大会

各次全体会议的执行主席，并决定相关事项。在第6章选举、辞职、罢免和补选章节中，明确了常务委员会组成人员，包括主任、副主任、秘书长和委员，明确了珠海市人民政府市长、副市长，市中级人民法院院长，市人民检察院检察长，珠海市出席广东省人民代表大会的代表由市人民代表大会选举。

2. 《珠海经济特区见义勇为人员奖励和保障条例》

为弘扬社会正气，鼓励见义勇为，保障见义勇为人员的合法权益，促进社会和谐稳定，根据有关法律、行政法规的基本原则，结合珠海经济特区实际，2014年5月29日，珠海市第八届人民代表大会常务委员会第19次会议通过了《珠海经济特区见义勇为人员奖励和保障条例》。鉴于《珠海经济特区见义勇为人员奖励和保障条例》和《珠海市见义勇为人员奖励和保障条例》的适用范围、调整事项相同，《珠海市见义勇为人员奖励和保障条例》已无存续的必要，所以珠海市人大常委会对《珠海市见义勇为人员奖励和保障条例》及时予以废止。

《珠海经济特区见义勇为人员奖励和保障条例》包括总则、申请和确认、奖励和保障、权益保护和法律责任等6章，共40条。《珠海经济特区见义勇为人员奖励和保障条例》的亮点主要体现在以下几个方面：①扩大了见义勇为行为主体和行为方式的范围。②明确见义勇为行为确认机构。《珠海经济特区见义勇为人员奖励和保障条例》明确市人民政府负责见义勇为人员的奖励和保障工作，建立健全相关部门协调配合的工作机制；市人民政府成立见义勇为评定委员会，负责见义勇为的确认，评定委员会办公室设在市公安局。明确见义勇为行为的确认机构，有助于见义勇为行为的评定和管理的规范化，同时也避免了相关部门有利相互争夺、有责相互推诿的情况的发生。③确定见义勇为资金和奖励额度。《珠海经济特区见义勇为人员奖励和保障条例》第18条和第19条规定了市人民政府对确认的见义勇为人员可以给予通报嘉奖、颁发奖金、授予见义勇为荣誉称号。对牺牲的见义勇为人员家属颁发100万元抚恤奖金，对完全丧失劳动能力的见义勇为人员颁发80万元抚恤奖金；对大部分丧失劳动能力的见义勇为人员颁发60万元抚恤奖金；对部分丧失劳动能力的见义勇为人员颁发40万元抚恤奖金。这样的抚恤奖金额度与以前施行的《珠海市见义勇为人员奖励和保障条例》相比，对保障和鼓励见义勇为行为更加丰厚，更加吸引，也更加合理。

《珠海经济特区见义勇为人员奖励和保障条例》对见义勇为的相关规定，使得珠海市对见义勇为行为的奖励和保障更具有操作性，营造全社会优待和保障见义勇为人员的风气和氛围，不再是社会开出的空头支票。

3. 《珠海经济特区相对集中行政处罚权条例》

为了规范相对集中行政处罚权的实施，保障和监督城市管理行政执法部门依法履行职责，维护公共利益和社会秩序，保护公民、法人和其他组织的合法权益，结合珠海经济特区的实际，《珠海经济特区相对集中行政处罚权条例》于2014年11月28日经市八届人大常委会第22次会议审议通过，并于2015年3月1日起开始实施。同时废止了2005年10月1日起施行的《珠海市相对集中行政处罚权条例》。

《珠海经济特区相对集中行政处罚权条例》包括总则、执法规范、执法协作和法律责任等5章，共37条。《珠海经济特区相对集中行政处罚权条例》的亮点主要体现在以下两个方面：①重点解决城市管理的新问题。《珠海经济特区相对集中行政处罚权条例》通过职责与管辖、行政处罚的适用等章节内容的制定和完善，规范了相对集中行政处罚权的确定和调整，理顺了行政管理体制，建立了沟通协调机制。例如，在违法建筑处理方面，《珠海经济特区相对集中行政处罚权条例》提出“可以通知供电、供水部门停供施工用电、用水，有关单位应当协同实施”。而对于当事人拒不履行行政处罚决定的，《珠海经济特区相对集中行政处罚权条例》规定城市管理行政执法部门可以将查封、扣押的财物依法拍卖抵缴罚款。同时，为防止城市管理中各部门推诿现象，《珠海经济特区相对集中行政处罚权条例》还特别赋予城管部门沟通协调的职权。②加强投诉举报及监督机制。随着近年来全国多地城管部门违规执法现象被曝光，就如何加强城市管理行政执法的监管力度，建立完善的监督体制等问题，在此次立法中给予了大篇幅体现。《珠海经济特区相对集中行政处罚权条例》在监督与责任中，增加了举报投诉制度、多渠道督查机制和差别化考核机制等规定，将对违规执法现象起到极大的威慑作用，促使执法人员做到文明执法。对于公众所关注的城管的工作，《珠海经济特区相对集中行政处罚权条例》规定必须建立多渠道、多角度的监督、检查制度。除了成立全市范围内的督查队伍、上级主管部门对下级部门进行督查外，还要求聘请社会人员为城市管理义务监督员，对各类城市管理工作进行监督、检查。此外，《珠海经济特区相对集中行政处罚权条例》还对相对集中行政处罚权行使的全过程进行了全面规范，完善了城市管理行政执法部门的执法手段以及程序的科学化和规范化，从而为更好地促进珠海市城市管理工作提供制度保障。

4. 《珠海经济特区行政执法与刑事司法衔接工作条例》

为了完善行政执法与刑事司法衔接工作机制，促进严格执法和公正司法，根据有关法律、行政法规的基本原则，结合珠海经济特区实际，2014年11月28日，珠海市第八届人民代表大会常务委员会第22次会议通过制定了《珠海经济特区行政执法与刑事司法衔接工作条例》，并于2015年3月1日起施行。

《珠海经济特区行政执法与刑事司法衔接工作条例》包括总则、案件移送、工作监督、信息平台管理、法律责任等6章，共38条。《珠海经济特区行政执法与刑事司法衔接工作条例》对适用范围作了地域性概括，即“适用于本市行政区域内的行政执法与刑事司法衔接工作”。这意味着，不仅珠海市的各级行政执法机关、公安机关、检察机关，而且在本市范围内执法的海关、国税、地税、工商、质监、烟草等实行垂直管理的行政执法机关，都受《珠海经济特区行政执法与刑事司法衔接工作条例》约束。通过制定《珠海经济特区行政执法与刑事司法衔接工作条例》，完善“两法衔接”机制，有利于发挥行政处罚和刑事处罚两种惩戒功能，加大对违法犯罪活动的查处力度，促进严格执法和规范执法。

《珠海经济特区行政执法与刑事司法衔接工作条例》的出台对推进“两法衔接”工作的制度化、规范化具有重要意义，标志着珠海以立法引领、推进法治建设再次迈出一大步。①

## 二、珠海市人大及其常委会在立法工作中的主要做法和探索

2014年，珠海市人大及其常委会立足珠海市实际情况，结合珠海地方特色，努力创设良好的法制环境，以促进地方的全面发展。其具体做法主要体现在以下几个方面：

### （一）注重地方立法与改革决策有机衔接

《中共中央关于全面推进依法治国若干重大问题的决定》（以下简称《决定》）指出，中国特色社会主义道路、理论体系、制度是全面推进依法治国的根本遵循。必须从我国基本国情出发，同改革开放不断深化相适应，总结和运用党领导人民实行法治的成功经验，围绕社会主义法治建设重大理论和实践问题，推进法治理论创新，发展符合中国实际、具有中国特色、体现社会发展规律的社会主义法治理论，为依法治国提供理论指导和学理支撑。珠海市人大常委会积极响应《决定》的号召，从珠海市的实际情况出发，为适应近年来珠海城市管理体制调整、行政执法重心下移，以及城市管理精细化、智能化的需要，修订《珠海经济特区相对集中行政处罚权条例》。近几年，珠海城管与小贩的斗争愈演愈烈，虽有《珠海相对集中行政处罚权条例》的出台来规范城管的主体资格和职权范围，但是仍然避免不了地发生一系列城管与小贩的暴力冲突事件。如珠海小贩椰子被扣愤然跳海，城管见死不救事件；珠海城管遭暴力抗法，摊贩飞身砸车事件；珠海城管当小孩面掐小贩诉诸法庭案等，都反映了在改革发展中社会面临的矛盾与冲突。珠海市人大常委会与时俱进，发现旧条例不能满足新社会、新情况、新问题的现状，抓住党的十八届三中全会“充分发挥市场在资源配置中的决定作用”、快速稳健发展市场经济的机遇，使立法决策与改革发展决策有机衔接，通过立法解决城市管理出现的疑难问题，制定了《珠海经济特区相对集中行政处罚权条例》等地方性法规，从而为促进珠海市经济的快速稳健发展和社会的和谐稳定提供了法律前提。同时，为了满足行政执法机关将行政执法过程中发现的涉嫌犯罪案

①付洪军：《珠海：全国率先出台“两法衔接”条例》，http://zh.southcn.com/content/2014-11-29/content_113236253.htm，访问时间：2014年2月22日。

件依法移送公安机关，人民法院、人民检察院、公安机关对刑事司法过程中发现的需要给予行政处罚的案件建议行政执法机关处理的办案工作机制，防止以罚代刑、有罪不究、渎职违纪等问题的实际需求，加强“两法衔接”案件的审查，珠海市人大常委会审议通过了《珠海经济特区行政执法与刑事司法衔接工作条例》。《珠海经济特区行政执法与刑事司法衔接工作条例》以地方立法的形式确立“两法衔接”工作机制在全国属于首创，必将为更高层级的立法提供有益的经验，也必将推动市委提出“创建法治建设示范市”目标的实现。

## （二）注重地方立法为民

坚持依法治国和以德治国相结合是《决定》全面推进依法治国的原则之一。国家和社会治理需要法律和道德共同发挥作用。必须坚持一手抓法治、一手抓德治，大力弘扬社会主义核心价值观，弘扬中华传统美德，培育社会公德、职业道德、家庭美德、个人品德，既重视发挥法律的规范作用，又重视发挥道德的教化作用，以法治体现道德理念、强化法律对道德建设的促进作用，以道德滋养法治精神、强化道德对法治文化的支撑作用，实现法律和道德相辅相成、法治和德治相得益彰。

孔子有云，“见义而不为，无勇也”。“见义勇为”自此成为中华民族传承的美德，然而“老人摔倒扶不扶”事件的发生，以小见大，引发了全国对见义是否应该勇为的热议。很多群众认为好心没有好报，反而会招惹不必要的是非。虽然国家每年都会评选出一批全国见义勇为英雄和全国见义勇为模范，但是国家关于见义勇为的嘉奖表彰的法律法规并不完善。因此对见义勇为的行为所产生的不利后果表示畏惧，甚至对见义勇为行为本身嗤之以鼻。为传承中华民族传统美德，大力弘扬社会主义核心价值，倡导良好的社会风尚，珠海市制定了《珠海经济特区见义勇为人员奖励和保障条例》，加强对见义勇为人员的奖励、保障和保护，对大力弘扬社会主义核心价值，倡导良好的社会风尚，促进珠海社会和谐稳定，具有十分重要的意义。

珠海市人大常委会坚持人民的主体地位。人民是依法治国的主体和力量源泉，人民代表大会制度是保证人民当家做主的根本政治制度。必须坚持法治建设为了人民、依靠人民、造福人民、保护人民，以保障人民根本权益为出发点和落脚点，保证人民依法享有广泛的权利和自由，承担应尽的义务，维护社会公平正义，促进共同富裕。为此，珠海市人大常委会通过《珠海市人民代表大会议事规则》，建立健全地方人大会议的议事规则，使得地方人民代表对自己的工作有章可循，促进了地方人大工作的制度化和法律化，以此间接地保障地方人大代表更好地反映民意，从而保障人民的权益。

## （三）注重地方立法创新

作为改革开放的窗口、排头兵和试验场，珠海市的地方立法工作也一直走在全国地方立法的前线。早在1999年，珠海市第五届人大常委会第三次会议审议通过了《珠海市技术成果入股与提成条例》，在全国率先以地方法规的形式明确规定了科学技术成果可以作为生产要素参与经济分配，成为全国第一个吃螃蟹的人。2005年对相对集中行政处罚权进行立法，珠海又成为全国“第一个吃螃蟹”的城市。2014年，为落实中央全会关于健全行政执法和刑事司法衔接机制，完善案件移送标准和程序，建立行政执法机关、公安机关、检察机关、审判机关信息共享、案情通报、案件移送制度，克服有案不移、有案难移、以罚代刑现象，实现行政处罚和刑事处罚无缝对接的要求，珠海市人大常委会审议通过了《珠海经济特区行政执法与刑事司法衔接工作条例》。该条例是全国首部规范行政执法与刑事司法衔接工作的地方性法规，珠海再一次“第一个吃了螃蟹”。《珠海经济特区行政执法与刑事司法衔接工作条例》的出台对推进“两法衔接”工作的制度化、规范化具有重要意义，标志着珠海以立法引领、推进法治建设再次迈出一大步。

## （四）注重民主立法、科学立法

法律是治国之重器，良法是善治之前提。建设中国特色社会主义法治体系，必须坚持立法先行，发挥立法的引领和推动作用，抓住提高立法质量这个关键。要想提高立法质量，就需要恪守以民为本、立法为民理念，贯彻社会主义核心价值观，使每一项立法都符合宪法精神，反映人民意志，得到人民拥护。要把公正、公平、公开原则贯穿立法全过程，完善立法体制机制，坚持立改废释并举，增强法律法规的及时性、系统性、针对性、有效性。珠海市人大常委会在整个地方立法中，从立法规定的制定、法规草案的起草，到有关委员会的线性审议和审查，再到常委会的多次审议、表决、通过和公布，都注重民主立法与科学立法的有机结合，具体体现在以下三个方面：①珠海市人大常委会创新性地开展了第三方评估机制，由第三方在全市范围开展问卷调查，为制定相关条例奠定了良好的民意基础；在法规立项和审议通过前，征求全体市人大代表意见，在市人大常委会网站和《珠海特区报》上征求意见或者全文刊登条例草案征求社会公众意见；市人大常委会酝酿制定珠海市法规制定公众参与办法，建立立法信息公开制度、基层立法联系点、立法联络员制度，扩大公众有序参与立法途径和方式，增强听取意见的有效性和针对性。例如，珠海市人大常委会在《珠海经济特区见义勇为人员奖励和保障条例》的立法过程中，无论是立法起草还是审查等阶段，都在市人大及其常委会、法制部门的官方门户网站上全文公布一系列关于制定新条例或者修改旧条例征求意见稿的通知，并且在珠海市人民代表大会常务委员会公报上将整个立法的文件都公布出来，包括立法通过的公告、具体条例、条例（草案）的议案、条例（草案）的起草说明、审议结果的报告等等，使得地方立法能真正公开、透明，体现民意，符合民意。②发挥专家作用。这符合《决定》关于深入推进科学立法、民主立法的要求。加强地方人大对立法工作的组织协调，健全立法起草、论证、协调、审议机制，健全向上级人大征询立法意见机制，建立基层立法联系点制度，推进立法精细化。健全法律法规规章起草征求人大代表意见制度，增加地方人大代表列席人大常委会会议人数，更多发挥人大代表参与起草和修改法律作用；完善立法项目征集和论证制度；健全立法机关主导、社会各方有序参与立法的途径和方式；探索委托第三方起草法律法规草案。珠海市人大常委会对专业性、技术性较强的问题，分别组织市人大常委会法律顾问和市人民政府法律顾问等专家进行专家咨询论证。在制定《珠海经济特区行政执法与刑事司法衔接工作条例》的过程中，还赴北京和广州当面请教了相关领域权威专家的意见，进行专业的指导，以求立法工作的科学和严谨。③建立多元起草机制。借用"外脑"参与立法，正如《决定》所传递的，健全立法机关和社会公众沟通机制，开展立法协商，充分发挥政协委员、民主党派、工商联、无党派人士、人民团体、社会组织在立法协商中的作用，探索建立有关国家机关、社会团体、专家学者等对立法中涉及的重大利益调整论证咨询机制。拓宽公民有序参与立法途径，健全法律法规规章草案公开征求意见和公众意见采纳情况反馈机制，广泛凝聚社会共识。珠海市人大常委会在2014年的立法过程中，在起草地方性法规时就采取了委托专家或研究机构起草的方式，从而确保立法的质量。例如2014年审议通过的《珠海经济特区行政执法与刑事司法衔接工作条例》，就充分借用了市人民检察院外部头脑的积极性和创造性。

## 三、珠海市人大及其常委会在立法中面临的主要问题

珠海市人大常委会在2014年立法工作中取得了一定成果，但是仍然面临着一些不容忽视的问题，具体体现在以下四个方面：

### （一）法规制定与法规实施的衔接有待加强

法律的生命在于实施，法律的权威也在于实施。在立法工作中，存在个别部门争立项热、办项目冷， 重建章立制、轻执行落实的情况。地方立法应该避免走进"地方法律法规的公布就是立法工作的结束"的误区。立法结束后，珠海市人大及其常委会应该发挥自己对珠海市人民政府的监督职能，使其在必须坚持在党的领导下、在法治轨道上开展工作，创新执法体制，完善执法程序，推进综合执法，严格执法责任，建立权责统一、权威高效的依法行政体制，加快建设职能科学、权责法定、执法严明、公开公正、廉洁高效、守法诚信的法治政府，严格落实各项地方法规的实施。此外，人民代表及其常务委员会是代表人民行使国家权力的权力机关，是社会主义上层建筑

的重要组成部分，因此，在完成立法工作后，人大及其常委会应该对自己及市政府所出台的地方规章进行有效的立法后评估。遗憾的是，珠海市人大常委会对立法后的评估工作涉及甚少。据有限的资料显示，珠海市人大常委会首次立法后评估会议是在2008年5月19日召开的，内容是对《珠海市相对集中行政处罚权条例》进行立法后的评估工作方案讨论。评估小组将用四个多月的时间从立法必要性、科学性及可行性、执行现状以及还有哪些地方需要完善等四个方面开展评估工作，通过座谈会、问卷调查、网上征询等方式听取专家及广大群众的意见并加以分析，认真处理好收取到的各方面信息，将各种意见和建议加以归纳、分析，进行论证，根据论证结果，撰写评估报告，并向常委会会议报告评估工作。[①]首次立法后评估活动办得有声有色，实现了立法后评估的目的，但是，这样系统化的立法后评估工作在接下来的几年中却甚少举行。希望珠海市人大及其常委会在接下来的立法后评估工作能够以高度的政治责任感和科学的工作态度进行立法评估工作，注重了解法规实施的效果，分开研究立法中的问题及执法中的问题，注重总结立法和执法的经验教训，以全方位的角度收集资料，同时熟悉评估工作方案，站在全局的高度研究局部问题，形成一个有质量的、公正的评估报告，为常委会工作打好基础。此外，在珠海市地方立法之后，关于新法的相关信息，特别是相关新闻，往往都是在立法前公布，如珠海市人大及其常委会将开展某某立法工作，或者珠海市人大及其常委会在某某会议上通过某某规则或条例，但在立法颁布实施后，很少会有公开关于新法颁布实施的情况介绍或者数据统计，这样就无法查证法律的相关实施情况。

### （二）重点领域地方立法不足

个别法规起草单位在前期工作中未能紧紧围绕珠海市委、市政府的战略部署，提出的法规草案内容未能发挥引领和推动相关领域工作的作用。《决定》要求中央和地方都要加强重点领域的立法。社会主义市场经济本质上是法治经济。为了使市场在资源配置中起决定性作用和更好发挥政府的作用，必须以保护产权、维护契约、统一市场、平等交换、公平竞争、有效监管为基本导向，完善社会主义市场经济法律制度。2014年，珠海市人大常委会会议共审议了6件法规草案，分别是：《珠海经济特区相对集中行政处罚权条例》《珠海经济特区海域海岛保护与开发条例》《珠海经济特区见义勇为人员奖励和保障条例》《珠海经济特区行政执法与刑事司法衔接工作条例》《珠海经济特区养犬管理条例》和《珠海经济特区户外广告设施管理条例》。其中与经济发展间接挂钩的仅有《珠海经济特区海域海岛保护与开发条例》1件。可见，在2014年中，珠海市人大及其常委会关于经济立法领域的比重实在不多，与同样是经济

①何镁坡：《珠海市首次展开立法后评估活动，提高立法质量》，http://www.gd.xinhuanet.com/sungov/2008-05-20/content_13318625.htm，访问时间：2014年2月23日。

特区的深圳和厦门在经济领域立法相差较大。虽然与深圳、厦门相比，珠海无论是经济总量还是城市规模都要小很多，社会管理的复杂程度和地方立法需求也不尽相同，这在一定程度上造成了立法数量的差异，但这并不是造成上述问题的全部缘由。珠海市是对外开放和改革之窗、排头兵和试验场，这需要珠海市人大及其常委会做好统帅全市经济发展的战略布局，运筹帷幄之中，决胜千里之外，立法先行，为珠海市的经济发展创设法治化、市场化的营商环境。

## （三）委托起草的法规质量有待提高

相关领域的高等院校专家学者和律师的确是参与立法工作的有力保障，也符合健全依法决策机制的要求，施行公众参与、专家论证和集体讨论的立法机制。近年来，珠海市有部分立法项目试点委托高等院校专家学者或律师起草，这对建立多元化起草机制是一种很好的尝试。专家学者和律师虽然在知识领域是权威，但是对整个城市的具体立法规划和相关的法律实施情况并不明确，这就要求立法机关加强与受委托者的联系，严格法规起草质量，避免立法脱离实际，成为立法工作上的“纸上谈兵”。在实践中，珠海市个别委托单位存在“一托了之”，没有安排专人跟进，或者没有对委托起草的内容进行严格评审、论证就直接报送市人民政府法制部门，使个别法规脱离实际，影响了立法质量。

## （四）地方立法备案审查情况不明

立法工作的备案审查不应该只是政府对规范性文件的审查和监督，还应该包含地方人大及其常委会对地方立法的审查。珠海市人大常委会对地方立法的备案审查可以借鉴珠海市人民政府的做法。早在2005年3月，根据省政府的要求，珠海市法制局成立了规范性文件审查科，专门负责对市政府和各行政部门发布的规范性文件的审查工作，以及负责对政府发布的规范性文件的备案工作。十年过去了，珠海市规范性文件审查和备案工作取得了较大的进展，不断根据实际工作情况和需要进行一系列改革创新，建立并完善“三统一制度”的建设。珠海市规范性文件管理根据工作的实际要求，建设统一审查、统一编号、统一公布制度。率先实行统一编号制度，每个文件有唯一固定的“身份证号”，在全省属首创。统一公布制度，是政府信息公开的要求和体现，既保障了行政相对人对政府决策的知情权，又促进依法行政，破除了行政权力运行的隐秘性，为治理权力滥用和腐败提供了预防机制。同时，也是成为行政相对人监督行政机关正确履行行政权力的途径之一。公民、法人或其他组织认为规范性文件不符合规定，可以向政府法制机构提出审查建议，政府法制机构必须在规定时间内作出处理并答复。这样做，既保障了行政机关在行使管理职能时必须要有法可依，违法必究，也保障了行政相对人的合法权益和民主监督的渠道。珠海市人大常委会可以引进市政府对规范性文件“三统一制度”的管理，从而加强对立法文件的审查监督，完善对立法文件的公开。

## 四、珠海市人大及其常委会未来地方立法工作的建议

根据党的十八大四中全会精神、《立法法》要求以及时代发展的现实需要，针对珠海市人大及其常委会在2014年立法活动中的不足，珠海市人大及其常委会在未来地方立法工作中应从以下几方面着手。

### （一）更新地方立法观念，加强开门立法与立法宣传

珠海经济特区立法的“特殊”之处在于其权力直接来源于全国人民代表大会的授权。立法的前提是“遵循宪法的规定以及法律和行政法规的基本原则”，可以对法律和行政法规的具体规定进行变通，所做的变通规定在特区范围内优先适用。珠海经济特区的法规、规章由珠海自行通过即可生效。珠海地方立法的这种特殊性，需要立法者和全社会改变观念，改变认识和思维方式。要做到更新立法观念，珠海市人大及其常委会就得进一步开门立法，使立法过程成为各方取得共识的过程，使立法过程成为利益博弈的过程，使立法过程成为法制宣传教育、法治精神普及的过程，使制定的法规更加切合珠海市改革发展稳定的需要。要充分发挥珠海地方的立法的积极性、主动性和创造性，有针对性地解决珠海市的突出矛盾和问题，切实做到有效管用，使立法工作不断适应新形势，解决新问题，引领新发展。亚里士多德说过：“法律应该包含两重含义，已成立的法律获得普遍的服从，而大家所服从的法律本身是制定良好的法律。”要想增强全民的法制观念，推进法制社会的建设，就需要推动全市人民树立法治意识，因此，珠海市人大及其常委会需要坚持把全市普法和守法作为依法治市的长期基础性工作，深入开展法治宣传教育，引导全市人民自觉守法、遇事找法、解决问题靠法。坚持把领导干部带头学法、模范守法作为树立法治意识的关键，把法治教育纳入国民教育体系，从青少年抓起，在中小学设立法治知识课程。市人大常委会要健全普法宣传教育机制，加强对普法工作的领导，加强普法讲师团、普法志愿者队伍建设。把法治教育纳入精神文明创建内容，开展群众性法治文化活动，健全媒体公益普法制度，加强新媒体新技术在普法中的运用，提高普法实效。牢固树立有权力就有责任、有权利就有义务观念。

为了避免“地方法律法规的公布就是立法工作的结束”的认识误区，在相关立法结束后，珠海市人大及其常委会应该发挥自己对珠海市人民政府的监督职能，使在党的领导下、在法治轨道上开展工作，创新执法体制，完善执法程序，推进综合执法，严格执法责任，建立权责统一、权威高效的依法行政体制，加快建设职能科学、权责法定、执法严明、公开公正、廉洁高效、守法诚信的法治政府，严格落实各项地方法

规的实施。同时，珠海市人大及其常委会应该加大对立法后的评估工作，可以借鉴2008年评估《珠海市相对集中行政处罚权条例》的做法，从立法必要性、科学性及可行性、执行现状以及还有哪些地方需要完善等四个方面开展评估，通过座谈会、问卷调查、网上征询等方式听取专家及广大群众的意见并加以分析，认真处理好收取到的各方面信息，将各种意见和建议加以归纳、分析，进行论证，根据论证结果，撰写评估报告。

### （二）注重地方性法规立项工作，加强重点领域立法

要加强重点领域的立法。珠海市人大及其常委会可以建立专家论证与民主决策结合的立法项目的制度，每一项立法项目都采取立项论证方式，由相关领域专家、市人大代表和利益相关人对立法的必要性和科学性进行论证。在此基础上，选取部分事关重大民生的立法建议项目向全市人大代表和社会各界公开征求意见，通过民意勾选决定立法项目。

对立法项目的选择，可以参考《决定》关于加强重点领域立法的相关建议。例如，建立健全坚持社会主义先进文化前进方向，遵循文化发展规律，有利于激发文化创造活力，保障人民基本文化权益的文化法律制度。制定公共文化服务保障法，促进基本公共文化服务标准化、均等化。制定文化产业促进法，把行之有效的文化经济政策法定化，健全促进社会效益和经济效益有机统一的制度规范。制定国家勋章和国家荣誉称号法，表彰有突出贡献的杰出人士。加强互联网领域立法，完善网络信息服务、网络安全保护、网络社会管理等方面的法律法规，依法规范网络行为。加快保障和改善民生，推进社会治理体制创新法律制度建设。依法加强和规范公共服务，完善教育、就业、收入分配、社会保障、医疗卫生、食品安全、扶贫、慈善、社会救助和妇女儿童、老年人、残疾人合法权益保护等方面的法律法规。加强社会组织立法，规范和引导各类社会组织健康发展。制定社区矫正法。这些重点领域的立法都与人民群众息息相关，是维护和保障公民基本权利方面的立法，也是社会发展亟待完善的立法，真正体现了人民群众的立法需求。

### （三）加强地方立法调研论证，提高起草质量

为了提高起草的法规质量，珠海市人大及其常委会应该加强和改进立法制度建设，加强立法调研论证，完善立法项目征集和论证制度，拓宽社会公众有序参与立法的途径，激发和保护公众有序参与立法活动的积极性，广泛听取并认真对待各方面特别是基层的意见，不断完善法规草案起草、审议过程中的沟通协商机制，最大限度凝聚共识、汇集智慧，推动珠海市的立法工作再上新台阶。对于委托起草的法规，珠海市人大及其常委会可以安排专人对立法工作进行跟进和论证，使得被委托专家、学者

和单位能够对具体立法规划和法律实施配置有充足的了解，避免被委托人脱离实际、过于理想化。

完善立法项目和论证制度还可以从完善立法前评估着手。要想达到“好的开始是成功的一半”的目的，就应该认真落实立法前的评估工作。立法前评估的目的有三，一是为法律的制定提供全面、充分、客观的信息；二是将评估结果以适当形式反映到法规中，提高法规审议、修改质量，使制定的法规成为“良法”；三是进一步实现公开立法、民主立法，促进社会对立法过程的参与和各方意见的表达。立法前评估可以按照必要性、效率性、有效性、公平性四个标准，采用科学的评估方法，例如目的、内容和必要性分析方法、成本效益分析方法、替代方案比较分析方法和听取专家及公民意见的方法等，来实现立法前评估的科学性和准确性。立法前评估应当根据各个法规案类型和拟规制内容的不同而在评估方案中确定不同的具体评估指标。在对法规案进行总体评估的基础上，可以有针对性地对某些制度或规定进行更加细致的分析评估，从而保证评估结果的全面、客观。立法前评估尚在起步阶段，要建立适合珠海市立法工作实际的立法前评估制度，还须进一步自主研究探索、借鉴其他地方立法前评估的做法，结合珠海市实际情况总结完善，进一步实现节约立法资源，推动科学立法，提高立法质量的目标任务。

### （四）完善备案审查制度，规范政府立法

针对珠海规范性文件备案审查情况不明的缺陷，珠海市人大及其常委会除了加大其备案审查的重视力度，投入相关人力物力之外，还可以借鉴珠海市人民政府的做法。早在2005年3月，根据省政府的要求，珠海市法制局成立了规范性文件审查科，专门负责对市政府和各行政部门发布的规范性文件的审查工作，以及负责对政府发布的规范性文件的备案工作。十年过去了，珠海市规范性文件审查和备案工作取得了较大的进展，不断根据实际工作情况和需要进行一系列改革创新，建立并完善了“三统一制度”的建设。珠海市规范性文件管理根据工作的实际要求，建设统一审查、统一编号、统一公布制度。率先实行统一编号制度，每个文件有唯一固定的“身份证号”，在全省属首创。珠海市人大常委会可以引进市政府对规范性文件“三统一制度”的管理，从而加强对立法文件的审查监督，完善对立法文件的公开。

科学立法是法治中国建设的前提。立法，是中国有权机关制定法律、法规和规章的全过程。法的存在是法治的前提。立法是法治建设工作的万事之始。2014年，是中国法治腾飞的一年，也是珠海市人大及其常委会立法工作走上了新的台阶的一年。珠海，广东，乃至全中国，在法治国家、法治社会、法治政府的建设方面都取得了重大成果与进步，但是，在立法工作这个上层建筑建设的道路上，没有最好，只有更好。

（撰稿人：陆云婷）

# 第八章 珠海市人民政府2014年度立法观察报告

## 一、珠海市人民政府2014年立法情况

### （一）珠海市人民政府2014年立法概述

2014年，珠海市人民政府共审议通过7件地方政府规章，分别是《珠海市人民政府行政复议规定》《珠海市香洲渔港管理规定》《珠海经济特区横琴新区诚信岛建设促进办法》《珠海市村镇规划建设管理办法》《珠海市国有建设用地使用权出让年限管理规定》《珠海市行政执法争议协调办法》和《珠海市城乡规划监督检查办法》。

### （二）珠海市人民政府2014年立法的具体情况

1.《珠海市人民政府行政复议规定》

为规范行政复议工作，发挥行政复议制度在解决行政争议、化解社会矛盾、建设法治政府中的作用，根据《中华人民共和国行政复议法》《中华人民共和国行政复议法实施条例》以及有关政策规定，结合珠海市实际，2013年11月26日珠海市人民政府八届28次市政府常务会议审议通过了《珠海市人民政府行政复议规定》，自2014年1月13日起施行。

《珠海市人民政府行政复议规定》包括总则、申请与受理、审查与决定、其他规定、附则等5章，共41条。其中，“总则”明确了行政复议委员会的定位、职责和组成；“申请与受理”主要涉及新的行政复议案件受理机制；“审理与决定”主要涉及新的行政复议案件审理模式；“其他规定”包括行政复议文书送达、期间计算、法律责任等内容；“附则”规定了施行日期及配套制度的制定等。《珠海市人民政府行政复议规定》在完善创新行政复议体制和工作机制方面，有许多亮点，具体表现在优化行政复议资源配置；畅通行政复议申请渠道；区分行政复议案件审理程序；引入行政复议委员会议决制和细化行政复议听证制度。

《珠海市人民政府行政复议规定》的颁布实施，在优化珠海市行政复议资源配

置，提高行政复议公信力，强化政府依法解决行政争议能力方面具有重要的意义。[①]

2.《珠海市香洲渔港管理规定》

为加强香洲渔港管理，维护渔港安全和生产秩序，根据有关法律、法规，结合珠海市实际，2013年12月23日珠海市人民政府八届30次市政府常务会议审议通过了《珠海市香洲渔港管理规定》，自2014年2月25日起施行。

《珠海市香洲渔港管理规定》包括总则、功能区划及港池管理、码头管理等4章，共29条。香洲渔港作为一个综合港区，又处于情侣路城市主轴，涉及海事安全、环境卫生等多方面管理工作，需要在属地政府的统一协调指挥下，实施多部门综合管理。为此，《珠海市香洲渔港管理规定》在实际管理分工的基础上，进一步明晰了各部门管理职责，并同时明确香洲区政府作为属地政府的综合管理责任。《珠海市香洲渔港管理规定》还细化管理措施，保障了渔港功能，明确要求市海洋渔业行政主管部门根据香洲渔港实际情况，对港池与码头功能进行合理规划，从而实现控制停泊渔船、停放车辆数量，达到减轻渔港负荷，维护渔港功能的目的。同时，随着渔业安全生产管理的不断加强，香洲渔港在安全管理方面出现了诸如港内渔港子艇控制数量等许多新问题，而《珠海市渔港管理条例》等上位法却没有直接明确管理依据，导致现有管理手段不够、力度不大，需要细化补充渔港安全管理规定。针对这些问题，《珠海市香洲渔港管理规定》作了相应的补充规范，以加大执法力度，确保渔船渔港安全。[②]

3.《珠海经济特区横琴新区诚信岛建设促进办法》

为促进横琴新区政务诚信、商务诚信、社会组织及个人诚信的诚信岛建设，2013年，横琴新区统筹发展委员会进一步明确建设内容，以政务诚信、商务诚信、社会诚信和个人诚信建设为重点，突出建设重点，创新体制机制，珠海市制定了《珠海经济特区横琴新区诚信岛建设促进办法》，并于2014年2月17日珠海市人民政府八届33次市政府常务会议审议通过，自2014年4月28日起施行。

《珠海经济特区横琴新区诚信岛建设促进办法》包括总则、诚信机制建设、政务诚信、商务诚信、社会组织诚信、个人诚信和惩戒措施等8章，共53条。《珠海经济特区横琴新区诚信岛建设促进办法》，具有如下特色：①宣示以政务诚信为引导，商务诚信为主干，个人诚信为基础的社会诚信体系建设，在全国也尚属首例；②将“政务诚信”置于所有主体诚信的首位，凸显横琴新区践行阳光政务的决心和勇气；③在“商务诚信”领域着浓墨、下大力、出实招，进行多层次全方位的规范；④建立了明确的守信激励与失信惩戒机制，并与信用红名单和信用黑名单制度相关联。

---

①珠海市法制局的博客：《〈珠海市人民政府行政复议规定〉颁布实施》，http://blog.sina.com.cn/s/blog_9fe6a0a70101ipxq.html，访问时间：2015年2月27日。

②珠海市法制局的博客：《市政府常务会议审议通过香洲渔港管理规定》，http://blog.sina.com.cn/s/blog_9fe6a0a70101ij4a.html，访问时间：2015年2月27日。

《珠海经济特区横琴新区诚信岛建设促进办法》在具体内容和制度设计上，充分利用横琴自身的天然禀赋与政策优势，借鉴内地其他地区、港澳地区以及国际先进经验，创造出适合横琴本地的制度、措施，对关键领域的关键问题集中攻破，使得亮点更集中，特色更鲜明。①

4.《珠海市村镇规划建设管理办法》

为了加强村镇规划建设管理，改善村镇的生产、生活和环境条件，促进城乡协调发展，根据有关法律、法规，结合珠海市实际，2014年2月17日珠海市人民政府八届33次市政府常务会议审议通过了《珠海市村镇规划建设管理办法》，自2014年8月2日起施行。

《珠海市村镇规划建设管理办法》包括总则、村镇规划的制定和修改、村镇规划的实施、村镇建设管理、村镇环境卫生管理及监督检查、法律责任等7章，共37条。《珠海市村镇规划建设管理办法》规定，编制村镇规划，应按照镇总体规划、镇控制性详细规划、村庄规划分层次进行。在村庄建设方面，应遵循先规划后建设原则，各级人民政府应当加强对村庄规划建设的指导，鼓励适度集中建设村民住宅。农村新建住宅应当在规划的生活自留用地范围内建设，建筑风格应当体现地方特色。《珠海市村镇规划建设管理办法》规定村民宅基地建设工程在工程开工前，应当将工程有关情况告知镇（街道）村居建设管理服务机构。同时还将加强对工程建设事中、事后的监督和管理。《珠海市村镇规划建设管理办法》规定，镇（街道）村居建设管理服务机构负责对村民宅基地建设工程的基础处理方案进行指导。村民宅基地建设工程竣工后，应向镇（街道）村居建设管理服务机构提出验收申请，由城乡规划主管部门进行规划核实，并由区（经济功能区）建设管理部门进行竣工备案。《珠海市村镇规划建设管理办法》规定，镇（街道）村居建设管理服务机构应按月将村民宅基地建设工程施工情况、竣工验收情况报区（经济功能区）建设管理部门登记备案；区（经济功能区）建设管理部门按季度向市城乡规划建设管理部门上报。此外，村镇规划建设管理应当坚持保护生态、集约建设、规模经营、共建共享、防灾减灾的原则。《珠海市村镇规划建设管理办法》设专章对村镇环境保护进行了规定，要求各级人民政府推广村镇生活垃圾分类收集和回收利用，逐步实现垃圾减量化、无害化和资源化。市、区人民政府应当统筹规划建设村镇垃圾处理设施。

5.《珠海市国有建设用地使用权出让年限管理规定》

为了加强珠海市国有建设用地使用权出让年限的管理，根据国家有关法律法规，结合珠海市实际，2014年6月20日珠海市人民政府八届38次市政府常务会议审议通过了《珠海市国有建设用地使用权出让年限管理规定》，自2014年8月22日起施行。

---

①珠海新闻网:《2013年度横琴新区“两建”工作巡礼之一：诚信岛体系建设篇》，http://www.zhnews.net/html/20140105/131737,400747.html，访问时间：2015年2月28日。

《珠海市国有建设用地使用权出让年限管理规定》共6条。《珠海市国有建设用地使用权出让年限管理规定》规定，包括住宅用地等在内的多类用地年限不变，而工业用地最高使用年限由50年减至30年，酒店写字楼用地的年限也从50年减至40年。最高使用年限为30年的工矿仓储和交通运输类用地可以根据实际需要进行延长，最长不得高于50年。

6.《珠海市行政执法争议协调办法》

为了加强行政执法争议协调工作，提升行政执法水平，提高行政效率，促进依法行政，根据《国务院关于加强市县政府依法行政的决定》《广东省行政执法责任制条例》等有关规定，结合珠海市实际，2014年12月26日珠海市人民政府八届48次常务会议审议通过了《珠海市行政执法争议协调办法》，自2015年2月21日起施行。

《珠海市行政执法争议协调办法》共24条。《珠海市行政执法争议协调办法》规定，行政执法争议协调遵循职权法定、权责一致、公平合理、高效便民的原则，以列举的方式列举了7种行政执法部门可以申请行政执法争议协调的情形和4种不适用行政执法争议协调的情形。《珠海市行政执法争议协调办法》规定，政府法制部门受理行政执法争议协调申请后，应当在2个工作日内通知与行政执法争议相关的行政执法部门，政府法制部门办理行政执法争议协调事项，应当在30日内办结；情况复杂，不能在规定期限内完成的，经本部门负责人批准，可以适当延长，并告知申请协调的行政执法部门，但延长期限不超过30日。《珠海市行政执法争议协调办法》规定，政府法制部门对争议协调事项应当分别按不同情况处理，经协调，相关行政执法部门达成一致意见或主要问题达成一致意见的，政府法制部门出具《行政执法协调意见书》，载明协调事项、依据、结果和建议；经协调，相关行政执法部门无法达成一致意见的，政府法制部门提出行政执法争议协调建议，报请同级人民政府批准。经批准后，由政府法制部门出具《行政执法协调意见书》。

《珠海市行政执法争议协调办法》的出台和执行，必将大大加强行政执法争议协调工作，提升行政执法水平，提高行政效率，促进依法行政。

7.《珠海市城乡规划监督检查办法》

为了规范城乡规划监督检查，根据《中华人民共和国城乡规划法》《珠海经济特区城乡规划条例》，结合珠海市实际，2014年12月26日珠海市人民政府八届48次常务会议审议通过了《珠海市城乡规划监督检查办法》，自2015年2月21日起施行。

《珠海市城乡规划监督检查办法》共21条。《珠海市城乡规划监督检查办法》规定，各级人民政府、市城乡规划主管部门、城市管理行政执法部门可采取听取相关单位或个人的报告、调阅或复制相关文件资料、要求相关单位或个人作出书面解释和说明、进入相关现场进行勘查和法律、法规、规章规定可采取的其他方式开展城乡规划监督检查。同时，根据监督检查的对象、目的、要求的不同，城乡规划监督检查的内容也作出不同的规定。值得注意的是，《珠海市城乡规划监督检查办法》还对相关单位和个人的未取得规划许可进行建设的行为和未按照规划许可进行建设的行为以列举的方式进行明晰，使得相关部门对违反城乡规划进行建设的行为能够有法可依，有法必依。

## 二、珠海市人民政府在立法工作中的主要做法和探索

2014年，珠海市人民政府坚持立足珠海市实际情况，结合珠海地方特色，创设良好法制环境，以促进地方的全面发展，其主要做法和探索主要体现在以下几个方面：

### （一）规范行政争议解决机制，促进社会和谐

行政争议解决机制是有关组织或个人为解决行政争议而进行的与行政争议当事人相互作用的过程和方式。随着改革的深入，行政争议数量在我国日益增多，特别是群体性行政争议较为突出，占行政争议的比例增大；涉及城市建设、资源环境、劳动和社会保障等方面的行政争议大量增加，涉及受教育权、劳动权、选举权等复杂的行政争议不断涌现。因此，对于规范相关行政争议的解决机制就显得极其重要。

珠海市为规范行政复议工作，发挥行政复议制度在解决行政争议、化解社会矛盾和建设法治政府中的作用，珠海市人民政府审议通过了《珠海市人民政府行政复议规定》。它为珠海市深入开展行政复议委员会试点工作提供了法制保障和重要内容。《珠海市人民政府行政复议规定》充分吸收司法的形式与程序正义的合理元素，引入行政复议委员会议决制审理案件，并在《行政复议法实施条例》第33条规定的基础上，对行政复议听证程序进行了细化，主要内容涵盖组织听证的责任主体、听证的适用范围、听证参加人以及听证的程序等。通过听证方式公开审理案件，将弥补书面审查缺少当面对质、审理方式不透明的不足，有利于查明案件事实，提高行政复议的透明度和公信力。为加强行政执法争议协调工作，提升行政执法水平，提高行政效率，促进依法行政，珠海市人民政府还特意制定《珠海市行政执法争议协调办法》，双管齐下，力求规范珠海市行政争议解决机制，促进社会和谐。

### （二）强化经济建设的立法引领

珠海市作为中国的经济特区，是外商投资的热点地区之一，现已逐步形成了以高科技为重点的工业体系和综合发展的外向型经济，已有52个国家和地区的客商投资珠海，外商直接投资项目7303项。日本的三菱、三井、伊藤忠、松下、东芝、佳能、日通，美国的埃克森美孚、塞拉尼斯、伟创力，英国的BP公司，德国的戴姆勒克莱斯勒、西门子，法国的家乐福，荷兰的飞利浦等30多家著名跨国公司已落户珠海。为了响应国家“以经济建设为中心”和“充分发挥市场在资源配置中的决定性作用”的号

召，珠海市人民政府加强对珠海市经济建设的立法，以此促进地区经济健康发展。例如，横琴新区经济建设是珠海市近几年经济开发项目的重中之重。为此，珠海市人民政府指导了一系列促进横琴新区经济发展的政府规章。为促进横琴新区政务诚信、商务诚信、社会组织及个人诚信的诚信岛建设，2014年珠海市人民政府通过《珠海经济特区横琴新区诚信岛建设促进办法》的实施，以商务诚信为核心，冀在诚信危机日益严峻的今天，以诚信来推进珠海市经济的进一步发展。曾有专家学者研究表明："诚信危机"是继"腐败问题"之后阻碍中国经济发展的第二因素。在市场的交易行为中，做虚假广告、制假售假、合同欺诈等等屡见不鲜，而在市场主体退出市场时，做假账、搞假破产等也都是避之不及。在经济领域中最明显的，使人最为深受其害的是造假、贩假，但凡是能说出口又有利可图的，几乎都与"假"字有关。经济学的基本理论告诉我们：信用是商业交易的前提，现代商业社会是一个契约社会，市场经济是信用经济，信用是商业伦理的基本要求，是企业竞争力的灵魂，是公平竞争机制的基础。诚实守信能大大降低交易成本，给企业和社会带来巨大的经济效益；反之则会大大提高交易成本，给企业和社会带来重大的损失。信用好的企业将会赢得消费者和投资者，不断发展壮大，信用差的企业则会在市场竞争中被淘汰。[①]珠海作为中国对外开放的先行城市之一，有意识也有责任建立一个诚信的市场交易环境，建立健全政策机制规范，加强诚信教育和发挥其示范作用。珠海市人民政府通过立法的形式，加强诚信方面的法制建设，从而促进了地区经济的发展。

### （三）地方立法注重遵循法制统一原则

社会主义法制统一是我国宪法的一项重要原则，宪法第五条对此作出了具体规定，要求国家维护社会主义法制的统一和尊严。法制统一，是指国家必须制定统一的宪法和法律，并保证它们在全国范围内和全体公民中得到统一的遵守和执行。要想实现国家法制统一，首先得坚持国家立法的统一，如果立法不统一，必然产生政出多门、各行其是的后果。珠海市人民政府在立法的活动中特别注重立法的统一。

为加强村镇规划建设管理，改善村镇的生产、生活和环境条件，促进城乡协调发展，珠海市人民政府制定了《珠海市村镇规划建设管理办法》。《珠海市村镇规划建设管理办法》明确了农村新建住宅的建筑风格应当体现地方特色，并对村民宅基地建房以及农村生态环境保护等内容进行了详细规定，如编制村镇规划，应按照镇总体规划、镇控制性详细规划、村庄规划分层次进行。在村庄建设方面，应遵循先规划后建设原则，各级人民政府应当加强对村庄规划建设的指导，鼓励适度集中建设村民住宅。村镇旧区改建应当保护历史文化遗产和传统风貌，合理确定拆迁和建设规模，配

①黄运磷：《浅议诚信与经济发展的关系》，http://manage.org.cn/article/200411/10055.html，访问时间：2015年3月4日。

套完善基础设施和公共服务设施，增加绿地和公共空间，改善人居环境和市容景观。村镇的规划建设离不开对镇的规划建设用地和村镇的宅基地的规划问题。为进一步明确《珠海市村镇规划建设管理办法》中涉及镇的规划建设用地和村镇的宅基地的规划问题，珠海市人民政府根据珠海市的实际发展情况，制定了《珠海市国有建设用地使用权出让年限管理规定》，住宅用地70年，农、林、牧、渔、苗圃、种养业用地30年，从而使得地方政府立法获得了统一。为加强村民宅基地建设工程的管理和监督，《珠海市村镇规划建设管理办法》规定，村民宅基地建设工程在工程开工前，应当将工程有关情况告知镇（街道）村居建设管理服务机构。同时加强对工程建设事中、事后的监督和管理。随后，珠海市人民政府又出台了《珠海市城乡规划监督检查办法》，使珠海市行政区域内各级人民政府、市城乡规划主管部门、城市管理行政执法部门依法对相关单位和个人进行监督检查，使其遵守城乡规划相关法律、法规，从而将监督检查工作落于实处，而非流于形式。

## （四）地方立法注重以民为本，强化民生立法

“围绕中心、服务大局，与经济发展和改革发展进程相适应，坚持科学立法、民主立法、为民立法”向来是珠海市立法工作贯穿始终的一条清晰脉络。珠海市人民政府在关注经济立法改革的同时，也积极从群众出发，关注珠海市人民的需求，以立法的形式为珠海市人民提供民生的保障。珠海市非常注重在社会民生领域的立法，以解决群众最关心、最直接、最现实的利益问题。早在2009年以前，珠海市人民政府规章的立法工作就从实现“有法可依”转变为提高立法质量，促进法规体系内部的和谐。2014年的政府规章立法中，为加强村镇规划建设管理，改善村镇的生产、生活和环境条件，促进城乡协调发展，根据有关法律、法规，结合本市实际，制定了《珠海市村镇规划建设管理办法》。2005年10月，党的十六届五中全会通过的《中共中央关于制定国民经济和社会发展第十一个五年规划的建议》中指出，“建设社会主义新农村是我国现代化进程中的重大历史任务”，要按照“生产发展、生活宽裕、乡风文明、村容整洁、管理民主”的要求，坚持从各地实际出发，尊重农民意愿，扎实稳步推进新农村建设。这也是可持续发展观中统筹城乡发展战略的重要内容。统筹城乡经济社会发展，是从根本上解决新阶段“三农”问题、全面推进农村小康建设的客观要求，是保持国民经济持续快速健康发展的客观要求，也是新时期实现新跨越的客观要求。《珠海市村镇规划建设管理办法》的公布和实施，有利于解决珠海市经济社会生活中存在的城乡经济社会结构不合理的问题，提高农村居民收入的增幅，拉近城乡居民的收入水平和消费水平，从而扩大内需，促进珠海市经济的持续、快速、健康发展。

关于民生问题的立法，最值得关注的就是《珠海市城乡居民基本养老保险实施办法》的制定和施行。早在2013年年初，国务院总理李克强主持召开国务院常务会议，

就听取关于2013年全国人大代表建议和全国政协委员提案办理工作汇报，决定合并新型农村社会养老保险和城镇居民社会养老保险，建立全国统一的城乡居民基本养老保险制度。建立统一的城乡居民基本养老保险制度，使全体人民公平地享有基本养老保障，是我国经济社会发展的必然要求和推进“新四化”建设的需要，这既有利于促进人口纵向流动、增强社会安全感，也有利于使群众对民生改善有稳定的预期，对于拉动消费、鼓励创新创业，具有重要意义。[①]因此，《珠海市城乡居民基本养老保险实施办法》的出台，是民众最大的心声，也是实现“老有所养、死有所葬”的重要一步。它符合中华民族的传统，既反映了对逝者的尊重，对生者的抚慰和怀念，又体现了尊重生命，尊重人格，坚持以人为本，关注民生，维护社会稳定的基本公平道义。珠海市还相应制定了《珠海市免除户籍居民殡葬基本服务费用实施办法》，直接在殡葬程序上对相关费用进行减免，并以规章的形式规范殡葬服务业，真正解决群众关心的问题。遗憾的是，《珠海市城乡居民基本养老保险实施办法》和《珠海市免除户籍居民殡葬基本服务费用实施办法》都是以珠海市人民政府的规范性文件出台，而不是以政府规章的形式出台的。

### （五）加强官网建设，强化地方政府规章的宣传

洛克在《统治论》中首次提出政府行为公开原则。他认为，权力的实施必须通过明确、公开的法律，只有法律公开人民才能了解自己的义务，遵守法律，社会才能保证统治者不超越限度。[②]在网络时代，政府官网的建设是政府信息公开的重要手段，也是民众获取信息的主要方式，然而，很多省市的网站都存在着“沉睡”状态，即政府网站建设非常滞后或者信息非常杂乱，更甚者形同虚设。随着网民人数的激增，涉足互联网已经不再是少数知识精英的专利，而呈现出迅速普及化、大众化的发展趋势。政府网站作为政务公开的窗口，是老百姓了解政府有关政策和动态信息、实现与政府互动的最快捷渠道。通过网站公开信息，将与政务相关的各种法规制度、政策措施及时公之于众，实现资源沟通与共享。与其他城市相比，珠海市人民政府的官网建设非常用心。整个官网的设计简洁大方、一目了然。关于政府规章的信息整理也非常清晰，发布及时，民众可以很轻松地获得想要寻找的相关的法律信息。在珠海官网，只要将鼠标移至信息公开，就会出现一排的信息栏，单击法规公文，新出现页面的左手边就出现法规公文的选项，有地方法规、政府规章、规范性文件、政策解读和政府公报五个选项。只要点击政府规章，就能看到珠海市人民政府历年的规章，按从新到旧

---

①网易：《国务院：建立城乡统一居民基本养老保险制度》，http://money.163.com/14/0207/18/9KGJP5QG00252C1E.html，2015年3月4日。

②李国际、田强：《知情权的权利属性及其宪法保护》，载《经济与法》2007年第3期。

的时间顺序排列，方便查找，非常方便清晰。政府官网建设是政府信息对外的窗口，也是将权力置于阳光下接受人民群众的检查和监督的有效途径。珠海市人民政府及时将政府立法草案的征集、立法听证的通知、立法的通过和颁布发布到官网上，有助于政府对新法的宣传，也有助于百姓及时获得政府立法的相关信息，既有利于新法的颁布实施，也有利于社会大众的监督检查，从而能及时发现问题，反馈问题和解决问题新法或者旧法面临的问题。

## 三、珠海市人民政府在立法中面临的主要问题

珠海市人民政府在2014年立法工作中取得了一定成果，但是仍然面临着一些不容忽视的问题，具体体现在以下几个方面：

### （一）地方立法创新不够

自1996年3月17日后，全国人大八届四次会议授予珠海以“经济特区立法权”。2000年7月1日《立法法》实施后，珠海获得“较大市立法权”，可以制定地方性法规，经省人大常委会批准后在本市行政区域内施行，珠海从此成为国内拥有两个立法权的为数不多的“特殊城市”。根据全国人大及其常委会的有关授权决定，在遵循宪法的规定以及法律和行政法规基本原则的前提下，经济特区可以根据具体情况和实际需要，制定经济特区法规，在特区实施。由于较大市立法须严格遵循不相抵触原则，不具有特区授权立法所享有的灵活权限，因此，“经济特区立法权”与“较大市立法权”相比，更加体现了珠海在地方立法方面拥有更多的主动性、能动性和创造性，也更加有利于珠海作为经济特区在经济领域的立法。然而，受特区范围、两个立法权不同特点等条件限制，珠海市所拥有的宝贵立法权资源并未得到充分有效利用，在行使两个立法权过程中存在犹豫和反复现象。突出表现在立法工作中行使较大市立法权较多，行使经济特区立法权较少，因而在使用较大市立法权的时候，难免会受到上级法律法规的限制。2014年珠海市人民政府通过的7项政府规章中，除了《珠海经济特区横琴新区诚信岛建设促进办法》涉及经济特区的立法，其他6项立法都是较大市立法权的使用。应当说，这个成绩与中央赋予经济特区立法权的初衷和珠海市民的期待还有较大差距。[①]在其他6件通过的政府规章中，其规章立法都是根据或参考上级的重大立法，如《珠海市行政执法争议协调办法》的制定，就根据《国务院关于加强市县政府依法行政的决定》《广东省行政执法责任制条例》等有关规定制定而成，非常容易落入不断重复上位法的困局，无法实现立法上的创新。

①王先东：《关于用好用足珠海经济特区立法权的思考》，http://blog.sina.com.cn/s/blog_6b98374e010168kk.html，访问时间：2015年3月5日。

## （二）地方立法的科学性不足

各地的立法实践表明，没有科学完整的立法规划，不从长远打算构建完整的法制体系，其最大缺陷就是头痛医头，脚痛医脚，不能真正解决改革发展中的难题，有时立法可能使问题变得更加复杂。在过去的立法工作中，珠海市一般都有年度立法计划，并且较为细致，但是，仅仅有年度立法计划是不够的。在新的历史条件和机遇面前，珠海必须着眼未来和长远，谋定而后动，把握改革发展的制高点和主动权。据了解，目前珠海市立法机关尚未制定立法规划，而且年度立法规划主要由各个部门提出后汇总，欠缺科学性、系统性和完整性，立法机关较少主动提出立法动议。上述情况的出现的主要原因：一是经济特区立法权的具体权限不明确。中央只是以决议的形式赋予经济特区以立法权，仅仅规定了经济特区立法须遵循的原则，但是对于特区立法的限度则未作出明确的说明。《立法法》虽然规定特区立法可以对国家立法作出变通性规定，但是对于如何变通，亦未作出明确的解释。这就给特区立法机关的工作带来了困惑，影响了特区立法的进程和效率。二是经济特区的面积和市的行政区的面积不吻合。珠海经济特区成立时，特区面积仅有6.8平方公里，以后历经多次调整，直到珠海经济特区成立30周年之时特区面积才扩大到全市。考虑立法项目时，立法机关往往会倾向于选择适用范围更广的较大市立法权而少用适用范围较小的特区立法权，造成特区立法权的功能未能有效发挥。三是城市定位长期不清晰，城市的发展战略摇摆不定。这种情况在立法上体现为立法的主动性、创造性不足，立法的进程较慢，从而导致地方立法权的效用大打折扣。

## （三）地方立法的民主性有待加强

立法的科学性和民主性是立法的灵魂，只有不断增强立法的科学性和民主性，才能确保立法的质量。珠海市立法机关在科学立法、民主立法方面采取了许多措施，保证了一批高质量法规的出台，但是，影响立法质量的一些因素仍然存在，部门立法和闭门造车的现象仍然比较严重。珠海市大多数立法项目的提出及法规文本的起草者是市政府及其相关职能部门。政府作为行政主体，在大多数情况下是法规调整关系的一方当事人。受立场和角度的限制，在起草法规文本时往往会对自身的利益考虑多，对社会公众的意见考虑少，很少公开甚至不公开所起草的法律文本。对于法律文本中一些涉及民众利益或潜在的矛盾，如果人大在审议时没有注意到，法规通过后就会造成比较被动的局面，因此，政府在制定政府规章时，一定要增强立法的科学性和民主性，提高立法质量。随着网络的快速发展，立法机构加强网络办公，在立法起草的民意收集上也通常采用政府网站发布立法听证会的公告的形式来征求广大民众的意见。

然而在2014年政府规章的制定中，只有《珠海经济特区养犬管理条例（草案）》是法制局通过在市政府和市法制局门户网站上发布立法听证会公告来征集意见的，有21名听证参加人参加了听证会，而其他政府规章起草制定都只是在政府官网上发布征求意见的通知，很少以听证会的形式来展开民意调查。可见，由于经济成本以及其他各方面的原因，珠海市人民政府对于立法中的民主性还有待加强。

### （四）地方立法力量相对薄弱

用好用足特区立法权离不开良好的立法联动机制。长期以来，地方立法对行政机关的依赖程度较高，人大及其常委会对立法全程的主导作用并未得到充分的发挥。由人大及其常委会主导起草的法规较少，绝大多数法规文本的起草者是政府职能部门，党委、政府、政协及社会其他主体的配合不够紧密，未形成良好的立法联动机制。这样的情况在最近几年的时间内可能都无法改变，只能寄希望于政府发挥其应该承担的立法责任，制定出高质量高水平的政府规章。用好用足立法权离不开高素质的法律人才队伍，但珠海市立法机构不够健全，专业立法人员编制少，特别是具有全局眼光、战略思维、熟悉经济社会情况的高层次立法人才更是缺乏。现有立法人员疲于应付日常工作，既无法深入基层了解立法需求，也难以摆脱具体项目进行宏观层面的理性思考。在政府的相关部门中，除了珠海市法制局集中了立法相关人才，如法制局局长王智斌（法学博士），法制局调研员杨静辉（法学学士），法制局副局长彭炳志（法学专业）等之外，其他政府部门的法学教授和法学博士等高素质法律人才较少，具有法律实务经验的法律人才在政府其他法制部门的比例还是偏低，优秀的法律人才包括律师没有通道进入立法机关和法制部门。还有一些政府重要职能部门目前还没有设置法制机构，也没有配备法律人才。

## 四、珠海市人民政府在立法工作中的建议

根据党的十八大四中全会《决定》的立法精神和时代发展的要求，针对珠海市人民政府在2014年立法活动中的不足，我们特提出以下建议：

### （一）用好用足经济特区立法权，加强重点领域立法

面对珠海市人民政府立法权使用不充分的问题，珠海市人民政府应当进一步解放思想，发挥政府立法在促进体制创新和增强特区发展后劲方面的作用。利用经济特区立法权制定法规，其特点是在不与宪法相抵触、不和法律和行政法规原则相抵触的前提下，可以做适当的变通，而且由经济特区人大自行通过即生效。用较大市立法权制定的法规则需报请省人大常委会批准，法规内容不得有任何变通，不得与宪法、法律、行政法规和广东省的地方性法规相抵触，法规适用于全市范围。经济特区范围扩大到全市后，珠海“一市两法”的状况根本消除，特区经济立法权将为珠海实现东西部经济社会和各项事业协调发展创造条件，也有利于珠海利用经济特区立法权进行体制和机制的创新，推动改革进程，巩固改革成果。从某种意义上说，经济特区立法权体现为变通权、试验权和创新权。需要指出的是，大特区时代的到来并不意味着较大

市立法权价值的消失。较大市立法权虽然不能变通，但在进行法规配套方面具有独特的功能，而且较大市立法能得到省人大的支持，在法律实施方面亦有一定的优势，因此，新形势下合理配置两个立法权资源是立法机关应该重点研究和解决的问题。珠海一定要进一步解放思想，重拾珠海敢为人先的精神，用好用足经济特区立法权，以立法促创新，以创新促发展，从而实现把珠海建成宜居、宜业、宜游，具有实力、充满活力、富有魅力的理想之城、幸福之城的目标。同时，珠海市人民政府要用好用足地方立法权，必须根据轻重缓急，把握立法重点领域，突破立法难点领域，通过十年甚至数十年努力，构建具有珠海特色的地方法规体系。当前及今后一段时期，建议珠海市人民政府重点抓好以下几个方面的立法：区域经济发展立法、产业整合升级立法、生态环境保护立法、人口和民生立法和教育文化事业立法，即在保持和提升良好的城市形象上下工夫，从规划、环保土地、人口、道路交通五个城市管理方面基础性法规，将经济特区在城市建设管理方面的成功经验以法的形式固定下来，为促进资源、人口、环境与经济的协调发展提供立法保障。

### （二）统筹兼顾，制定科学的地方立法规划

针对上文所提到的珠海市人民政府立法科学性不足的问题，其中一个原因是经济特区的面积和市的行政区的面积不吻合。自2010年8月26日起，经国务院批准，珠海经济特区从2010年10月1日起范围扩大到珠海全市。这意味着珠海结束了长期制约发展的“一市两法”问题，即受特区范围的限制，经济特区立法不能在全市普遍适用。这是国家对经济特区寄予的厚望。珠海经济特区经过30年的创业和发展，再次迎来新的历史机遇。目前，珠海的发展战略已非常清晰，城市定位也十分准确，不仅得到中央、省的肯定，也得到广大市民的认同，因此必须突出立法工作的先导和支撑作用，增强使命感、责任感和紧迫感，立足长远，谋划全局，统筹兼顾，脚踏实地，按照国家、省和珠海市的规划，抓紧做好未来三十年的立法规划，并将其分为若干阶段，分解为与人大任期相一致的十年规划、五年计划和年度计划。要建立立法责任制，确保规划的推进和实施。要进一步适应珠海城市发展生态化、体制改革市场化、对外交往国际化、社会管理法制化、政治生活民主化的时代潮流，以科学的立法规划引领立法工作，通过特区立法权逐步建立起与国家法律体系协调配套、与国际条约和国际惯例相接轨，适应珠海加快改革开放和经济社会发展需要的较完备的特区法制体系，继续为国家立法提供重要参考和借鉴，成为全国特区立法和地方立法的楷模。

### （三）增强地方立法的科学性和民主性，提高地方立法质量

深入推进科学立法、民主立法是《决定》的要求。《决定》指出，深入推进科学立法、民主立法，需要健全立法机关和社会公众沟通机制，开展立法协商，充分发挥政

协委员、民主党派、工商联、无党派人士、人民团体、社会组织在立法协商中的作用，探索建立有关国家机关、社会团体、专家学者等对立法中涉及的重大利益调整论证咨询机制。拓宽公民有序参与立法途径，健全法律法规规章草案公开征求意见和公众意见采纳情况反馈机制，广泛凝聚社会共识。对此，相关业内人士提出以下三点借鉴建议：第一，建立法规草案招投标制度。按照立法规划的要求，根据立法项目，分别由市政府及职能部门通过公开程序发布立法草案招投标公告，吸引立法研究机构、大专院校和律师等高素质法律人才参与立法项目，确保法规起草的科学性、客观性、公正性。第二，建立立法听证制度，广纳谏言。在法规起草完成后，向社会公布法规草案，由人大相关职能部门组织立法听证，选择社会各界代表人士和法律专业人士参与听证，广泛听取各方面的意见。第三，建立立法辩论制度，使立法听证落到实处，避免其程序化、形式化。立法的起草者要接受人大代表和参与立法听证的社会各界人士的询问，各方可针对具体立法事项和立法条文展开辩论，做到立法的充分民主和公开。

### （四）强化政府立法监督，加强地方政府立法队伍建设

针对地方法制建设中普遍存在的地方政府主导地方立法的现状，更应该强化对行政权力的制约和监督，尤其是加强对政府立法的监督。比如加强党内监督、人大监督、民主监督、行政监督、司法监督、审计监督、社会监督、舆论监督等制度建设，努力形成科学有效的权力运行制约和监督体系，增强监督合力和实效。珠海市人民政府还应该依法全面履行政府职能，完善行政组织和行政程序法律制度，推进机构、职能、权限、程序、责任法定化。政府机关要坚持法定职责必须为、法无授权不可为，勇于负责、敢于担当，坚决纠正不作为、乱作为，坚决克服懒政、怠政，坚决惩处失职、渎职。政府不得法外设定权力，没有法律法规依据不得作出减损公民、法人和其他组织合法权益或者增加其义务的决定。同时还要健全依法决策机制。把公众参与、专家论证、风险评估、合法性审查、集体讨论决定确定为重大行政决策法定程序，确保决策制度科学、程序正当、过程公开、责任明确。建立行政机关内部重大决策合法性审查机制，未经合法性审查或经审查不合法的，不得提交讨论。积极推行政府法律顾问制度，建立政府法制机构人员为主体、吸收专家和律师参加的法律顾问队伍，保证法律顾问在制定重大行政决策、推进依法行政中发挥积极作用。对于珠海市立法中的问题，要充实高素质法律人才，壮大立法人才队伍。政府各职能部门要采取措施用良好的政策吸引人才，用优厚的待遇留住人才，用美好的事业为人才提供施展才华的舞台。要逐步加大政府部门中法律专业人士的比例，为他们参政议政搭建平台，充分发挥他们的专长，为珠海市的立法工作服务。

（撰稿人：陆云婷）

# 第五编　汕头市地方立法年度观察报告（2014）

著名侨乡汕头，位于广东省东部，韩江三角洲南端，是中国南方重要港口城市、沿海开放城市、中国最早开放的经济特区、海西经济区重要组成部分，也是北回归线与中国海岸线唯一相交的城市，素有“岭东门户、华南要冲、海滨邹鲁、美食之乡”的美称。汕头于1860年开埠，是中国内地唯一一个中心城区拥有内海的城市。曾被恩格斯誉为中国“唯一有一点商业意义的口岸”。全市总面积2064平方公里，人口524.11万人。其中市区1956.4平方公里，人口516.74万人。辖金平、龙湖、澄海、濠江、潮阳、潮南六个区和南澳县。①为使经济特区的建设顺利进行，使特区的经济管理充分适应工作需要，更有效地发挥经济特区的作用，1996年3月八届全国人大四次会议通过《关于授权汕头市和珠海市人大及其常委会、人民政府分别制定法规和规章在各自的经济特区实施的决定》，授权汕头市人大及其常委会根据具体情况和实际需要，遵循宪法以及法律和行政法规的基本原则，制定地方性法规，在汕头经济特区实施，并报全国人大常委会、国务院和广东省人大常委会备案。2000年7月1日《立法法》实施后，汕头获得“较大市立法权”。从此汕头成为国内拥有两个立法权的为数不多的特区城市。

2014年11月至2015年3月，我们对汕头市人大常委会及汕头市人民政府2014年度立法情况进行了调查、评测，形成如下观察报告。

①百度百科：“汕头”，http://baike.baidu.com/link?url=epoDGSLwJFCneGaMRPgKg2lJlJH1qPsMwrjlZ7lEcNqzD5LzKcLlC6yTxDnUwDYXtCJvwhabWuaIwL6AdUi_xlvGD6FWTo5NJ_Ufm6HZKOfkGCwDPviLSr5nYhBNSTvB2UEUU1otT6vH_HG_t_2mROa8a4hisevoKO6BguyEqC7，访问时间：2015年3月7日。

# 第九章　汕头市人大常委会2014年度立法观察报告

## 一、汕头市人大常委会2014年立法的基本情况

### （一）汕头市人大常委会2014年立法概述

2014年，汕头市人大常委会审议地方性法规8件，其中通过地方性法规6件即《汕头经济特区社会工作者条例》《汕头经济特区城乡规划条例》《汕头经济特区房屋安全管理条例》《汕头经济特区村务公开条例》《汕头经济特区小公园开埠区保护条例》和《汕头经济特区募捐条例》。同时，汕头市人大常委会对地方性法规进行清理，废止了1997年8月26日广东省汕头市第九届人民代表大会常务委员会第36次会议通过的《汕头经济特区城市规划条例》。

### （二）汕头市人大常委会2014年立法的具体情况

1.《汕头经济特区社会工作者条例》

为了提升社会工作专业水平和服务质量，推进社会工作专业人才和队伍建设，促进社会工作健康发展，根据有关法律、法规，结合汕头经济特区实际，2014年12月29日，汕头市第十三届人民代表大会常务委员会第28次会议通过了《汕头经济特区社会工作者条例》，自2015年3月1日起施行。

《汕头经济特区社会工作者条例》包括总则、社会工作者、社会工作服务机构、社会工作服务、社会工作者协会、保障与支持、法律责任、附则等8章，共54条。条例的主要内容：一是对社会工作者在证书登记、教育培训、薪酬待遇以及权利义务等方面进行规范；二是对社会工作服务机构在申请条件、服务领域、规范管理、信息披露、公益服务、投诉渠道等方面提出要求；三是对社会工作服务从多个方面予以规范以及规定了相关的激励保障措施。它通过规范社会工作者的社会服务，发挥社会工作的保障服务功能，促进社会工作健康有序发展。

2.《汕头经济特区城乡规划条例》

为了科学制定和管理城乡规划，协调城乡空间布局，改善人居环境，促进城乡经济社会全面协调可持续发展，根据《中华人民共和国城乡规划法》等法律、行政法规

的基本原则，结合汕头经济特区实际，2014年10月29日，汕头市第十三届人民代表大会常务委员会第27次会议通过了《汕头经济特区城乡规划条例》，自2014年12月1日起施行。同时，1997年8月26日广东省汕头市第九届人民代表大会常务委员会第36次会议通过的《汕头经济特区城市规划条例》废止。

《汕头经济特区城乡规划条例》共包括总则、城乡规划的制定和修改、城乡规划的实施、监督检查、法律责任和附则等6章，共109条。它的主要内容包括：一是规定了立法目的、适用范围、规划委员会制度、城乡规划的原则要求、管理体制和执法体制等内容。二是规定了城乡规划的制定和修改，规定了各类城乡规划的制定修改程序、社会参与制度。三是规定了城乡规划的实施，以及对规划实施作了一般规定，对建设项目规划选址、建设用地规划、建设工程规划、临时建设规划、村庄建设规划作了专门规定。四是监督检查，规定人大监督、政府及其相关部门监督等制度。五是在城乡规划的制定和修改、城乡规划的实施、监督检查和法律责任等方面，对城乡规划法进行了一系列细化和补充，创设了一些新的制度，建立了符合本市实际的规划管理体制和执法体制，强化规划严肃性，推进阳光规划，保障公民参与，加强了农村地区的规划管理，加强监督检查，加大对违法建设处罚力度，为建设美丽汕头提供有力保障。①

3.《汕头经济特区房屋安全管理条例》

为了加强房屋安全管理，保障房屋居住和使用安全，保障人身和财产安全，维护公共安全和公众利益，根据有关法律、法规的基本原则，结合汕头经济特区实际，2014年8月28日，汕头市第十三届人民代表大会常务委员会第26次会议通过了《汕头经济特区房屋安全管理条例》，自2014年10月1日起施行。

《汕头经济特区房屋安全管理条例》包括总则、房屋使用安全管理、房屋安全鉴定、危险房屋治理、应急抢险、法律责任、附则等7章，共57条。明确了房屋安全的管理机构、责任主体、房屋安全鉴定、房屋的应急抢险等，并为保障房屋安全设定相关义务，如规定：禁止擅自拆改房屋承重墙、剪力墙、梁柱、楼板、基础结构，禁止超过设计标准增加房屋使用荷载，禁止擅自在房屋楼面结构层开凿或者扩大洞口，禁止擅自在房屋外立面、顶层搭建建筑物、构筑物等。同时还规定学校、医院、体育场馆、娱乐场所、商场、宾馆、酒楼、写字楼、生产车间、车站、码头、机场等人员密集场所的房屋安全责任人，应当定期或者不定期进行房屋安全检查，发现安全隐患的，及时进行鉴定和治理。房屋安全管理涉及千家万户，与人民群众生命财产安全和公共安全关系密切。

①吴小云：《城乡统筹　精致发展　为建设美丽汕头提供有力保障——汕头市人大法制委主任委员吴小云就〈汕头经济特区城乡规划条例〉答记者问》，载《汕头日报》，2014年11月28日。

4.《汕头经济特区村务公开条例》

为了加强农村基层民主建设，保障村民对村务的民主决策、民主管理、民主监督，推进村民自治，促进农村经济发展和社会进步，根据《中华人民共和国村民委员会组织法》等法律、行政法规的基本原则，结合汕头经济特区实际，2014年4月24日，汕头市第十三届人民代表大会常务委员会第23次会议通过《汕头经济特区村务公开条例》，自2014年7月1日起施行。

《汕头经济特区村务公开条例》共设总则、内容与程序、监督与保障、法律责任、附则等5章，共27条。《汕头经济特区村务公开条例》有以下几个主要特点：一是加强城乡统筹，积极关注民生，明确规定城市、镇规划区范围以外的农村房屋安全管理参照本条例执行。二是条例强调了政府的主导作用和房屋安全管理属地管理的原则，明确规定了市、县（市）区人民政府应当建立由房屋安全行政管理部门、相关管理部门、街道和社区居民委员会组成的房屋安全监管网络，通过管理网络共同做好房屋安全的监督管理工作。三是条例分层次设定了房屋安全责任人，并分别对建设、设计、施工、监理等单位及房屋所有权人、使用人等各个主体的安全管理责任进行了明确规定。四是在目前国家对房屋安全鉴定单位资质管理、从业人员执业资格尚无明确规定的情况下，条例对房屋安全鉴定单位及从业人员管理依法设立了相应的管理制度，保证安全鉴定公正科学有效，为与上位法相衔接预留了制度通道，体现了立法的前瞻性。五是为保护人民群众生命财产安全，体现政府“以人为本”和“敢于担当”，第五章专门对房屋安全应急抢险问题作出了规定。①

5.《汕头经济特区小公园开埠区保护条例》

为了加强小公园开埠区的保护和管理，继承和弘扬优秀历史文化，推进区内建筑物的合理利用，激活街区活力，促进城市建设和历史文化的协调发展，根据有关法律、行政法规的基本原则，结合汕头经济特区实际，2014年4月24日，汕头市第十三届人民代表大会常务委员会第23次会议通过了《汕头经济特区小公园开埠区保护条例》，自2014年6月1日起施行。

《汕头经济特区小公园开埠区保护条例》共设总则、保护和利用、维护和修缮、法律责任、附则等5章，共59条。主要内容：一是鼓励单位和个人以投资、捐赠、提供志愿服务等形式参与开埠区的保护工作。二是明确了历史建筑条件开埠区内建成50年以上并具有下列条件之一的建（构）筑物，可以确定为历史建筑，包括：建筑样式、施工工艺和工程技术具有建筑艺术特色和科学研究价值；反映潮汕地域建筑文化特点；著名建筑师的代表作品；具有代表性的作坊、商铺、酒楼、旅社、戏院、厂房和仓库等；其他具有历史文化意义的建（构）筑物。三是规定保护利用范围。

①汕头市房产管理局：《〈汕头经济特区房屋安全管理条例〉政策解读》，http://www.stfcj.gov.cn/stweb/xxlr1.asp?ID=3711，访问时间：2015年1月28日。

6.《汕头经济特区募捐条例》

为了鼓励捐赠，规范募捐活动，保护捐赠人、受益人和募捐组织合法权益，促进公益事业的发展，根据有关法律、法规的基本原则，结合汕头经济特区实际，2014年4月24日，汕头市第十三届人民代表大会常务委员会第23次会议通过《汕头经济特区募捐条例》，自2014年8月1日起施行。

《汕头经济特区募捐条例》遵循“主体法定、活动备案、行为规范、信息公开、政府监管”的基本思路，共设6章50条，包括总则、募捐活动、募捐财产的管理和使用、监督管理、法律责任和附则6部分，针对社会普遍关注的募捐主体资格不明确、募捐程序不规范、募捐财产管理使用不透明、公开承诺募捐事后不兑现等热点问题，一一作出了相应的规范。其特点主要体现在以下几个方面：一是扩大了募捐主体的范围，赋予一定资质的民间慈善组织募捐主体的法定资格，有效调动民间慈善力量。二是加强募捐活动的透明度，在募捐活动的各个环节要求募捐信息公开，为实行阳光募捐提供制度保障。三是规范募捐行为，明确了募捐活动的备案程序以及募捐书面协议的相关内容，从严控制募捐活动的工作成本和剩余募捐财产的处理，从而提高募捐活动的社会公信力。四是加大了对募捐活动监督管理的力度，根据募捐监督管理工作的需要，借鉴外地经验并总结特区多年来募捐工作的实践，就募捐的监督管理的内容单独作为一章作了详细规定。五是强化了募捐法律责任，既规定了相关行政管理部门和工作人员的责任要求，同时也对募捐组织以及募捐组织以外的其他单位和个人违反相关规定所需承担的法律责任作了明确，进一步加大了处罚的力度。①

## 二、汕头市人大常委会在立法工作中的主要做法和探索

汕头市人大常委会围绕中心，服务大局，积极探索，开拓创新，在重点领域立法上突破，在重大民生问题上着力，坚持科学立法，拓展民主立法，不断提高立法质量，全年市人大常委会审议地方性法规 8件，通过地方性法规6件，立法工作取得新的成效，较好地发挥了立法创新、引领和推动作用，有力地促进了汕头经济社会健康发展。

### （一）地方立法促进城市规划建设和历史建筑保护

随着经济发展，城市化进程加快，历史建筑保护与城乡建设发展之间的关系日益突出。汕头市人大常委会2014年制定的《汕头经济特区小公园开埠区保护条例》和《汕头经济特区城乡规划条例》为促进城乡建设和保护历史建筑提供了法制保障。

城乡规划是各级政府统筹安排空间布局和各项建设，保护和合理利用资源，引

---

①吴小云：《解读〈汕头经济特区募捐条例〉》，http://st.southcn.com/s/2014-07/31/content_105598416.htm，访问时间：2015年1月28日。

导和促进经济社会全面协调可持续发展的重要依据。《汕头经济特区城乡规划条例》体现了三大立法特色：一是坚持城乡统筹，体现地方特质。按照统筹城乡发展要求，紧扣特区范围已扩大到全市的现实与形势，要求制定、修改、实施和监督检查城乡规划，以及在规划区内进行建设活动，应当遵守《汕头经济特区城乡规划条例》。将城镇、村庄都纳入规划管理范围，有利于协调城乡空间布局，统筹城乡发展，促进我市城乡经济社会全面协调可持续发展。制定和实施城乡规划的原则要求既体现了汕头城乡规划的特质要求，也符合汕头特区的中心城市功能定位和发展需要。二是坚持以人为本，维护群众利益。始终把维护好实现好人民群众切身利益作为制度设计的出发点和落脚点。规定沿海道路的临海一侧应当作为重点地段进行规划管理。除规划确定的港口、码头、船坞、自然保护区之外，沿海道路的临海一侧只能建设道路基础设施、市政公用设施、旅游设施和公园、绿地，并控制建筑高度和建设容量，对公众开放。三是坚持立法导向，解决实际问题。制定和修改城乡规划是城乡规划管理最重要的基础性工作，《汕头经济特区城乡规划条例》在这方面针对重点问题予以补充、完善和细化。此外，还对采取查封施工现场、强制拆除作了明确要求。这些规定不仅给行政机关执法提供了标准尺度，也为社会各界和人民群众监督规划执法提供了强有力的法律武器。

小公园开埠区是汕头重要的地方文化遗产，以其独特的建筑风格、街道特色和曾经浓郁的商业氛围，成为汕头“百年商埠”个性魅力的载体。目前小公园片区的建筑物倒塌毁坏现象严重，亟待进行改造和保护。市人大常委会充分发挥立法权优势，在充分调研和论证的基础上，2014年制定了《汕头经济特区小公园开埠区保护条例》，明确界定了开埠区保护范围以及明确了市区两级政府的相应职责；规范小公园开埠区保护资金的来源和使用范围，提高资金公开的透明度；建立起表彰奖励制度，规定了预先保护措施，对相关的违法行为设置了法律责任。它的实施为加强小公园开埠区的保护和管理，激活街区活力，促进城市建设和历史文化的协调发展起到积极作用。在近几年的市两会上，不少市人大代表就小公园开埠区的保育活化问题提出不少建议，如今针对开埠区保护的立法条例出台，让代表们颇为欣慰。市人大代表黄晓雯认为，小公园历史文化街区是汕头的象征，不少建筑体现了外来文化和本地文化的结合。近几年市委市政府对小公园开埠区的保护十分重视，想方设法保育活化，市人大常委会利用特区立法权，用法律形式规定了开埠区的保护和利用，使得保育工作有法可依。相信随着条例的实施，小公园开埠区将会得到很好的保护和利用，其魅力也将历久而弥新。[①]

---

①汕头日报：《促进城市建设历史文化协调发展 小公园开埠区保护有法可依》，http://www.stdaily.com.cn/html/2014-04/25/content_520576.htm，访问时间：2015年1月28日。

### （二）地方立法引领社会管理工作改革创新

汕头市人大常委会高度重视社会领域立法，充分发挥立法权优势，积极推动社会管理创新，促进社会管理从传统的行政管理为主，向行政管理、社会自治、公众参与“三位一体”转变。为更好地规范我市的募捐活动，充分发掘、调集更多的民间资源用于公益事业，汕头市人大常委会2014年创新性地制定了《汕头经济特区募捐条例》，通过立法解决本地问题、固化地方特色的成功范例。汕头是著名侨乡，乐善好施是潮汕人的传统美德，海内外的侨胞、企业家、成功人士事业有成之后都热衷造福乡梓、回报家乡。近年来，汕头市结合“广东扶贫济困日”活动，积极开展募捐工作，捐款数额达28亿元，居全省前列，但随着募捐工作不断引向深入，募捐主体资格不明确、募捐程序不规范、募捐财产管理使用不透明、公开承诺募捐事后不兑现等问题日益凸显。为规范社会募捐行为，促进慈善事业健康发展，汕头及时出台了募捐条例，解决了募捐领域无法可依的问题，为实现汕头市委、市政府确立的弘扬潮汕慈善文化、打造现代慈善之都的工作目标提供了法制保障。

坚持搞好制度配套，确保制度实效。《汕头经济特区募捐条例》出台后，市民政局及时配套出台《募捐活动备案实施办法》和《关于捐建公益工程项目价值认定的工作指引》，保护了捐赠人、受赠人、使用人和受益人的合法权益。《汕头经济特区社会组织登记管理办法》出台后，市民政局陆续推出《关于进一步加强社会组织监管工作的意见》《汕头市具备承接政府职能转移和购买服务资质的社会组织目录管理办法》和《汕头市民政局非公募基金会登记管理办法》等一系列配套政策，从登记、监管、评估等各方面，构建了一个有利于社会组织健康发展的制度体系。①

汕头市人大常委会制定的《汕头经济特区社会工作者条例》，具体包括社会工作者、社会工作服务机构、社会工作服务、社会工作者协会、保障和支持、法律责任等部分，对公众关注的诸多焦点予以规范。对社会工作者，《汕头经济特区社会工作者条例》从专业资格、证书登记、教育培训、薪酬待遇以及权利义务等方面进行规范，提高其工作水平和行业准则，促使其向专业化、职业化转变。在规范管理社会工作服务机构方面，《汕头经济特区社会工作者条例》从社会工作服务机构的申请条件、服务领域、服务准则、规范管理、信息披露、公益服务、档案制度、投诉渠道等方面均将作出明确要求，旨在加强社会工作服务机构的能力建设，提高社会服务水平和质量。为了促进社会工作的职业化和专业化，《汕头经济特区社会工作者条例》还规定有关社会工作的激励保障措施，如建立社会工作者岗位津贴制度，规定社会工作服务机构可以依法享受税收优惠政策等。社工立法的主要目的：一是以此推进特区社会工

①汕头日报：《用法律解决实际工作问题　我市在推动民政立法中注重可执行性》，http://www.stdaily.com.cn/html/2014-11/12/content_575372.htm，访问时间：2015年1月28日。

作专业人才和队伍建设，促进社会工作健康有序发展；二是推进社会组织承接政府职能转移和购买社会服务，加快政府职能转变，建设服务型政府；三是推进特区民政工作改革创新，提升特区社会工作服务专业水平和服务质量。①

## （三）地方立法保障民生民安和公民各项权利

良法是善治的前提，汕头市人大常委会通过立法充分保障公民人身权、财产权、基本政治权利等各项权利不受侵犯，不断促进民生事业发展。如房屋安全涉及千家万户，为切实保障人民生命财产安全和公共安全，进一步明确房屋所有人、使用人以及相关各方的权利义务，强化政府职责。

汕头是百载商埠，市老城区存在一定规模的具有上百年历史的老建筑，其中不少是危房，加上受台风影响，房屋安全隐患问题突出。另一方面，随着经济的发展，在房屋使用中过度装修、擅自改变使用功能，擅自拆除或者破坏房屋主体结构、加层改建增大荷载等危害房屋安全的现象也大量存在。目前，市房屋安全管理还存在着“重建设轻管理”的倾向，至今仍缺乏一套科学、完善的安全管理制度，造成实践中主体不明、责任不清、疏于管理等现象长期存在。②为此，《汕头经济特区房屋安全管理条例》从多个方面进行制度创新，一是明晰政府职责，规定房屋安全管理实行属地化管理原则，通过管理网络做好监管工作；二是分层次设定了房屋安全责任人的责任；三是对房屋安全鉴定单位及从业人员设立相应管理制度；四是规范房屋安全的应急抢险问题。该条例的制订符合我市房屋安全管理实际的法规，明确了责任主体，健全了管理体制。对于加强保障公民房屋居住和使用安全，维护公共安全和公众利益做出了重要贡献。

在民生立法上，汕头市人大常委会重视民主政治法治化建设。通过立法完善和发展基层民主制度，依法推进基层民主，实行自我管理、自我服务、自我教育、自我监督。村务公开，是农村基层民主政治建设的基础性工作。汕头市农业人口约占全市人口的70%。近年来，汕头市坚持把加强村（居）务公开民主管理工作作为加强基层廉政建设、扩大基层民主、保障村（居）民自治的重要举措来抓，围绕实现村（居）管理制度化、运作规范化、决策科学化、监督民主化的目标，从健全组织领导、完善工作制度、规范运作程序、加强督促检查等方面抓落实，积极推进村（居）务公开民主

---

①汕头日报：《推动社工专业化职业化　我市抓紧制订〈汕头经济特区社会工作者条例〉》，http://www.stdaily.com.cn/html/2014-11/27/content_579231.htm，访问时间：2015年1月28日。

②汕头都市报：《汕头将立法加强房屋安全管理　擅自在房屋顶层搭建等被禁止》，http://www.stcd.com.cn/html/2014-04/26/content_520789.htm，访问时间：2015年1月28日。

管理工作的规范化、制度化发展。[①]

为了建立和完善村务公开的监督机制，更好地保障村民的知情权和监督权，《汕头经济特区村务公开条例》规定了各级政府对村务公开实行检查、考评、奖惩和培训制度，将村务公开工作实施情况纳入区（县）、镇人民政府（街道办事处）年终考核内容和领导政绩考核指标，作为推进村务公开工作落实的重要工作抓手；规定村应当成立村务监督委员会，并明确村务监督委员会对村务公开的具体监督职责以及村务监督委员会成员的组成、任期和任职素质及能力，确保村务监督委员会依法履行职责；强化了村民群众的监督，规定村民对村务公开的内容有意见的，可以向村务监督委员会或者村民委员会投诉，村民委员会对村民或者村务监督委员会反映的情况，应当及时进行调查，确有内容遗漏或者不真实的，村民委员会应当及时纠正并重新公布；规定了村民委员会应当健全村务公开档案管理制度，依法建立本村村务公开档案，并统一妥善保管。《汕头经济特区村务公开条例》的颁布，标志着汕头市村务公开工作正式上升为地方性法规，纳入法制化、规范化管理的轨道。

### （四）坚持科学立法、民主立法，不断探索地方立法工作新机制

科学立法、民主立法是提高立法质量的关键环节。汕头市人大常委会积极探索立法工作新机制，发挥人大在立法中的主导作用，努力提高立法质量。一是充分发挥人大代表在立法中的作用。在编制立法计划时注重吸收代表意见和建议，连续14年面向社会公开征集立法项目和建议，直接向人大代表发出征集立法项目意见建议函，拓宽了法规项目来源渠道。充分听取和吸收人大代表的意见建议，在立法过程中召开法规征求意见座谈会，邀请人大代表参与，特别是邀请领衔提出有关立法议案或建议的市人大代表参与，对他们的意见和建议予以充分考虑，认真吸纳。发挥人大代表议案权作用。二是充分发挥专家学者作用。采用立法咨询会、论证会、座谈会等方式，多渠道听取各方意见，尤其是相关利益群体的意见。如在制定预防腐败条例过程中，邀请国内高等院校的专家学者对条例草案进行论证，为高质量地制定法规提供智力支持。常委会坚持每个法规草案都征求立法咨询顾问等专家的意见和建议，使法规内容更加符合汕头实际。三是建立和完善法规草案公开制度。对涉及本行政区域内的重大问题，群众普遍关注的法规草案，采取上网公布、公开登报等形式征求意见，让人民群众直接参与立法，对法规案直接陈述意见，反映情况，提出修改建议，充分表达自己的意愿，扩大人民群众参与立法的渠道。四是拓宽多元的法规起草方式，充分调动立法者、执法者、专家学者和人民群众参与立法的积极性。[②]《汕头经济特区预防腐败条

①华龙潮汕网：《〈汕头经济特区村务公开条例〉7月1日起施行》，http://www.yuedong.cc/News/63611.html，访问时间：2015年1月28日。

②郑惠玉：《汕头经济特区30年发展建设及其经验教训》，载《红广角》2010年第8期。

例》由市人大法工委、市法制局、监察局、预防腐败局、汕头大学有关专家和同志组成起草小组联合起草，有效地提高了立法效率，保证了立法质量。这种起草方式，突破了法规起草中部门起草模式，发挥了人大在立法中的主导作用。

### （五）加大调研力度，深入基层深入社区，使地方立法“接地气”

汕头市人大常委会注重采取多种形式深入调研，先后由常委会领导带队赴先进的省、市和地区学习考察，对预防腐败条例和道路交通安全条例进行专题调研，并形成专题调研报告报送市委。同时，常委会在立法过程中采取多渠道多方面征求社会各阶层各群体对法规案的意见。对涉及群众切身利益的法规案，深入基层社区、深入第一线调研，听民声、“接地气”。如在老年人权益保障条例的立法中，深入金平区金厦街道水仙社区和龙湖区珠池街道天山社区等地调研，听取老年朋友的意见和建议。在出租汽车客运条例的立法中，面对面听取出租汽车经营者和出租汽车司机的意见和建议。在募捐条例的立法中，直接听取慈善总会、存心善堂等社会公益慈善机构和基金会的意见。通过深入基层，掌握第一手鲜活材料，使法规更加切合群众实际。2014年来共召开多场座谈会，发出书面征求意见多份，涉及政府机关、社会团体、街道社区、人大代表、城镇居（村）民等社会各个层面，使立法工作有了充分的民意基础，更加符合经济社会发展的实际需要。

### （六）妥善处理各种利益关系，发挥地方立法在构建和谐社会中的重要作用

随着经济社会的发展，各种深层次矛盾和不同利益诉求在立法中越来越多地反映出来，通过立法解决社会矛盾、促进社会公平的要求越来越强烈。汕头市人大常委会高度重视法律规范在调整社会利益、构建和谐社会方面的重要作用，在立法中妥善处理好“四个关系”，使法律规范成为增进人民福祉、增进社会认同的最大公约数，保障社会公平正义。一是正确处理权力与权利的关系。通过立法，使政府在提供完善公共服务方面承担更多的责任，推动责任型、服务型政府建设，如在老年人权益保障条例审议修改过程中，明确规定了政府在提供老年人养老、医疗、最低生活保障等社会保障和社会救济方面的职责，细化了社会优待的各项措施，确立了向80周岁以上的老年人发放高龄津贴，使政府在养老方面承担更多的责任。二是正确处理权力与权力的关系。在涉及多部门共同调整法律关系时，正确处理好各部门公权力的关系，如在制定预防腐败条例中，明确了各个不同的职能部门在履行预防腐败工作中的职责，注重各部门职能的联合发挥，形成工作合力，着力提高预防腐败的能力和水平。三是正确处理权利与权利的关系，在立法中统筹兼顾不同社会群体等私权利的利益诉求，如在制定出租汽车客运条例中，涉及出租汽车经营者、驾驶员及乘客多方不同利益群体的

关系。常委会注重统筹兼顾多方利益，做到既严格规范出租汽车经营者、驾驶员的经营和管理行为，在保障乘客合法权益的同时，又兼顾对出租汽车经营者和驾驶员合法权益的保护。四是正确处理政府与市场的关系。充分发挥市场在资源配置中的决定性作用，明确划定政府和市场的边界，促进政府职能的转变。在立法中注重严格规范政府不当干预和监管不到位问题，着力解决市场准入限制过多，市场不正当竞争，简化审批程序，规范行政行为，推动高效廉洁服务型政府的建设。

## 三、汕头市人大常委会在立法中面临的主要问题

汕头市人大常委会在2014年立法工作中取得了一定的成果，但是仍然面临着一些不容忽视的问题，具体体现在以下几个方面：

### （一）汕头市地方立法听证制度有待完善

汕头市人大常委会地方立法听证制度已经逐步得到了完善，但仍存在着一些问题：①地方立法听证制度存在一定的功能偏差。立法听证制度的本质是“听取对方的意见”，有的学者将它的功能概括为“收集信息、实现直接民主、体现民意、促进良法、协调社会利益、立法宣传的功能”，上述内容理论上已经把立法听证制度的功能概括得非常全面，但在我国的立法听证实践中，它的功能并没有都得到体现。立法听证的民主性、公开透明和公正合理是许多地方立法听证所强调的，但它在实际执行过程中的功能却没有得到足够的重视。如何平衡实体公正与程序公正一直以来困扰着我国立法者与执法者，立法听证制度就是一个既能保证实体公正又能保证程序公正的制度，因为它要求立法机关在进行有关涉及公民、法人或其他组织的权益的立法时，给予利害关系人发表意见的机会，在保证程序公正的前提下首先就保证了将来执法人员所实施的法律是体现公正的良法，同时执法人员如行政机关工作人员在作出影响利害关系人权益的决定时，同样有行政处罚听证会保证实体的公正。当下中国的听证制度仍然没能很好地保障公正。有的学者甚至发出了这样的感叹，立法听证制度在功能的定位太过于政治化，形式意义大于实际功能的意义。我国当下的立法听证制度在有的地方甚至变成某些人的政治走秀，其象征意义超过了实质意义。在立法活动政治化倾向越来越明显的背景下，立法听证往往受制于某些上级的注意力，具有很大的随意性，甚至有时只是立法公开的装饰品而已。其本来的功能丧失殆尽，听证的召开只是走个过场而已。[①]②地方立法听证缺乏公众参与和透明度。近年来汕头市的法治建设取得了一定的成绩，公民法制观念有很大提高，民主意识深入民心，但是听证制度还是个新鲜事物。由于在法治宣传方面做得还不足，许多公民都还没听说过听证这一概

①王昌涛：《我国立法听证制度的现状分析及完善建议》，中国山东大学2014年硕士论文，第22页。

念，甚至有些组织者都把握不清它的实质内涵。听证缺乏公众参与一方面是因为对听证参加人的选择程序规定不够完善，有些听证组织者利用这一漏洞，选择对自己有利的听证人参加；另一方面就是因为公民听证参与意识淡漠，对立法漠不关心，甚至即使参加了听证会也只是应付一下做个旁观者。这种听证态度正中听证组织者的下怀，他们可以按照自己的意愿选择听证代表，听证过程只是个形式上的讨论会，而立法的利害关系人却变成最终的受害者，这样的听证会毫无透明度可言。③地方立法听证结果有时沦于形式。在立法听证的具体实践中，汕头人大十分注重听证的民主性功能，要求实现听证操作过程中的公开透明与公正合理，但对立法听证的后续程序，也就是对立法听证的结果的执行则经常较为忽视，因此，立法听证活动对促进立法机关的科学决策的功能并没有得到很好的发挥。听证中立法组织者与听证参加人进行讨论质辩的过程有利于民意的表达，但是立法组织者毕竟代表国家，处于强势地位，其他参加人相对处于劣势。由于缺少一定的监督，立法组织者可能就会借助自己的优势把自己的意志强加到其他参加人身上，从而出现有利于自己的结果。在听证会结束后，听证结果能否真正实现也存在一定变量。当出现一项法案违背了相关利害关系人的利益，而此利害关系人代表了大多数人的利益，在听证程序中两者又没有就法案的内容达成一致，立法机关就单方面通过法律或者在听证会结束后反悔而通过法律时，我们还缺少相应的监督机制，以致利害关系人的利益得不到切实保障。

### （二）地方立法受制于行政，没有发挥主导作用

虽然法律规定地方行政机关对权力机关负责，实际上地方国家权力机关缺乏权威性。地方国家权力机关行使立法权要比行使重大事项决定权、监督权、人事任免权好些，但也不能充分行使，立法的更大权力实际是在政府手中，行政领导方式仍然左右着我们的工作。许多行政领导干部还没有从主要依靠政策办事转变到主要依靠法律办事上来，人治仍严重存在。如前所述，在制定地方性法规还是制定行政规章，立法的规划和计划性等问题上，都是主要由行政机关和行政领导同志决定，权力机关处于被动的地位。地方立法中，行政的痕迹很重。政府有关部门在接受起草法规草案任务后，抽调一些本部门、本系统的业务人员进行起草工作。他们缺乏法律专业知识尤其是立法技术，起草工作以本行业的规章、制度为基础，忽视了法规草案与相关法律的一致性。要么就是找来几个类似的法规照搬，忽略了自身的特点。这些法规草案，在文字、体例等多方面出现了不少问题，如大量使用习惯用语和简称，使得法规草案如同一个普通文件，很不严谨。法规草案内容也多从考虑政府有关部门工作的方便性出发，忽视了公民的权利和立法的一些基本要求。在起草涉及几个部门的法规中，有的部门想通过立法来扩大本部门的权限或维护本部门已有的利益。几个立法相关部门各自以自己的上级主管部门的文件、规章为依据，在一些原则问题上各执己见，互不相

让。部门间互相推诿责任，该自己统一管理的，不愿统一管理，应当承担的责任不愿承担。这就导致立法协调工作的困难，往往因为政府领导同志或某个职能部门对法规草案持有异议，法规草案便会束之高阁。另外，审查政府职能部门起草的法规草案的政府法制部门，力量也十分薄弱，人员少，只能由一两个人来审查法规草案。审查工作马虎，粗审后便提交人大有关部门。有时候人大常委会对政府提交的法规草案进行了初审和修改后，以人大常委会党组的名义送人大常委会审查，人大常委会又把修改过的草案交回政府法制部门和起草单位“把关”，出现了循环审查的现象。人大及其常委会在整个地方立法中只起解决技术性问题的作用，实质问题由政府掌握。人大行使立法权受制于政府显而易见。权力机关不敢在关键问题上作出界定，遇到各部门认识不一致的焦点问题只好绕着走。

### （三）地方国家权力机关内部协调不够

地方国家权力机关内部关系协调不够好，没有形成完整的地方立法工作系统，这是造成地方立法质量不高的一个重要原因。地方国家权力机关的层次比较多，有人民代表大会、常委会、专门委员会、主任会议和办事机构等。需要围绕立法，统一使用力量，协调关系，减少内耗，形成一定的工作制度，只有这样才能发挥立法机关内部各方面的积极性，保证立法质量，然而，这方面的工作却做得很不够。虽然有些地方已有关于制定地方性法规的程序，但这个程序也只从法规草案的提出、审查、通过、颁布等法规形成阶段进行规定，无法解决诸如立法机关内部分工，立法机关各部门与外部的协调联系，立法人员的培训、待遇、奖惩，立法资料和信息的收集、整理与交流等问题，从而影响了立法工作。①

### （四）对现行法规的清理不够及时

随着时间的推移和经济社会的不断发展和进步，客观形势发生了重大变化。特别是上位法的出台和变更以及机构改革等原因，使某些法规的部分内容与上位法发生冲突，所调整的社会关系发生了变化。这些法规已不能完全适应社会发展和新形势的需要，需要及时进行修改、完善或者予以废止。2014年度，汕头市人大常委会只对一项法规进行了废止，对地方性法规的清理不够及时。

## 四、汕头市人大常委会未来立法工作的建议

根据党的十八大四中全会《决定》的立法精神和时代发展的要求，针对汕头市人大常委会在2014年立法活动中的不足，我们对此提出以下建议：

---

①钟真真：《地方立法中存在问题的主要原因及对策》，载《人大研究》1993年第1期。

## （一）完善地方立法听证制度

汕头市人大常委会应该着力从以下几方面完善地方立法听证制度：①明确立法听证制度的法律依据。汕头市人大常委会应在遵循原则性规定的前提下根据当地情况加以完善，制定适合自己的听证规则，甚至制定成法律法规。这样就构建了一个从中央到地方一套完整的立法听证规则系统，使地方立法听证逐步规范化，真正做到有法可依。②确立、完善立法听证的程序规则。听证会在正式举行前首先应当将关于举行听证会的相关信息公之于众，这是尊重公民知情权的表现，也是保证后来听证会顺利进行的前提。为了使更多的人了解听证信息，立法听证的组织机关可以视法案的重要性在一定范围内委托其他主体，如更接近群众的居委会，在社区进行宣传；所发布的信息应当包括该法案的法律依据、制定该法案的原因、可行性报告、意义等内容，让社会公众有初步了解；对于听证的方式，我国的法律法规已经作出明确规定，各级立法机关应当严格按照规定的方式发布公告，公告的期限、立法听证会举行的时间和地点、听证的主题、参加立法听证的社会主体的名单等内容也应当在听证公告中明确列出。③创新立法听证方式。地方立法听证是一个收集信息、讨论信息的过程，完全可以借助网络这个平台，进行网上听证，立法是一项庄重严肃的工作，实行网上听证有着严格的要求和规定。要根据听证参加人的地域分布、行业特点、专业背景知识、反映不同诉求的人数大体相当的原则，从报名参加的人中选出合适人选，报名人要在规定的时间内把建议发到指定的邮箱或其他系统中，收到反馈信息后对意见进行修改、完善，并再次发送。当然，也可以利用微博的功能，在微博上收集网民对立法的建议。在网上进行立法听证是一种高效廉价的听证形式，以最少的人力、物力和财力解决群众最关心的事情，能够使民主得到很大程度的发扬，使民声更快速直接地反映给立法主体，使更多的民意得到立法主体的察觉并采取积极有效的措施加以解决。网上立法听证是我国在立法听证形式上的一种新尝试，虽然它还存在固有的缺陷与不足，但毕竟在是在我国听证制度尚不完善的背景下，立法听证实践中走出的坚实的一步，探索的一条新的道路。

## （二）理顺地方人大与行政机关的关系，发挥人大常委会在地方立法中的主导作用

地方人大及其常委会在制定地方性法规中，尤其是对本行政区域内的重大事项如重大经济事项进行立法时，遇到种种困难，其中原因除了法律对重大事项的规定不够具体外，重要原因之一是一些地方行政机关没有摆正自己的位置，有些党委和政府的领导干部不尊重地方国家权力机关的地位和作用。在地方立法问题上，该制定地方性法规而采用种种借口不去制定，对地方立法采取随意性的做法是错误的。它阻碍了地方国家权力机关行使职权和对政府工作的监督，也不利于改革开放的顺利发展。制定地方性法规要分清责任，涉及地方重大事项必须制定地方性法规的，不能因某些领导

干部有说法而改变。列入地方立法规划的地方性法规草案，未经人大常委会同意，不得随意取消。要提高国家工作人员对执行地方性法规的认识，改变国家机关工作人员中存在的“地方性法规不是法”的模糊认识和重“红头”文件，轻法规、依言不依法的现象。行政机关和行政执法人员要正确处理“权”与“法”的关系，加强和改善行政执法工作，使行政执法逐步规范化、制度化。加强“一府两院”对遵守地方性法规的监督检查，并加强人大常委会对实施地方性法规的监督工作，同时发挥舆论监督和社会各方面监督的作用，促进地方性法规的执行。

### （三）地方人大常委会要加强横向联系，打破封闭，做好地方立法资讯和立法经验的交流工作

广东区域协调发展是广东省全面实现小康的重要保证。推动广东区域协调发展是党委政府的重要职责，也是地方人大的神圣使命。同时，不同地区人大在地方立法方面都有各自的优势和经验，也都存在不足与困难。汕头地处广东省的最东端，加强地方人大之间的横向联系，打破封闭，做好地方立法资讯和立法经验交流更为必要。为此，汕头市人大常委会应该：①强化合作观念。汕头市人大常委会应突破行政区划概念的束缚，改变单纯从行政区划角度看问题的传统思维定式，树立广东区域协调发展战略理念，把思想观念真正转变到发展全局上来，自觉围绕大局，立足实际，找准定位，在发挥职能上有所作为，并运用自己的立法权来确保这一理念得以贯彻。②筑牢合作交流平台。汕头市人大常委会应该积极参与广东省人大常委会组织的各种立法交流工作，参与广东省地方立法研究会的相关工作，并主动构建平台，将汕头之外的地方立法力量纳入其立法资源之中，以提供地方立法的质量。③整合代表力量。要进一步整合代表资源优势，激发他们的参与地方立法热情，开展广泛交流协作，实现县、市、省、全国人大代表的整体联动，从下到上，共同使力，在不同层面推动汕头地方立法的科学化、民主化。

### （四）建立健全地方立法评估和法规清理修改机制

一是做好地方立法评估工作。通过执法检查、代表视察、工作调研等方式，选择适当法规进行“立法回头看”，加强对法规实施效果的检查和评估，及时发现法规在实施中存在的问题。对与上位法、与经济社会生活不相适应的法规，及时予以清理、修改、废止，使法规更加完善，保证上下位阶法之间的协调一致。二是做好地方性法规的清理修改工作。根据国家法制建设发展的进程和汕头市的实际情况，将法规修改和废止工作放在与制定法规同等重要的位置，及时修改和废除与法律、行政法规不符，与市场经济和社会发展不相适应的法规，及时对汕头市现行有效的法规进行全面清理，维护国家法制统一。

## （五）强化地方立法人才队伍建设

地方性法规、规章的制定、清理、修改、废止要求立法工作人员不仅要有立法为民的责任心，还要有相应的立法能力，需要有丰富的法律知识和较高的立法技术，有良好的法律素养。立法质量说到底是立法者的素质问题。地方立法是一门科学，很难指望没有立法知识和技术的人员能制定出高质量的法规规章。“议会立法程序中最重要的问题是如何确保决定者的素质和如何提供充分的信息以资判断。”[①]为此，地方立法机关应该大力提高地方立法工作人员的素质。提高地方立法工作人员的素质，最直接、最快速的方式是引进人才。近几年宪法学和行政法学的博士、硕士毕业生越来越多，各地进行法制建设的专业人员越来越多，从不同的地方引进具有法学博士、硕士学位并具有丰富实践经验的人员是最快的方法。其次，要组织地方立法的工作人员参加法律专业知识讲座、坚持业务学习和研讨，使立法工作人员及时更新法律知识，了解相关领域的前沿理论动态，提高立法水平。提高立法素质还要鼓励现职人员进修、学习，特别是鼓励这些人员参加全国的博士研究生、硕士研究生入学考试，进入专业性的大学和研究机构进行系统训练。通过学习深造这样培养出来的人才既是业务专家，也是实践专家。这种理论和实践结合起来的立法工作者是立法机关不可多得的人才。[②]

## （六）创新多元化的地方立法体制机制

更好地发挥各级人大代表主体作用，实施多元化的立法机制，大力推进开门立法：①地方立法项目起草多元化。在继续发挥政府起草法规的基础上，对综合性、全局性的重要法规案采取联合起草的方式，适时选择合适的法规案委托第三方起草，广泛集聚各方智慧，发挥各方优势。②地方立法征求意见主体多元化。把握立法的各个程序和环节，广泛征求各行各业、各条战线、各界人士的意见，邀请人大代表列席常委会会议、参与立法活动，通过座谈会、咨询会等形式加强对法规草案的论证。③地方立法信息公开形式多元化。拓展立法信息公开的渠道，用足用好网站、广播、电视、报刊等传媒，在更广阔的领域和更深刻的层次通达民情、反映民意，以更加有效地整合立法资源、降低立法成本、提高立法质量。

（撰稿人：戴悠悠）

---

①季卫东：《法律程序的意义——对中国法治建设的另一种思考》，载《中国社会科学》1993年第1期。

②周伟：《论我国地方立法存在的问题及其解决》，载《河南财经政法大学学报》2013年第2期。

# 第十章　汕头市人民政府2014年度立法观察报告

## 一、汕头市人民政府2014年立法的基本情况

### （一）汕头市人民政府2014年立法概述

2014年，汕头市人民政府提请市人大常委会审议法规草案4件，分别是《汕头经济特区社会工作者条例（草案）》《汕头经济特区城乡规划条例（草案）》《汕头经济特区商品房销售条例（草案）》《汕头经济特区土地储备条例（草案）》；制定地方政府规章9件，分别是《汕头经济特区拥军优属规定》《汕头市人民政府重大行政决策量化标准规定》《汕头市行政机关合同管理规定》《汕头市人民政府制定汕头经济特区规章和拟定汕头经济特区法规草案规定》《汕头经济特区制度廉洁性评估办法》《汕头经济特区房屋临时变更用途规划管理办法》《汕头经济特区农村村民住宅建设管理办法》和《汕头经济特区城乡规划管理技术规定》。

### （二）汕头市人民政府2014年立法的具体情况

1.《汕头经济特区拥军优属规定》

为了加强拥军优属工作，促进军政军民团结，保障优抚对象的合法权益，根据有关法律、法规和规章的规定，结合汕头经济特区实际， 2013年12月23日，汕头市人民政府第十三届40次常务会议审议通过了《汕头经济特区拥军优属规定》，自2014年3月1日起施行。

《汕头经济特区拥军优属规定》包括总则、拥军、优抚、安置、法律责任、附则等6章，共36条。主要内容是以特区规章的形式进一步明确细化具体的拥军措施和军人及其家属享受的优待，进一步加强拥军优属工作，保障优抚对象合法权益，进一步明确拥军优属工作职责分工，规定市、区（县）、镇人民政府（街道办事处）加强对拥军优属工作的领导，把拥军优属工作作为其任期目标管理和政绩考核内容。同时，规定镇人民政府（街道办事处）、村（居）民委员会及企业事业单位，落实拥军优属的具体工作，开展经常性服务活动，为现役军人、离退休军人和其他优抚对象排忧解难，为推进民政工作改革创新提供强大支持。

2.《汕头市人民政府重大行政决策量化标准规定》

为了规范汕头市人民政府重大行政决策行为，确保市政府重大行政决策的科学化、民主化、规范化，根据有关法律、法规和规章规定，结合汕头市实际，2013年9月9日，汕头市人民政府第十三届34次常务会议审议通过了《汕头市人民政府重大行政决策量化标准规定》，自2014年3月1日起施行。

《汕头市人民政府重大行政决策量化标准规定》共15条，对汕头市人民政府作出的涉及本地区社会经济发展全局、社会涉及面广、专业性强、与人民群众利益密切相关的重大行政决策事项进行细化、量化，消除模糊地带，避免人为干扰和决策随意性，保障行政决策规范化、公开化、法治化；进一步规范市政府的重大行政决策行为，推动汕头市政府重大行政决策的科学化、民主化、规范化。

3.《汕头市行政机关合同管理规定》

为了规范行政机关合同管理，防范行政机关合同风险，维护国家利益、公共利益及合同各方当事人合法权益，根据有关法律、法规的规定，结合汕头市实际，2014年2月8日，汕头市人民政府于第十三届43次常务会议通过了《汕头市行政机关合同管理规定》，自2014年5月1日起施行。

《汕头市行政机关合同管理规定》包括总则、行政机关合同示范文本的制定、行政机关合同的订立、行政机关合同的履行、法律责任、附则等6章，共40条，主要规范行政机关合同的订立、履行等程序，以防范风险为核心，以事前规范合同示范文本为主要管理手段，以事后监督和补救为补充，旨在通过建立健全行政机关合同管理规则，预防、降低合同风险，保障合同目的实现。

4.《汕头市人民政府制定汕头经济特区规章和拟定汕头经济特区法规草案规定》

为了规范市人民政府拟订法规草案和制定规章工作，提高法规草案和规章质量，根据《中华人民共和国立法法》《全国人民代表大会关于授权汕头市和珠海市人民代表大会及其常务委员会、人民政府分别制定法规和规章在各自的经济特区实施的决定》和国务院《规章制定程序条例》，结合汕头市实际，2014年6月19日，汕头市人民政府第十三届50次常务会议修订通过《汕头市人民政府制定汕头经济特区规章和拟订汕头经济特区法规草案规定》，自2014年8月1日起施行。

《汕头市人民政府制定汕头经济特区规章和拟定汕头经济特区法规草案规定》包括总则，立项，起草，审查，决定、公布与备案，解释、修改与清理以及附则等7章，共53条，旨在使汕头市人民政府制定汕头经济特区规章和拟订汕头经济特区法规草案的工作科学化、规范化、法制化，以提高制定特区规章和拟订特区法规草案工作的效率，保证特区规章和特区法规草案的质量。

5.《汕头经济特区房屋临时变更用途规划管理办法》

为了规范房屋用途管理，根据《中华人民共和国城乡规划法》《广东省城乡规划条例》等法律、法规的基本原则，结合汕头经济特区实际，2014年6月19日，汕头市人民政府第十三届50次常务会议通过《汕头经济特区房屋临时变更用途规划管理办法》，并自2014年9月1日起施行。

《汕头经济特区房屋临时变更用途规划管理办法》共17条，市政府为了科学合理地进行房屋用途变更，盘活存量建筑资源，节省土地和建设成本，并且通过上述立法科学规划城市功能定位，强化城市公共服务建设，不断增强汕头城市的服务功能和承载能力。

6.《汕头经济特区制度廉洁性评估办法》

为了有效防范制度腐败，促进科学民主依法决策，根据《汕头经济特区预防腐败条例》，结合汕头经济特区实际，2014年7月16日，汕头市人民政府第十三届51次常务会议通过《汕头经济特区制度廉洁性评估办法》，自2014年10月1日起施行。

《汕头经济特区制度廉洁性评估办法》共16条。办法要求市政府拟订法律草案和制定规章、规范性文件应当进行制度廉洁性评估，并且从评估机制、评估内容和标准、评估方式和程序等内容作出了具体详尽的规范。这是从源头上、制度上预防腐败的一项创新举措，对于进一步从制度层面铲除腐败滋生蔓延的土壤和条件，意义重大。

7.《汕头经济特区农村村民住宅建设管理办法》

为了规范农村村民住宅建设，根据《中华人民共和国城乡规划法》《中华人民共和国土地管理法》《中华人民共和国建筑法》等法律、法规的基本原则，结合汕头经济特区实际，2014年10月10日，汕头市人民政府第十三届54次常务会议通过《汕头经济特区农村村民住宅建设管理办法》，自2014年12月1日起施行。

《汕头经济特区农村村民住宅建设管理办法》共27条，就推动村民住宅集中建设、实行乡村建设规划许可制度、建设审批手续、规划技术指标、查处主体等作出明确规定，规范了农村村民住宅建设，遏制了违法建设行为。①

8.《汕头经济特区既有住宅增设电梯办法》

为了适应社会经济发展和人口老龄化的需求，改善市民居住条件，根据《中华人民共和国物权法》、国务院《物业管理条例》等法律、行政法规的基本原则，结合汕头经济特区实际， 2014年10月10日，汕头市人民政府第十三届54次常务会议通过《汕头经济特区既有住宅增设电梯办法》，自2014年12月1日起施行。

《汕头经济特区既有住宅增设电梯办法》共23条，办法主要规定了以下内容：一是以物权法和《最高人民法院关于审理建筑物区分所有权纠纷案件具体应用法律若干问题的解释》规定为依据，确定“两个三分之二”方式为既有住宅增设电梯的条件之

①汕头日报：《审议通过农村村民住宅建设管理办法》，http://www.stdaily.com.cn/html/2014-10/11/content_566534.htm，访问时间：2015年3月7日。

一。二是强调平等保护业主合法权益，明确增设电梯的资金筹集方案应当包括增设电梯的工程预算费用，电梯投入使用后的运行、保养、维修费用，以及对权益受损业主的补偿费用等。增设电梯致使有关业主通风、采光、通行或者房屋价值等合法权益受损的，应当进行合理补偿。三是尊重并鼓励业主之间开展平等协商，以消除矛盾，营造和谐邻里关系。《汕头经济特区既有住宅增设电梯办法》规定公示期间本栋（梯）房屋业主有异议的，同意增设电梯的业主应当主动沟通、协调，并在向有关行政管理部门办理增设电梯审批手续时，提交沟通、协调情况的说明。同时，明确即使增设电梯无法满足通风、采光、通行等需求，但业主之间能够达成一致的，城乡规划部门可以给予办理规划许可手续。四是引导民事纠纷通过法定途径解决。因增设电梯侵犯他人民事权益产生纠纷的，由当事人协商解决；协商不成的，依法通过民事诉讼途径解决。①

9.《汕头经济特区城乡规划管理技术规定》

为了加强城乡规划管理，实现城乡规划编制和规划管理的法制化和标准化，保障城乡规划的实施，根据《中华人民共和国城乡规划法》《广东省城乡规划条例》《汕头经济特区城乡规划条例》等法律、法规，结合国家有关标准和汕头经济特区实际，2014年11月4日，汕头市人民政府第十三届56次常务会议审议通过了《汕头经济特区城乡规划管理技术规定》，自2014年12月5日起施行。

《汕头经济特区城乡规划管理技术规定》共包括总则、城市规划编制、建设用地规划管理、建筑工程规划管理、村民住宅建设规划管理、市政工程规划管理、城市规划勘察测绘、附则等8章，共98条。主要对建设用地规划管理、建筑工程规划管理、村民住宅建设规划管理、市政工程规划管理、城市规划勘察测绘等作出明确的技术规定。

## 二、汕头市人民政府2014年立法清理情况

### （一）汕头市人民政府2014年立法清理的基本情况

开展规章清理，维护法制统一，确保政令畅通，既是立法工作的一个重点和重要内容，更是适应全面推进依法行政、加快建设法治政府的一项重要举措。汕头市人民政府虽然没有对地方政府规章进行集中清理，但根据汕头市的客观情况，及时对地方政府规章进行修改和废止，这也是清理的具体形式之一。其具体情况如下：修改地方政府规章2件，分别是《汕头市人民政府关于修改〈汕头市市属国有企业国有资产管理规定〉的决定》和《汕头市分散按比例安排残疾人就业实施细则》。废止地方政府规

①汕头日报：《答记者问：汕头经济特区既有住宅增设电梯办法》，http://news.st.fang.com/2014-10-27/14031918.htm，访问时间：2015年3月7日。

章2件，分别是《汕头市人民政府关于废止〈汕头市户外广告设施设置管理规定〉的决定》和《汕头市人民政府关于废止〈汕头经济特区出租汽车管理规定〉的决定》。

### （二）《汕头市市属国有企业国有资产管理规定》的修改

为了建立健全适应社会主义市场经济需要的国有资产监督管理体制，加快国有企业产权制度改革，促进国有资产合理流动和优化配置，根据有关法律、法规的规定，结合汕头市实际，2014年9月12日汕头市人民政府第十三届53次常务会议通过了《汕头市人民政府关于修改〈汕头市市属国有企业国有资产管理规定〉的决定》，自公布之日起施行。

《汕头市市属国有企业国有资产管理规定》修改的主要内容：①明确了市属国有企业的外延，将企业化管理的事业单位以及其他市属国家出资企业纳入其中。②明确了履行出资人职责的机构的具体职权职责，规定“履行出资人职责的机构依照国家有关规定，代表市政府对市属国有企业依法享有资产收益，参与重大决策和选择管理者等出资人权利。负责市属国有企业国有资产的产权界定、产权登记、资产评估监管、清产核资、资产统计、综合评价等基础管理工作”。③明确了市属国有企业国有资本收益上缴的范围、比例和程序。④进一步规范了市属国有企业收支管理，规定“利润收入、股利和股息收入、产权转让收入、清算收入以及其他国有资本经营收入等市属国有企业国有资本收益应当按规定直接上缴市财政部门，纳入市级国有资本经营预算收入管理”。“市属国有企业国有资本收益收取管理办法，由市财政部门会同市国有资产监督管理机构、市国有经营性文化资产监督管理机构另行规定”；“市属国有企业国有资本收益用于资本性支出、企业改革费用性支出、国有资产监管费用支出和其他支出”。“市属国有企业国有资本收益的使用纳入市级国有资本经营预算，由市属国有企业在经批准的预算范围提出申请，经上级监管部门初审后报市财政部门审核，经市财政部门审核后，按照财政国库管理有关规定进行资金拨付。”

### （三）《汕头市分散按比例安排残疾人就业实施细则》的修改

为了保障残疾人劳动权利，促进残疾人就业，根据《中华人民共和国残疾人保障法》《残疾人就业条例》和《广东省实施〈中华人民共和国残疾人保障法〉办法》以及有关法律法规，结合汕头市实际，2014年11月25日，汕头市人民政府第十三届57次常务会议修订通过了《汕头市分散按比例安排残疾人就业实施细则》，自2015年1月1日起施行。

《汕头市分散按比例安排残疾人就业实施细则》共18条，主要对明确适用对象、厘清部门职责、优化安排残疾人就业工作流程、强化按比例安排残疾人就业执行以及残疾人就业保障金的使用管理等方面作了修改完善。《汕头市分散按比例安排残疾人就业实施细则》的修改，对于进一步保障残疾人劳动权利，促进残疾人就业，具有重要意义。

### （四）《汕头市户外广告设施设置管理规定》的废止

2006年9月27日，汕头市人民政府令第91号颁布实施了《汕头市户外广告设施设置管理规定》，但是，随着汕头社会经济的发展，该规定出现了与实际情况脱节的问题，特别是与2012年12月27日汕头市人民政府第十三届21次常务会议通过的《汕头市人民政府2012年行政审批制度改革事项目录（第一批）》规定不一致。同时，与2013年2月5日，广东省人民政府第十二届1次常务会议通过的《广东省户外广告管理规定》有冲突。根据上位法优于下位法的原则，2013年12月23日汕头市人民政府第十三届40次常务会议审议通过《汕头市人民政府关于废止〈汕头市户外广告设施设置管理规定〉的决定》，将《汕头市户外广告设施设置管理规定》予以废止。

### （五）《汕头经济特区出租汽车管理规定》的废止

2011年7月26日，汕头市人民政府令第127号颁布了《汕头经济特区出租汽车管理规定》。该规定与2013年8月29日汕头市第十三届人民代表大会常务委员会第19次会议审议颁布了《汕头经济特区出租汽车客运条例》规定不一致，根据上位法优于下位法原则，2014年2月8日汕头市人民政府第十三届43次常务会议通过了《汕头市人民政府关于废止〈汕头经济特区出租汽车管理规定〉的决定》，将《汕头经济特区出租汽车管理规定》予以废止。

## 三、汕头市人民政府在立法工作中的主要做法和探索

2014年，汕头市人民政府以邓小平理论、“三个代表”重要思想、科学发展观和习近平总书记系列重要讲话精神为指导，围绕汕头市委、市政府中心工作，坚持科学立法、民主立法，从特区改革开放和现代化建设的实际需要出发，借助与部、省共建民政工作改革创新综合观察点的有利契机，利用宪法和法律赋予的经济特区和较大的市两个地方立法权，加快推进重要领域和关键环节的政府立法，以立法推动和落实改革举措，努力做到立法决策与改革决策协调同步，制定地方政府规章13件，并开展了相关地方政府规章、规范性文件的立法后评估及清理工作。在较短时间内形成了一批有质量、有影响、有特色的制度成果，为促进汕头市经济社会发展提供了法制保障。

### （一）注重通过行政立法实现自我规制

2014年，汕头市人民政府进一步突出依法行政和法治政府建设方面的立法，通过法治方式巩固和发展历年来制度建设的成果：①健全行政决策机制。健全的行政决策机

制是正确决策的基本前提。行政决策的科学化和民主化是健全行政决策机制要实现的目标。行政决策的科学化、民主化和法制化已成为新时期健全行政决策机制的重要目标。汕头市人民政府制定《汕头市人民政府重大行政决策量化标准规定》，对何为重大行政决策从立法层面进行细化和明确，消除模糊地带，避免人为干扰和决策随意性，保障行政决策规范化、公开化、法治化。②建立廉洁评估制度。开展制度廉洁性评估是在制度层面上遏制腐败的重要举措，有利于促进依法行政和法治政府建设。汕头市人民政府制定《汕头经济特区制度廉洁性评估办法》，加大源头防腐力度，推进了汕头市惩治和预防腐败工作。③规范行政立法。规范行政立法有利于提高行政立法的质量和效率，进一步规范政府立法工作的程序和要求，提高政府立法工作的规范化、程序化、制度化。汕头市人民政府重新修订《汕头市人民政府拟定法规草案和制定规章规定》，将政府立法实践经验融入规章，将科学立法、民主立法以及公正、公开、公平原则贯穿立法全过程，加强和改进立法制度建设，完善立法程序，提高立法质量。④规范合同管理，汕头市人民政府制定了《汕头市行政机关合同管理规定》，规范行政机关与公民、法人或其他组织订立合同的行为，建立风险控制机制，充分发挥行政机关合同作为市场竞争机制下协调各方主体之间利益分配冲突的作用。

## （二）强化完善地方立法程序

地方立法程序是指有权的地方国家机关在制度、认可、修改、补充和废止本地方的具有法的效力的规范性文件活动中所必须遵循的法定步骤和方法的总称。它是相对于中央立法而言的，是一种较为特殊的立法程序。地方立法程序的明确规定，对规范地方立法工作，提高地方立法质量起到了积极的促进作用。2014年，汕头市人民政府在完善地方立法程序方面做了大量工作：①积极探索立法起草体制机制改革，注重发挥政府法制机构对立法工作的主导和协调作用。在组织起草《汕头经济特区土地储备条例（草案）》过程中，针对该立法项目关系多方面利益、涉及多个部门的权力和责任、需要从全局的角度通盘考虑和组织协调的特点，市政府决定由市法制局组织起草；在制定《汕头经济特区农村村民住宅建设管理办法》时，针对现有审批手续繁多的问题，市法制局提前介入研究协调，将起草单位多个部门分头审批的思路，变为一个牵头部门受理，相关审批部门提前介入、集中联审、统一答复的流程，大大提高了审批效率，方便群众办事。②坚持科学立法、民主立法，拓宽公民依法有序参与立法的途径。例如，汕头市人民政府充分听取政协委员、社会公众意见，将《汕头经济特区既有住宅增设电梯办法》增列为年度规章立法项目，并在立法过程中采取《汕头日报》、市政府网站全文刊登的方式广纳民意，了解公众的关注点和诉求，公众纷纷通过网络、信件、电话、走访等渠道提出意见和建议，取得良好社会效果。在制定《汕头经济特区商品房销售条例（草案）》时，通过召开行政管理部门与管理相对人参加的座谈会，充分听取各方意见，把握分歧焦点，为制度设计指明了方向。③重视发挥专家学者在政府立法工作中的专业作用，完善立法咨询论证制度。例如，在组织起草《汕头经济特区土地储备条例（草案）》和制定《汕头经济特区既有住宅增设电梯办法》过程中，市政府邀请全国人大代表、政府法律顾问、专家和学者对焦点问题开展论证咨询，为该两个立法项目的关键制度设计提供了坚实的理论支撑，提高了立法质量。

### （三）加强重点领域行政立法，注重以立法引领改革

党的十八大提出了“完善中国特色社会主义法律体系，加强重点领域立法”的重大课题。汕头市人民政府充分认识新时期加强重点领域立法的意义，自觉服从党和国家工作大局和法治建设总体布局，切实重视和加强重点领域立法工作：①加强经济建设方面的立法，推动汕头经济健康有序发展。一年来，市政府在立法中坚持社会主义市场经济改革方向，将立法与促进经济发展方式转变紧密结合，以立法促改革、促发展。第一，为了加强城乡规划管理，协调城乡空间布局，改善人居环境，促进城乡经济社会全面协调可持续发展，提请市人大常委会审议《汕头经济特区城乡规划条例（草案）》；第二，为了规范商品房销售行为，保障商品房交易当事人的合法权益，维护商品房市场秩序，提请市人大常委会审议《汕头经济特区商品房销售条例（草案）》；第三，为了改革和优化土地储备管理的组织架构，从运行机制上加强对土地储备工作的领导和管理，强化土地储备机构的地位和职能，规范土地储备行为，优化土地资源配置，盘活存量土地资产，加强政府对土地市场的宏观调控，提请市人大常委会审议《汕头经济特区土地储备条例（草案）》；第四，为了适应社会经济发展和人口老龄化的需求，改善市民居住条件，出台《汕头经济特区既有住宅增设电梯办法》；第五，为了科学合理地进行房屋用途变更，盘活存量建筑资源，节省土地和建设成本，出台《汕头经济特区房屋临时变更用途规划管理办法》。通过上述立法科学规划城市功能定位，强化城市公共服务建设，不断增强汕头城市的服务功能和承载能力。②加强共建特区民政改革创新综合观察点方面的立法，引领和推进民政工作改革创新。过去一年，汕头市人民政府恪守以民为本、立法为民的理念，以群众路线教育实践活动为契机，在保障和改善民生、提高社会治理水平方面加快立法。为改善多层住宅居民居住条件，在明晰政府权力边界，尊重公民权利和意愿的基础上，制定《汕头经济特区既有住宅增设电梯办法》；为推进社会服务工作，结合推进民政工作改革创新综合观察点建设，围绕提升社会工作专业水平和服务质量，推进社会工作专业人才和队伍建设，组织起草并提请市人大常委会审议《汕头经济特区社会工作者条例（草案）》；为加快城乡统筹发展，改善乡村人居环境，简化村民住宅建设审批手续，规范和引导村民住宅依法建设，制定《汕头经济特区农村村民住宅建设管理办

法》；为加强拥军优属工作，制定《汕头经济特区拥军优属规定》；为保障残疾人劳动权利，促进残疾人就业，修订完善《汕头市分散按比例安排残疾人就业实施细则》；等等。为有效化解民政立法项目少、立法周期长、立法质量低等问题，汕头市委、市政府以落实综合观察点协议为抓手，开动脑筋，特事特办，对民政立法项目实行“三优先一通道”：一是优先列入立法计划。目前实践中，列入地方人大常委会年度立法计划项目十分有限，一般4～6件。二是优先安排时间协调。立法就是在矛盾的焦点上砍一刀。这一刀砍得准不准，定得好不好，直接反映立法质量。针对民政立法涉及职能部门多、利益平衡难等特点，汕头市委、市政府主要领导靠前指挥，第一时间安排协调民政立法中的重点难点问题，并提出令各方满意的解决方案。三是优先列入议题上会审议。按照汕头市人民政府有关议事规则，政府常务会议一般每月召开2次，审议议题有限。但只要是综合观察点协议规划的民政立法项目，一般都会列入常务会议审议议程。四是开辟一条绿色通道。根据有关立法程序规定，立法项目首先要列入年度立法计划，经审定后方可开展。2014年7月1日实施的《汕头经济特区村务公开条例》并未列入年度立法计划，但鉴于实践急需、群众期盼，且是综合观察点协议规划项目，汕头市主要领导在听取相关部门汇报后，决定开辟一条绿色通道，使该条例在较短时间内制定出台，成为汕头市村务公开民主法制建设的一个里程碑。③加强社会管理和文化传承方面的立法，促进社会的和谐稳定和优秀历史文化保护。党的十八大提出“更加注重发挥法治在国家治理和社会管理中的重要作用”，为此，市政府加快立法步伐，用制度创新突破利益固化的藩篱，努力构建与社会主义市场经济相适应的社会治理模式，以立法保障民生民安，以立法推动经营城市发展战略的实施。为了加强汕头开埠历史文化保护区的保护，传承和弘扬优秀历史文化，出台《汕头市开埠历史文化保护区保护办法》，同时，提请市人大常委会审议《汕头经济特区小公园开埠区保护条例（草案）》。为了加强房屋安全管理，保障房屋居住和使用安全，维护公共安全和公众利益，组织拟订《汕头经济特区房屋安全管理条例（草案）》。④发挥特区立法权优势，提升城市公共服务和管理功能。第一，为了加强城乡规划管理，协调城乡空间布局，改善人居环境，促进城乡经济社会全面协调可持续发展，提请市人大常委会审议《汕头经济特区城乡规划条例（草案）》；第二，为了规范商品房销售行为，保障商品房交易当事人的合法权益，维护商品房市场秩序，提请市人大常委会审议《汕头经济特区商品房销售条例（草案）》；第三，为了改革和优化土地储备管理的组织架构，从运行机制上加强对土地储备工作的领导和管理，强化土地储备机构的地位和职能，规范土地储备行为，优化土地资源配置，盘活存量土地资产，加强政府对土地市场的宏观调控，提请市人大常委会审议《汕头经济特区土地储备条例（草案）》；第四，为了适应社会经济发展和人口老龄化的需求，改善市民居住条件，出台《汕头经济特区既有住宅增设电梯办法》；第五，为了科学合理地进行房屋用途变更，盘活存量建筑资源，节省土地和建设成本，出台《汕头经济特区房屋临时变更用途规划管理办法》。通过上述立法科学规划城市功能定位，强化城市公共服务建设，不断增强汕头城市的服务功能和承载能力。

## 四、汕头市人民政府在立法中面临的主要问题

### （一）行政立法与行政实践相衔接有待加强

立法成不成功，质量高不高，关键就是要看它在实践中能否得到有效执行。调研表明，近年来汕头出台的民政立法项目，大部分法规、规章条文是“接地气”的，是扎根于当地现实生活的，但也毋庸讳言，有些法规、规章的个别条文也存在需要改进的地方。同时，调研也了解到，与立法上存在的瑕疵相比，一个更需要关注的问题是，个别地方法规执行不到位。在实践中，很多地方政府规章制定出来后，并没有得到认真贯彻执行，很多成了摆设。如《汕头经济特区制度廉洁性评估办法》第八条规定：法规、规章和规范性文件草案的起草单位开展制度廉洁性评估，应当充分调查研究，并通过书面征求意见、公开征集意见或者召开座谈会、论证会、听证会以及实地走访、专家咨询等多种形式，广泛听取各方面意见。必要时，可以委托科研院校、有关组织、专家学者评估。但实践中这些规定并没有得到真正贯彻实行。其最主要的原因有两个：一是这些地方政府规章部分条文缺乏可操作性，在实践中无法真正实施；二是相关配套制度不健全，整个社会法治环境未曾建立，从而导致部分地方政府规章在实践中出现“走样”“梗阻”，消减了法律效用。

### （二）地方立法体制机制有待完善

汕头市人民政府在行政立法体制机制创新先行先试，取得了一定的成绩，但同时还有许多地方值得完善：①立法起草部门化。汕头市人民政府行政立法一般由政府业务主管部门起草，交政府法制机构审查协调，再经政府常务会议审议决定。这种由政府业务主管部门起草地方政府规章，难免出现部门利益法制化的弊端。②行政立法征求意见对象单一化。汕头市人民政府立法过程中并没有通过各种形式广泛征求各行各业、各条战线、各界人士的意见。③地方行政立法信息公开形式的单一化。汕头市人民政府行政立法信息公开主要是在官网上公布，大多没有充分利用新闻媒体、新媒体等进行地方行政立法信息的公开。④地方行政立法评估清理非制度化。汕头市人民政府没有建立地方政府规章评估和清理的制度，地方政府规章的修改、废止和清理的启动更多取决于领导的个人意志。

### （三）重点领域立法创新不足

党的十八届四中全会指出：要加强重点领域立法。依法保障公民权利，加快完善

体现权利公平、机会公平、规则公平的法律制度，保障公民人身权、财产权、基本政治权利等各项权利不受侵犯，保障公民经济、文化、社会等各方面权利得到落实，实现公民权利保障法治化。增强全社会尊重和保障人权意识，健全公民权利救济渠道和方式。社会主义市场经济本质上是法治经济。要使市场在资源配置中起决定性作用和更好发挥政府作用，必须以保护产权、维护契约、统一市场、平等交换、公平竞争、有效监管为基本导向，完善社会主义市场经济法律制度，健全以公平为核心原则的产权保护制度，加强对各种所有制经济组织和自然人财产权的保护，清理有违公平的法律法规条款，创新适应公有制多种实现形式的产权保护制度，加强对国有、集体资产所有权、经营权和各类企业法人财产权的保护。国家保护企业以法人财产权依法自主经营、自负盈亏，企业有权拒绝任何组织和个人无法律依据的要求。加强企业社会责任立法。完善激励创新的产权制度、知识产权保护制度和促进科技成果转化的体制机制。加强市场法律制度建设，编纂民法典，制定和完善发展规划、投资管理、土地管理、能源和矿产资源、农业、财政税收、金融等方面法律法规，促进商品和要素自由流动、公平交易、平等使用。依法加强和改善宏观调控、市场监管，反对垄断，促进合理竞争，维护公平竞争的市场秩序。加强军民融合深度发展法治保障。从2014年汕头市人民政府的立法来看，重点领域立法虽已得到了加强，但汕头市人民政府在拓宽和创新立法思路上仍有待加强。首先，创新立法思维，明确解决深层次的社会矛盾，要靠系统性、整体性的法律制度而不是出现一个突出问题就制定一个法律就能奏效的。其次，新时期的立法要把握当地经济社会发展的阶段性特征，妥善处理规章的稳定性与变动性。

### （四）地方立法的公众参与不足

党的十八大提出完善中国特色社会主义法律体系，加强重点领域立法，拓展人民有序参与立法途径，其中，“拓展人民有序参与立法途径”是第一次出现在党的代表大会报告中。立法并不必然是符合所有人意志的决定，但却应该是所有人参与立法决策过程的结果。新中国成立后相当长一段时间，我国立法多是闭门造法，之后实现从闭门造法到开门立法的转变。近年来，在立法民主化理念的指引下，地方立法机关引导公众直接参与立法在各省市屡屡出现，可以说，公众参与地方立法在我国已经如火如荼地开展起来了。公众参与地方立法这个问题受到了社会各界的广泛关注，汕头市在公众参与地方立法的制度建设上做了诸多努力和尝试，取得了一定的成效，但是目前汕头市公众参与地方立法的实践依旧存在问题，主要表现为以下几个方面：①公众参与程度较低。汕头市人民政府在立法时向公众征求意见，但多数公众对地方立法的态度比较冷漠，参与立法的观念不强，潜意识认为政府立法行为与民众之间不存在直接的关系。即使公众参与地方立法的过程，但大部分公众的参与却是感性化而非理性化的。公众一般都把关注眼前利益以及对个体和家庭产生直接影响的议题作为核心焦点和主题，而对那些具有前瞻性、全局性和长远性的政策和规划，尤其是行政立法并不关心。很多时候，立法成为个别政府部门占有权力资源的方式和分配既得利益的手段，从而导致“行政权力部门化，部门权力利益化，部门利益法律化”。通过公众对地方立法的参与，在程序上给公众提供表达自己意志、维护自身权利的机会，可以把立法权置于阳光之下，使立法主体接受监督，突破立法中原有的一些体制内封闭运行的弊端，遏制立法腐败，减少立法中部门利益保护主义、地方保护主义等，从而推动依法行政，最终实现法治政府的理想。②公众参与形式有限。公众参与立法的条件要求过于严格，使得公众参与不能成为一种普遍行为，参与广泛性受到限制；即使法律法规强制规定公众需参与立法，现实中真正将法律草案交付公民讨论或召开立法听证会的仍是极少数。在参与形式方面，目前汕头市公众参与地方立法制度主要是通过听证会以及通过报纸、互联网等途径公布和宣传立法草案，发动民众对其提出意见。这种参与途径反馈不在法定刊物或者政府媒体上公开，缺乏透明度。立法信息公开随意性大，没有统一规范标准，公开立法草案征求意见的范围不确定。具体对哪些规章草案、政策应该公开，哪些不用公开，哪些在网站上发布，哪些在电视上公布，哪些在报纸上刊登以及何时公开等问题并没有统一规定，总体具有狭隘性，对信息时代流行使用的网上调查、网上论坛、电子邮件等方式，则并未作出具体规定。③公众参与总体效果不理想。自改革开放以来，汕头公民自主权利意识和参与意识日益增强，公众参与地方立法范围日益扩大，但公众对地方立法过程的参与尚处于刚刚起步阶段，现实生活中公众参与立法的总体效果并不理想，公众参与积极功效得不到有力体现。在参与立法过程中积极性较高的民众常常是自身正面临并寻求尽快解决某种实际难题或现实困惑的特殊咨询者，或者是该立法的直接利害关系人。广大民众，特别是处于社会分层结构底层的弱势群体民众，往往关注自身生存问题，对地方立法缺少参与热情，即使勉强参与，由自身专业来看立法信息公开也并不充分。

### （五）地方立法人才队伍有待加强

地方立法工作专业性强、难度大，不具备丰富的知识和一定的立法水平，是很难胜任这项工作的（很多法律专业出身的人员也没有系统地学习过立法学课程）。立法人员普遍没有经过立法技术训练，任何一个环节没有把好关，法规的质量便得不到保证，特别是担负起草法规草案的人员水平关系到草案稿的质量，并直接影响法规成文水平，因此，对他们进行法律专业知识和立法技术培训成为当务之急。

## 五、汕头市人民政府未来立法工作的建议

根据党的十八大四中全会《决定》的立法精神和时代发展的要求，针对汕头市人

民政府在2014年地方行政立法活动中的不足，我们对此提出以下建议：

### （一）强化科学立法，加强行政立法与行政实践的衔接

行政立法的目的在于为行政实践提供规则指引，以提高行政效率、规范行政权力。这就需要强化行政立法的科学性，实现行政立法与行政实践的有效衔接：①增强地方行政立法的可操作性。地方政府规章作为整个法律体系中效力最低的规范性法律文件，更多的是要执行法律、法规的内容。可以说，可操作性是地方政府规章的生命线。汕头市人民政府在今后的立法中应该注重立法的可操作性，减少模糊条款、原则条款等。②加强地方行政立法内容的科学性。这就需要汕头市人民政府在今后的立法中法加强调查研究，了解现实实践中真正的立法需求，在及时、全面、准确了解、理解相关法律制度的同时，创造性地开展工作，力争使每一法律条文根植于基层，服务于基层，造福于百姓。[①]③加强相关行政力法的配套制度建设。法律实施是一个系统工程，地方政府规章要取得实效，必须要有良好的制度配套，形成合力。

### （二）完善地方立法体制机制

更好地发挥政府工作人员的主体作用，实施多元化的立法机制，大力推进开门立法：①地方行政立法项目起草多元化。在继续发挥政府起草法规的基础上，对综合性、全局性的重要法规案采取联合起草的方式，适时选择合适的地方政府规章委托第三方起草，广泛集聚各方智慧，发挥各方优势。②地方行政立法征求意见主体多元化。把握地方立法的各个程序和环节，广泛征求各行各业、各条战线、各界人士的意见，邀请人大代表列席常委会会议，参与地方立法活动，通过座谈会、咨询会等形式加强对法规草案的论证。③地方行政立法信息公开形式多元化。拓展立法信息公开的渠道，用足用好网站、广播、电视、报刊等传媒，在更广阔的领域和更深刻的层次通达民情、反映民意，以更加有效地整合立法资源、降低立法成本、提高立法质量。④地方行政立法评估、清理的制度化。首先，要建立地方行政立法评估制度，通过执法检查、代表视察、工作调研等方式，选择适当地方政府规章进行“立法回头看”，加强对地方政府规章实施效果的检查和评估，及时发现地方政府规章在实施中存在的问题。对与上位法、与经济社会生活不相适应的地方政府规章，及时予以清理、修改、废止，使地方政府规章更加完善，保证上下位阶法之间的协调一致。其次，要建立地方政府规章清理制度。根据国家法制建设发展的进程和汕头市的实际情况，将地方政府规章修改和废止工作放在与制定地方政府规章同等重要的位置，及时修改和废除与

---

①许立群、张时飞、陈小勇：《立法引领改革　改革推动立法——汕头民政立法工作调研报告》，载《中国民政》2014年第11期。

法律、法规不符，与市场经济和社会发展不相适应的法规，及时对汕头市现行有效的地方政府规章进行全面清理，维护国家法制统一。

### （三）加强重点领域的立法创新

党的十八大提出了“完善中国特色社会主义法律体系，加强重点领域立法”的重大课题。我们要充分认识新时期加强重点领域立法的意义，自觉服从党和国家工作大局和法治建设总体布局，切实重视和加强重点领域立法工作，更好为改革发展提供服务。面对新形势、新任务，加强和改进地方立法中的重点领域立法，可以从以下几个方面入手：①要精心确定重点领域地方行政立法项目。某个时期立法重点领域会随着经济社会的发展而变化。在立法项目的选取上，必须充分考量当地经济社会发展实际，统筹立法资源，要从“成熟一个，制定一个”的“摸着石头过河”的立法模式，向科学规划、统筹安排、协调发展的立法模式转变，做好顶层设计，确保将有限的立法资源用在刀刃上，注重“有所立、有所不立”，防止安排立法项目时避重就轻、拈易怕难。要做好严谨精细的立法论证工作，站位全局，立足民意，发挥专家学者、社会公众等各方面作用，共同把好立项论证关，使重点领域地方行政立法更加具有科学性、稳定性、权威性和生命力。②要把握重点领域地方行政立法的立法规律。地方行政立法有自身的规律。促进经济发展方式转变的立法，在加强规范的同时，更为强调法的引导功能。在立法上要尤其处理好现实性与前瞻性的关系，在促进措施的明确性、具体性、可行性上下工夫，避免使法规过于原则而成为现行政策的翻版。社会领域的立法涉及的利益关系尤为复杂，一部法规往往涉及多个执法主体，因此立法要在整合管理体制、明晰政府职责上下工夫，妥善平衡各方利益与责任。文化领域立法要注意研究立法的时机、角度和立法的界限，在积极推进的同时，对道德或思想领域的问题以及尚未摸清规律的文化现象，要保持必要的立法节制。党的十八大后，通过立法不断规范和监督权力的运行已经成为社会的共识。地方行政立法要把对权力的监督和制约作为立法的重要内容，合理划定政府、社会、公民三者的权力与权利边界，正确把握权力介入公共事务的强度与力度，避免各种越位、缺位、错位的情形。在赋予行政部门必要权力的同时，要建构对称、多向、效益型的权力监督机制，建构开放、公正、高效的公民权利救济机制，以及严密、多样的责任机制。③注重发挥地方行政立法对改革发展的引领和推动作用。以依靠法治保障和引领海湾新区、华侨经济文化合作试验区建设为重点，立法促进华侨经济与文化发展。在营商环境以及土地规划、投资管理、金融服务等方面加大政策创新力度。发挥特区行政立法在保障和改善民生，推进社会体制改革，扩大公共服务，促进社会公平正义方面的作用，通过地方行政立法保障和改善民生。

### （四）加强地方立法的公众参与制度建设

地方行政立法要充分发扬立法民主，让民众广泛参与立法。民众通过广泛参与，既可以表达自己的意愿，也可以监督立法。进一步提高地方行政立法的透明度，使立法程序的每一阶段、每一步骤都能以看得见的方式进行，向社会公开，真正做到“真金不怕火炼”。为此，应该从制度上完善以下体制机制：①完善公众参与的宣传教育制度。汕头市人民政府在日常工作中应当加大宣传力度，开展各种形式的政治、法律以及各种专业知识培训教育，提高公众基础法律等专业知识水平，使普通公众能够了解基本的参与知识，提高参与地方立法的主体意识和参与能力，从而从根本上提高公众参与地方立法的深度和广度。②拓展公众参与的形式。通过举行立法座谈会、论证会、听证会等多种形式，广泛听取各方面尤其是基层群众、管理相对人的意见，切实做到集思广益、凝聚共识，对公民提出的意见建议作出及时、负责任的处理，尽可能地吸纳到地方政府规章之中。③建立健全地方行政立法意见反馈制度。公众参与仅仅保证公众能充分表达自己的意见和观点是远远不够的，更重要的是通过一定的机制促使立法机关认真考虑、对待公众意见，赋予公众意见一定的法律效力，使公众的参与能够对立法结果产生实质性的影响。如果立法机关可以任意决定哪些意见可以吸收、哪些意见不予采纳，那么，公众参与就失去了实际意义。应当进一步完善公众意见反馈机制，这并非要求立法机关对于收集到的每一条公众意见都要采纳，而是明确公众意见的采纳方式和效力，如对于公众意见是否采纳存在重大分歧的，应当启动听证、论证程序决定是否采纳；明确规定如果出现某些条款公众意见集中反对或者反对意见达到一定程度时，不得通过这些条款，以此限制政府在吸收、采纳公众意见上的自由裁量权，增强公众意见对地方立法的影响力。这种深度的公众参与，使老百姓不再只是法律的接受者，而且还是法律制定的参与者，使地方政府规章得到老百姓发自内心的真切认同，促进了地方政府规章的有效实施，也有利于良法的形成。

### （五）加强立法人才队伍建设

地方行政立法是一项系统性的需要付出艰辛脑力劳动的复杂工作，并且要求专业性强、知识渊博、责任心强和富有创造性、创新性的人才参与工作。如何建设一支高素质的立法人才队伍，是地方政府及其法制工作机构必须抓好的一项重要而紧迫的行政工作。在正确理解“立法人才”和“立法人才素质”概念的基础上，从现实和发展相结合的角度出发，应当采取以下必要的步骤和方法：①制订科学合理的培训计划，提高现有政府法制工作机构从事立法工作人员的综合素质和立法业务能力。就依法享有立法权限的地方政府法制工作机构的立法人员状况来看，受行政编制总数额的限制，从事立法审查工作的人员编制少，且知识结构构成不合理、人员素质差异较大，因此，对地方政府法制工作机构现有立法人员进行知识更新培训、立法学知识的培训和提高学习能力、实践能力、创新能力的培训就显得尤为必要。②创新立法人才管理机制，优化立法人才成长环境这包括：第一，创新法治人才培养机制。党的十八大提出创新法治人才培养机制。坚持用马克思主义法学思想和中国特色社会主义法治理论全方位占领高校、科研机构法学教育和法学研究阵地，加强法学基础理论研究，形成完善的中国特色社会主义法学理论体系、学科体系、课程体系，组织编写和全面采用国家统一的法律类专业核心教材，纳入司法考试必考范围。坚持立德树人、德育为先导，推动中国特色社会主义法治理论进教材进课堂进头脑，培养造就熟悉和坚持中国特色社会主义法治体系的法治人才及后备力量。建设通晓国际法律规则、善于处理涉外法律事务的涉外法治人才队伍。第二，加强法律服务队伍建设。加强律师队伍思想政治建设，把拥护中国共产党领导、拥护社会主义法治作为律师从业的基本要求，增强广大律师走中国特色社会主义法治道路的自觉性和坚定性。构建社会律师、公职律师、公司律师等优势互补、结构合理的律师队伍。提高律师队伍业务素质，完善执业保障机制。加强律师事务所管理，发挥律师协会自律作用，规范律师执业行为，监督律师严格遵守职业道德和职业操守，强化准入、退出管理，严格执行违法违规执业惩戒制度。加强律师行业党的建设，扩大党的工作覆盖面，切实发挥律师事务所党组织的政治核心作用。第三，建立地方政府与高等法学院校之间的人才交流机制和制度，使立法实践与立法理论做到紧密结合与互动提高。第四，建立地方政府法制工作机构与地方政府各部门之间的人员交流机制和制度，提高立法人才资源的实际业务能力，解决立法知识结构不合理和工作经验不足的实际问题。第五，提高立法人员的政治待遇和经济待遇，使立法工作岗位具有行政职务和专业技术职称双重职务，实行立法工作岗位上职务与工资双向选择挂钩，鼓励立法人员在立法实践基础上进行立法理论的研究和创新。第六，地方政府法制工作机构内部要实行理论研究机构与立法处之间人员的交流制度，或者实行立法项目由立法处、法制理论研究机构和社会上的专家学者组成立法课题组的形式进行立法工作，解决立法力量不足和关门立法造成立法质量不高的问题。

（撰稿人：戴悠悠）

# 第六编　广东省民族自治区地方立法年度观察报告（2014）

《宪法》是国家的根本大法。民族区域自治立法权来源于《宪法》的授权。《宪法》第四条第三款规定："各少数民族聚居的地方实行区域自治，设立自治机关，行使自治权。"第115条规定："自治区、自治州、自治县的自治机关行使宪法第三章第五节规定的地方国家机关的职权，同时依照宪法、民族区域自治法和其他法律规定的权限行使自治权，根据本地方实际情况贯彻执行国家的法律、政策。"第116条规定："民族自治地方的人民代表大会有权依照当地民族的政治、经济和文化的特点，制定自治条例和单行条例。自治区的自治条例和单行条例，报全国人民代表大会常务委员会批准后生效。自治州、自治县的自治条例和单行条例，报省或者自治区的人民代表大会常务委员会批准后生效，并报全国人民代表大会常务委员会备案。"同时，《立法法》对民族区域自治地方对上位法的变通规定和执行作了明确：一是变通规定不得违反宪法、法律和行政法规的基本原则和立法精神；二是不得违反在宪法、民族区域自治法及相关法律，以及国务院相关的行政法规对民族自治地方制度的规定。

广东省有乳源瑶族自治县、连山壮族瑶族自治县、连南瑶族自治县等三个自治县。乳源瑶族自治县位于广东省北部、韶关市区西部31千米处。地处中亚热带山地，溶蚀高原地貌显著，多峡谷，境内森林、水力、矿产、旅游资源丰富。1949年10月9日，乳源解放，属广东北江行政公署（后改称粤北行政公署）。1963年10月，成立乳源瑶族自治县，先后属韶关专员公署、韶关地区革委会、韶关地区行政公署。1983年韶关地区与韶关市合并，乳源属韶关市。2009年，全县瑶族人口占总人口的11.4%，客家人占总人口的80%以上，全县通行客家语。[①]

连山壮族瑶族自治县地处南岭五岭之一的萌渚山脉之中，位于粤、湘、桂三省（区）结合部。西至广西贺州，北与湖南江华相接，境内峰峦林立，溪涧纵横，地势高峻，总面积的87%为山地。总人口约11.6万人，境内少数民族中，壮族占人口

①百度百科：《乳源瑶族自治县》，http://baike.baidu.com/link?url=OBefHJIFAaBQsTqO3h7feakVHA5xVEXpZaeYYWrre7wVOKm5GxqoNnPz2oEiiCF-_8uAi9OXohAlY8ZRO3XntgZIw6YeqGiFFyt_9PFGmPCFeFm_XkFwnFfo57EwX0BD2_1lHWs0ruLSuXToIARaDa，访问时间：2015年3月10日。

43%，瑶族占6%。县城坐落在吉田河畔一个平缓的山坡上，北高南低，县城人口2万多人，城区面积不大。[①]

连南瑶族自治县，位于广东省西北部，隶属韶关市。东北与连州市交界，东南与阳山县相连，南接怀集县，西邻连山壮族瑶族自治县，西北与湖南省江华瑶族自治县接壤。瑶族居住的地方占全县80%的面积，在连绵百里的高山峻岭上，到处是瑶家村寨，瑶族风情丰盛，故连南瑶族自治县有“百里瑶山”之称。据2005年人口统计，全县共有156523人，其中瑶族80972人，占总人口的50.73%多；壮族1523人；汉族7万多人，大部分为客家人。还有少量的回、满、黎、彝、土家、布依、朝鲜等民族。[②]

从1982年宪法实施以来，乳源、连山、连南三个民族区域自治县就依法享有民族区域自治立法权，但三县人大至今一共只制定实施了12件地方自治法规。2014年只有连山壮族瑶族自治县行使立法权，制定了《连山壮族瑶族自治县森林资源保护管理条例》。基于此，我们对广东省民族自治区地方立法的观察、评测是整体的、全面的，而不是仅限于2014年。

---

①百度百科：“连山壮族瑶族自治县”，http://baike.baidu.com/view/415683.htm，访问时间：2015年3月10日。

②百度百科：“连南瑶族自治县”，http://baike.baidu.com/view/184216.htm，访问时间：2015年3月10日。

# 第十一章　乳源、连山、连南民族区域自治立法观察报告

## 一、乳源、连山、连南民族区域自治立法概述

1982年现行《宪法》实施以来，就明确授予民族区域自治地方立法权，但乳源、连山、连南三个自治县获得地方立法权30多年来，并不善于运用地方立法权。至今三个县只制定实施了12部地方自治法规：3部自治条例，即《乳源瑶族自治县自治条例》《连山壮族瑶族自治县自治条例》《连南瑶族自治县自治条例》；乳源制定实施了5部单行条例；连山制定实施了2部单行条例；连南制定实施了2部单行条例。自治县所制定的单行条例，内容主要集中在防治水污染、森林资源的管理与保护、民族文化的传承与保护、妇女儿童权益保障等几个与民族区域自治地方实际相适应、与民生相紧密关联的方面。

## 二、乳源瑶族自治县的立法情况

1.《乳源瑶族自治县自治条例》

为了促进乳源瑶族自治县各项事业依法进行，有序发展，根据《中华人民共和国宪法》《中华人民共和国民族区域自治法》（以下简称《民族区域自治法》）和有关法律法规的规定，结合乳源瑶族自治县的地方和民族等特点，1988年3月27日，乳源瑶族自治县第五届人民代表大会第二次会议审议通过了《乳源瑶族自治县自治条例》，1988年6月18日经广东省第七届人民代表大会常务委员会第二次会议批准。1999年1月23日乳源瑶族自治县第八届人民代表大会第二次会议通过第一次修订，于1999年5月21日获广东省第九届人民代表大会常务委员会第十次会议批准。2009年3月10日，乳源瑶族自治县第十届人民代表大会第四次会议通过第二次修订，2009年7月30日获广东省第十一届人民代表大会常务委员会第十二次会议批准，2009年9月1日乳源瑶族自治县人民代表大会常务委员会公告第2 6号公布施行。

《乳源瑶族自治县自治条例》包括总则、自治县的自治机关、人民法院和人民检察院、自治县的经济建设、自治县的财政管理、自治县的文化建设、自治县内的民族关系和附则等8章，共66条。《乳源瑶族自治县自治条例》规定了民族区域自治机关是

自治县人民代表大会和人民政府，并对其职权和构成等作了具体规定；规定了自治县的经济建设、社会事业建设和人才队伍建设，以及民族关系等方面的基本政策。

2.《乳源瑶族自治县水资源管理条例》

为了合理开发利用和保护水资源，根据《中华人民共和国水法》《广东省实施〈中华人民共和国水法〉办法》，结合乳源瑶族自治县实际，1993年3月11日，乳源瑶族自治县第七届人民代表大会第一次会议审议通过了《乳源瑶族自治县水资源管理条例》，并在1993年7月15日经广东省第八届人民代表大会常务委员会第三次会议批准。1997年12月1日，广东省第八届人民代表大会常务委员会第三十二次会议进行修改，于1998年1月3日公布实施。

《乳源瑶族自治县水资源管理条例》共20条，对乳源瑶族自治县内水资源的开发利用，水利设施的修建与维护责任，取水许可制度，以及水资源费用的征收和管理，取水单位和个人的权利与责任等方面作出了详细的规定。

3.《乳源瑶族自治县水污染防治条例》

为了合理利用水资源，防治水质污染，维护和保护水质的良好状态，保证水资源的有效利用，根据《中华人民共和国水污染防治法》等法律、法规，结合乳源瑶族自治县实际，2001年2月23日，乳源瑶族自治县第八届人民代表大会第四次会议审议通过了《乳源瑶族自治县水污染防治条例》，于2001年12月3日经过广东省第九届人民代表大会常务委员会第二十九次会议批准。

《乳源瑶族自治县水污染防治条例》共32条。条例对自治县内水利设施建设与排污工程的修筑手续与要求作出了明确规定，同时列明了污水排放设备与建筑主体工程“同时设计、同时施工、同时投产”的“三同时制度”，在排污工程和污水处理设备上有着严格的规定。条例明确了企事业单位和个人对水污染设备的维护责任、排污的检测与控制方案、排污突发事务的处理原则与方法、自治区境内水源保护的范围和对象，以及违反相关法律法规和本条例所需要承担的法律责任等内容作出了具体规定。

4.《乳源瑶族自治县森林资源保护管理条例》

为了保护、培育和合理利用森林资源，提高森林资源效益，根据《中华人民共和国森林法》等有关法律法规，结合自治县实际，2001年2月23日，乳源瑶族自治县第八届人民代表大会第四次会议审议通过了《乳源瑶族自治县森林资源保护管理条例》，2001年12月3日由广东省第九届人民代表大会常务委员会第二十九次会议批准。

《乳源瑶族自治县森林资源保护管理条例》共31条。条例立足乳源瑶族自治县位处粤北山区，林地茂密的实际，因地制宜对自治县范围内的林地种类作了细致的划分，并创造性地建立了“林业基金制度”和“森林生态效益补偿制度”。除此之外，条例还对林业开采与作业者的责任与义务，禁止开垦耕作的坡度，宜林地的具体指标条件，林业部门和下辖乡镇植树造林的具体责任，以及动植物的保护和禁止砍伐的林场范围和苗木名录等内容都作出了明确的规定。

5.《乳源瑶族自治县城镇规划条例》

为了科学地制定自治县城镇规划，加强城镇规划管理，保障城镇规划的实施，根据《中华人民共和国民族区域自治法》《中华人民共和国城市规划法》以及有关法律、法规，结合乳源瑶族自治县的实际，2002年3月11日，乳源瑶族自治县第八届人民代表大会第五次会议审议通过了《乳源瑶族自治县城镇规划条例》。2002年10月13日，获广东省第九届人民代表大会常务委员会第三十七次会议批准，自2002年12月10日起施行。

《乳源瑶族自治县城镇规划条例》包括总则、城镇规划的编制与审批、建设用地的规划管理、建设工程的规划管理、城镇规划的建设与检查、违反相关法律法规和本条例所承担的法律责任，以及附则等7章，共38条。条例对自治县的“中心城区”和“控制地段”都作出了明确的规定，同时对两地的建筑规划主体责任和规划方向作了规定。条例还规范了建筑工程的规划者、施工者以及主管单位的责任和办理建筑工程的相关手续，也对自治县内的建筑工程提出了符合当地实际情况并能体现瑶族特色的三点要求。

6.《乳源瑶族自治县旅游管理条例》

为了保护和合理开发利用旅游资源，加强旅游管理，规范旅游经营行为，维护旅游者和旅游经营者的合法权益，促进旅游事业的发展，根据《中华人民共和国宪法》《中华人民共和国民族区域自治法》和有关法律、法规的规定，结合乳源瑶族自治县的实际，2006年8月30日，乳源瑶族自治县第九届人大常委会第三十次会议审议通过了《乳源瑶族自治县旅游管理条例》，于2006年9月28日经广东省第十届人民代表大会常务委员会第二十七次会议批准。

《乳源瑶族自治县旅游管理条例》共28条。条例对自治县内旅游资源的开发的方针和原则作了明确的要求。条例对自治县内的旅游景区重点保护区和一般保护区的划分，自治区旅游景点的开发利用办理手续，旅游经营者和导游的九点责任，游客享有的七点权利和承担的四点义务，以及违反相关法律法规和规章所需要承担的法律责任作出了具体的规定。

## 三、连山壮族瑶族自治县的立法情况

1.《连山壮族瑶族自治县自治条例》

为了促进连山壮族瑶族自治县各项工作顺利发展，推进地方法治事业进步，根据《中华人民共和国宪法》《中华人民共和国民族区域自治法》和有关法律法规的规定，结合连山壮族瑶族自治县的政治、经济、文化的特点，1988年3月16日，连山壮族瑶族自治县第四届人民代表大会第二次会议审议通过了《连山壮族瑶族自治县自治条例》，于1988年6月18日经广东省第七届人民代表大会常务委员会第二次会议批准。1999年3月12日，连山壮族瑶族自治县第七届人民代表大会第三次会议通过第一次修订，获1999年5月21日广东省第九届人民代表大会常务委员会第十次会议批准。2009年3月5日，连山壮族瑶族自治县第九届人民代表大会第三次会议通过第二次修订，2009年7月30日经广东第十一届人民代表大会常务委员会第十二次会议批准。现行的自治条例于2009年9月9日由连山壮族瑶族自治县人民代表大会常务委员会第13号公报公布实施。

《连山壮族瑶族自治县自治条例》包括总则，自治县的自治机关和自治县的人民法院，人民检察院、自治县的经济建设，财政管理，社会事业建设和人才队伍建设、民族关系等8章，共65条。《连山壮族瑶族自治县自治条例》结合连山壮族瑶族聚居的实际，对公民权利尤其是壮族瑶族公民的权利作了细致的保护性规定；立足连山地处粤北山区的实际，尤其注重对生态农业的发展、对自然资源和旅游资源的合理开发利用和对环境的保护，较好地贯彻了《宪法》和《民族区域自治法》的精神和内容。

2.《连山壮族瑶族自治县乡道建设和管理条例》

为了加强乡道的建设和管理，促进乡道发展，适应经济发展和人民群众生产、生活的需要，根据《中华人民共和国公路法》的规定，结合连山壮族瑶族自治县实际，自治县人民代表大会于2001年制定了《连山壮族瑶族自治县乡道建设和管理条例》，同年获广东省人大常委会批准，于2002年1月1日开始实施。

《连山壮族瑶族自治县乡道建设和管理条例》共17条。《连山壮族瑶族自治县乡道建设和管理条例》首先确立了“民需民建，建养并重；民建公助，多方筹资；民建民养，保障畅通”的二十四字原则，对全县的乡道建设和维护事业作了比较宏观的规定。其次规定了乡道建设和维护的主体责任，经费的来源、使用和监督，包括以及下设村委会和公民个人对乡道的维护责任和禁止公民私设电缆等内容。

3.《连山壮族瑶族自治县森林资源保护管理条例》

为了保护、培育和合理利用森林资源，建设林业生态强县，根据《中华人民共和国民族区域自治法》《中华人民共和国森林法》《连山壮族瑶族自治县自治条例》和有关法律、行政法规的规定，结合连山壮族瑶族自治县的实际，2013年3月，连山瑶族壮族自治县第十届人大代表大会第四次会议审议通过了《连山壮族瑶族自治县森林资源保护管理条例》，2014年11月由广东省第十二届人大常委会第十二次会议审查批准，于2015年3月1日起实施。

《连山壮族瑶族自治县森林资源保护管理条例》包括总则、森林资源权属、植树造林、森林资源的保护、森林资源的开发利用、法律责任等7章，共58条。《连山壮族瑶族自治县森林资源保护管理条例》对条例的制定原则、责任主体、森林资源权属的种类和流转的规则、植树造林的相关内容和森林资源的保护方式、对象、范围和责任等作出了具体的规定，还对森林资源的开发程序和相关主体的法律责任也作了详细的规定。

## 四、连南瑶族自治县的立法情况

1.《连南瑶族自治县自治条例》

为了促进连南瑶族自治县各项工作顺利发展，推进地方法治事业进步，根据《中华人民共和国宪法》《中华人民共和国民族区域自治法》和有关法律法规的规定，结合连南瑶族自治县的政治、经济、文化的特点，1987年2月21日，连南瑶族自治县第七届人民代表大会第四次会议审议通过了《连南瑶族自治县自治条例》，1987年3月7日由广东省第六届人民代表大会常务委员会第二十五次会议批准。1998年3月13日，连南瑶族自治县第十一届人民代表大会第一次会议通过第一次修订，获1998年6月1日广东省第九届人民代表大会常务委员会第三次会议批准。2009年3月10日，连南瑶族自治县第十三届人民代表大会第三次会议通过第二次修订，于2009年7月30日经广东省第十一届人民代表大会常务委员会第十二次会议批准，于2009年9月23日由连南瑶族自治县第十三届人民代表大会常务委员会公告公布，自公布之日起施行。

《连南瑶族自治县自治条例》包括总则，自治县的自治机关和自治县的人民法院，人民检察院、自治县的经济建设，财政管理，社会事业建设和人才队伍建设，民族关系等9章，共68条。《连南瑶族自治县自治条例》对森工、建材、能源、采矿、纺织、保健食品和农副产品深加工工业等作了具体的规定，使连南瑶族自治县充分利用好宪法和相关法律赋予的民族区域自治地方特殊的宪政优势，同时立足农业发达、多民族聚居的特点，旗帜鲜明地提出了“绿色产业强县”的战略目标，和建立“林业可持续发展的体系”，充分体现了地方特色与环境保护意识。

2.《连南瑶族自治县森林资源保护管理条例》

为了保护、培育和合理利用森林资源，建设林业生态强县，依据《中华人民共和国民族区域自治法》《中华人民共和国森林法》《连南瑶族自治县自治条例》和有关法律、行政法规的规定，结合连南瑶族自治县森林资源的实际，2011年1月26日，连南瑶族自治县第十三届人民代表大会常务委员会第五次会议审议通过了《连南瑶族自治县森林资源保护管理条例》，2012年5月31日经广东省第十一届人民代表大会常务委员会第34次会议批准，由2012年8月3日连南瑶族自治县第十四届人民代表大会常务委员公告第1号公布，自2012年8月3日起施行。

《连南瑶族自治县森林资源保护管理条例》包括总则、森林资源权属、植树造林、森林资源保护、森林资源开发利用、法律责任等7章，共59条。《连南瑶族自治县森林资源保护管理条例》主要对该自治县内的森林资源如何利用和保护作了详细的规定，将森林资源作为经济发展与社会发展的立足点，做到保护与发展相辅相成。此外还针对连南松脂产业发达的现状，创新规定了“松树采脂实行采脂资格许可制度”，为自治县内的松脂采伐和加工利用产业提供了法制的保障。

3.《连南瑶族自治县保障青少年儿童入学权利条例》

为了保障适龄青少年儿童入学接受教育的权利，提高民族文化素质，根据《中华人民共和国义务教育法》有关法律、法规的规定，结合连南瑶族自治县的实际，2012年3月22日，连南瑶族自治县第十四届人民代表大会第二次会议审议通过了《连南瑶族自治县保障青少年儿童入学权利条例》，2012年11月29日经广东省第十一届人民代表大会常务委员会第三十八次会议批准，由2013年5月22日连南瑶族自治县第十四届人民代表大会常务委员会公告公布，自2013年9月1日起施行。

《连南瑶族自治县保障青少年儿童入学权利条例》包括总则，行政机关、教育机构、教师和家长等方面对青少年儿童受教育权保护的主体责任，学校的管理、日常教育和收费的规范，教师资格与日常管理，学生的主体责任和承担的义务，以及违反相关法律规范应当承担的责任等8章，共41条。《连南瑶族自治县保障青少年儿童入学权利条例》对强化教育行政主管部门、办学机构和家长、教师等方面的主体责任，规范学习的运作与管理，严格保护民族自治县内青少年的依法受教育权，有不少创新性规定。

## 五、乳源、连山、连南三个自治县人大立法中的主要探索和做法

### （一）立法注重民族特色，强调保障民族自治权

乳源、连山、连南三县的地方立法，注重立足本民族区域自治地方的实际情况，充分体现民族特色。三县人大从自治县实际出发，紧扣经济、社会发展中急需解决的问题和人民群众普遍关心的热点问题，民族问题，制定和实施立法计划，在选题和内容上注重贴近经济和社会实际，体现自治县的自然、人文特点和民族特色。例如，《乳源瑶族自治县自治条例》第48条规定："以弘扬瑶族文化为重点，挖掘民间民俗传统的文化，开展群众性文化体育活动和少数民族传统体育活动，加快瑶乡文化建设。自治县保护历史文物和名胜古迹，尊重瑶族服饰和礼仪，加强对非物质文化遗产的搜集、整理、研究、开发和利用工作，促进文化事业的发展。"第38条规定："自治县积极扶持民族特需商品和传统手工业的生产，促进产品流通，提高民族产品商品率。自治县加强城镇、农村集市建设和管理。" 第54条规定："自治县按照保护、发展、利用相结合的方针，发展民族文化艺术产业。对国家和省级非物质文化遗产、省级重点文物保护单位、中国历史文化名村等民族文化遗产品牌资源，坚持合理开发、利用。自治县可以报上级国家机关批准，享受上级国家机关在文化遗产保护经费方面的倾斜照顾；加大投入，积极培养瑶族文艺人才；增加文化设施，加强文化馆(站)、图书馆、博物馆建设；重视办好民族歌舞团，开展健康文明的文娱活动，丰富各族人

民的文化生活。”“自治县加强对历史文物和名胜古迹的保护，加强对民族历史、文化资料的收集、整理研究和开发利用，做好地方史志编纂工作，发展档案事业。自治县加强对非物质文化遗产的保护和开发利用，积极培养非物质文化遗产传承人。自治县定期举行瑶族文化艺术节和民族风情展示活动；积极组织耍歌堂、长鼓舞、瑶族舞曲和瑶歌演唱等瑶族传统文化艺术表演和比赛。瑶区中学、小学开设瑶族优秀文化艺术学习课程。”第56条规定：“自治县重视民间医药和医术的挖掘、整理、研究和应用。保护和利用药材资源，发展中医药事业和民族休闲养生保健。”这些规定，都较好地立足于民族区域自治地方的实际情况，以立法的形式加大民族文化的保护和传承的力度，推动民族地区科教文体卫事业的进步。

同时，乳源、连山、连南三县的地方立法，能以人为本，坚持立法为民，强调对民族自治权的保障，如《乳源瑶族自治县自治条例》第13条规定：“自治县县长由瑶族公民担任。自治县人民政府的其他组成人员，要重视配备瑶族公民。自治县瑶族聚居镇的镇长由瑶族公民担任。”又如，《连南瑶族自治县自治条例》第21条规定：“自治县各民族公民在适用法律上一律平等。各民族公民都有使用本民族语言文字进行诉讼的权利。自治县人民法院、人民检察院在审理和检察案件时使用普通话或当地通用语言，法律文书使用汉字。对不通晓普通话或当地通用语言的诉讼参与人，应当为其提供翻译。”这些规定都较好地保障了人口占主要成分的少数民族在该地方的政治和文化权利。

### （二）坚持开门立法、民主立法

乳源、连山、连南三个自治县人大在自治条例和单行条例的制定过程当中，坚持开门立法、民主立法，主要体现在以下几方面：①充分重视法规的立项工作。连南瑶族自治县根据自治县社会发展实际需要确定立法项目，召开民主党派和社会团体、镇、村各界、人大代表座谈会，直接听取他们对立法工作和立法项目的意见和建议。同时，加强立法计划的初审工作，县人大常委会内司委与县法制局共同研究确定立法项目，对申报项目的立法必要性、迫切性以及拟立法解决的问题等进行审查。②立法过程中重视对民意的征集。《连山瑶族自治县自治条例》制定于1988年，分别于1999年和2008年进行过两次修改，其中在2008年3月的第二次修改过程当中，经过深入的专题调研和召开各类座谈会、听证会，广泛征求各界意见，八易其稿。在2014年制定《连山壮族瑶族自治县森林资源保护管理条例》时，连山县人大常委会工作人员分成小组，深入田间地头，深入森林资源保护与开发的工作一线，向社会征求意见建议。连南瑶族自治县在法规的制定过程当中，尤其注重以征求意见稿的形式征集民意。连南县人大在修订《连南瑶族自治县保障青少年儿童入学权利条例》之前，曾多次深入镇中心学校、村校和教学点下访教师、家长，掌握第一手鲜活材料，使制定的《连南瑶族自治县保障青少年儿童入学权利条例》单行条例更加符合自治县实际。③重视立法调研。乳源县在制定《乳源瑶族自治县旅游管理条例》时，动员了三方面力量对本县的旅游资源和具体情况进行专题调研：一是由县人大常委会牵头，宏观上把握对自治县旅游资源和旅游业经营情况的调查研究，组织由各人大代表为成员的调研小组开展调研；二是利用广东省旅游局领导对乳源旅游工作的视察为契机，落实省旅游局对乳源的要求和意见，争取省直机关对乳源县旅游事业的重视；三是借助政协参政议政的力量，由政协主席牵头成立专项小组，动员政协委员围绕乳源旅游开发建设情况进行专题调研。

### （三）以机制创新提高立法质量

乳源、连山、连南三个自治县人大在法规的立项、起草、审查、审议、表决等方面，构建适应自治县立法工作需要的制度体系，逐步改变单一的政府立法起草模式，探索职能部门自行起草、联合起草、组成起草小组起草等多元化起草方式，充分调动立法者、执法者、专家学者和人民群众的积极性。以连南瑶族自治县为例，《连南瑶族自治县森林资源保护管理条例》列入立法计划后，成立了由县委主要领导担任组长的起草领导小组，由县人大内司委、法制局、林业局、林业分局、林业技术研究所、森林资源保护站等有关专业人士和同志联合起草，提高了立法效率，保证了质量。连南在民族区域自治立法的过程当中，逐步建立健全立法工作制度和审议制度，如《连南瑶族自治县森林资源保护管理条例》草案向社会公开制度、《连南瑶族自治县森林资源保护管理条例》草案审议提前送达委员制度、邀请人大代表列席法规审议制度、咨询专业人制度、再审制度、条款表决制度等，从制度上保障和促进立法质量的提高。连山和乳源也根据地方实际，推出不同举措，制定一系列制度不断提高民族自治区域的地方立法质量。

## 六、乳源、连山、连南三个自治县人大立法工作中存在的问题

乳源、连山、连南三个自治县人大在民族区域立法中取得了一定成就，但也存在不少问题，其中主要有以下几点。

### （一）不善用地方立法推动民族事业进步

纵观乳源、连山、连南三个自治县人大，2014年仅有连山壮族瑶族自治县制定了一部《连山壮族瑶族自治县森林资源保护管理条例》，其余两县在2014年既无制定自治条例或单行条例，也没有修改或废止自治条例、单行条例。在《宪法》和《立法

法》《民族区域自治法》等相关法律赋予民族区域自治地方以地方立法权以来，乳源、连山、连南三个民族自治县制定的自治条例和单行条例从数量上看并不多，总共12件，其中3件自治条例，9件单行条例。其内容也主要集中在森林资源保护与管理、乡镇路桥修筑与管理、水源保护与水污染防治、旅游、青少年儿童权益保护等粤北山区经济社会发展所亟待规范和调整的范畴，涉及民族事业发展的内容很少。可见，三个自治县人大并不善于利用民族区域立法推动民族事业进步。

## （二）部分条文的合法性与可操作性有待加强

民族区域自治条例和单行条例，是整个中国特色社会主义法律体系的重要组成部分。《立法法》对民族区域自治地方对上位法的变通规定和执行作了明确：一是变通规定不得违反宪法、法律和行政法规的基本原则和立法精神；二是不得违反在宪法、民族区域自治法及相关法律以及国务院相关的行政法规对民族自治地方制度的规定。因此，自治县人大制定民族区域自治条例和单行条例时必须注意确保其合法性，然而，乳源、连山、连南三个自治县人大在制定自治条例时，部分条例的合法性值得商榷，如《连南瑶族自治县自治条例》第20条第二款规定："自治县人民法院和人民检察院，应当由瑶族公民担任院长、检察长或者副院长、副检察长。审判委员会、检察委员会的组成人员中，应当合理配备瑶族和其他少数民族公民。"《乳源瑶族自治县自治条例》第14条第三款规定："自治县的人民法院和人民检察院应当由瑶族公民担任院长、检察长或者副院长、副检察长。在其他领导成员和工作人员中要合理配备瑶族公民。"《连山壮族瑶族自治县自治条例》第17条规定："自治县人民法院、人民检察院中，应当有壮族或者瑶族公民担任院长、检察长或者副院长、副检察长。工作人员中应当有壮族、瑶族公民。"按照《宪法》和《民族区域自治法》的规定，民族区域自治机关是自治县人民代表大会和人民政府，司法机关并不是自治机关，而且从党的十八大、十八届三中全会、四中全会精神来看，司法机关应该是国家的，而不是地方的，这是维护法制统一、国家统一所必需的制度保障。三个自治县的自治条例的相关规定，其合法性值得商榷。

民族区域自治条例和单行条例的可操作性是其取得实效的重要保障，然而，三个自治县人大有关民族区域自治地方立法的部分条文是对上位法的直接模仿或者是对应然情况所作的宣言性规定，可执行性不足。例如《连山壮族瑶族自治县森林资源保护管理条例》规定，自治县居民要按照法律法规的规定完成植树义务，这样的条文没有规定法律后果，也无法要求居民由此承担不完成义务植树任务的法律责任，条文更多的是宣言性的，可执行性不强。另外，不少民族区域自治地方想通过制定自治条例、单行条例来维护本地的利益，减轻本地政府义务。例如《连南瑶族自治县自治条例》规定，自治县财政人均财力低于全省建制县（市）平均水平时，不足部分可以报请省人民政府通过财政转移支付解决。这实际上对省政府和省财政厅都提出了很高的要求。这项规定主要的法律依据是《民族区域自治法》的第62条："随着国民经济的发展和财政收入的增长，上级财政逐步加大对民族自治地方财政转移支付力度。通过一般性财政转移支付、专项财政转移支付、民族优惠政策财政转移支付以及国家确定的其他方式，增加对民族自治地方的资金投入，用于加快民族自治地方经济发展和社会进步，逐步缩小与发达地区的差距。"可见，作为上位法的民族区域自治法对上级机关的义务仅是规定为"加大转移支付力度""增加资金投入""逐步缩小与发达地区的差异"，并未要求使得民族区域自治地方的人均财力达到全省的平均水平。乳源、连山也有像类似的规定，但类似规定的法律依据不足，也没有明显的法理和客观情况的支持——民族自治县位于我省北部山区，经济与我省整体水平特别是珠三角地区仍有较大的差距，通过本县制定自治条例来增强财政权力，赋予省政府和省级财政机关以特定义务，并不具有可操作性。类似的情况还体现在其他部分条文上。《民族区域自治法》第56条规定，国家在民族自治地方安排基础设施建设，需要民族自治地方配套资金的，根据不同情况给予减少或者免除配套资金的照顾。依此，三个自治县人大通过自治条例规定，经省、市批准的各项建设项目，要取消地方配套资金。这样的条文同样是强调本地区的权力，减免本地区义务的。民族区域自治立法的效力范围限于本自治地区，上级政府机关在对整个行政区划内的事务进行统筹和全面管理上，难以完全顾及民族区域自治地方的规范条文。实际上，这样的条文也确实并未获得上级政府和财政机关的重视和执行。这样的条文的可执行性不强。

## （三）部分条款缺乏相应制度配套

《民族区域自治法》第67条规定："上级国家机关隶属的在民族自治地方的企业、事业单位依照国家规定招收人员时，优先招收当地少数民族人员。"乳源等三县的自治条例和单行条例也根据上位法的规定，对本民族区域自治地方内的少数民族选用作出了适度向少数民族倾斜的规定，但是这样的条例有时得不到很好的执行。《连南瑶族自治县自治条例》规定，少数民族地区干部招录要按照少数民族人口比例分配名额，但实际上，上级一律按照统一标准招录公务员，少数民族人员由于自身竞争力不强，比较难进入公务员队伍，造成少数民族干部比例失调。曾经在一个少数民族地区的派出所里，因民警全是汉族，审案要请翻译的现象发生。造成问题的原因在于公务员的招考和取录权限在于省级层面，清远市、韶关市都没有自行组织公务员招考的权限。在组织全省统一的公务员考试当中，没有对少数民族地区招考少数民族干部的比例和具体操作细则作出特殊的细化规定，于是大多数情况下只能按照一般地区同样的政策和比例招考公务员。这导致了自治条例和单行条例中的部分条文没有获得很好的执行，对少数民族招考选用的帮扶力度不足。

### （四）地方立法实践与法规宣传缺乏协调

亚里士多德曾指出：“法治应该包含两重意义：已成立的法律获得普遍的服从，而大家所服从的法律又应该本身是制订得良好的法律。”[①]法律要获得普遍的服从，让人们认知法律是基本前提，然而，乳源、连山、连南三县，法制宣传普及的力度与地方法治事业的推进工作却不相协调。2014年，三县中仅有连山壮族瑶族自治县制定了一部单行条例：《连山壮族瑶族自治县森林资源保护管理条例》。该条例经过向省人大华侨民族宗教委员会征求意见之后，已经于2014年3月经县第十届人民代表大会第四次会议审议通过，并在11月经省人大常委会审查批准，于2015年3月1日起在全县实施，但直至该条例开始实施的3月1日，我们仍无法在互联网上或者任何报刊媒体上查找到该单行条例的原文。该条例制定之后，仅仅通过连山壮族瑶族自治县人大常委会以公报的形式向社会公布。人大常委会公报的形式是法定的形式，除此之外，为了实现法规对公民的引导和教育作用，权力机关有义务让本地公民以更便捷有效的方式了解到法规的内容。通过网站、新闻媒体、报刊对单行条例的内容进行全文刊登，尤其是注意对林业管理、维护者、林农和山区百姓的普法宣传教育，在笔者看来当属应有之义。从最近一部单行条例的普法宣传来看，民族区域自治地方立法的宣传普及力度尚不足够，民族区域自治县的权力机关仍有必要通过各种形式和手段，向当地居民普及宪法、法律、法规和当地的自治条例、单行条例，尤其是要注重普及那些与民族区域自治地方实际相符的，与百姓生活和当地实际息息相关的规范性文件。

## 七、乳源、连山、连南三个自治县人大加强民族区域自治立法的几点建议

### （一）加强立法，推动地方事业进步

从法的渊源上看，民族区域自治地方的自治条例和单行条例也可是广义上的法的来源，在民族区域自治地方的范围内具有法的效力。立法是推动社会经济民生事业进步的重要手段。乳源瑶族自治县、连山壮族瑶族自治县和连南瑶族自治县均位于我省北部丘陵地区，经济实力与我省整体水平仍有一定的差距，增进人民福祉、促进社会进步的任务依然比较繁重。对民族区域自治地方来说，推动地方各项事业的进步更关乎各民族平等和共同繁荣的中心大局。完成民族地方经济社会发展各项事业的关键在人，因此要改变立法人员尤其是领导干部的法治思维和法治意识，“进一步提高全社会特别是各级国家权力机关、执法机关领导及其工作人员对民族立法工作重要性、必

① ［古希腊］亚里士多德著，吴寿彭译：《政治学》，商务印书馆，1965年，第199页。

要性和紧迫性的认识，为加快民族立法步伐扫清思想障碍。”[①]乳源、连山、连南三个自治县人大应当更加重视地方立法工作，积极地引导、培育和灌输领导干部的法治思维，认识地方立法的重要意义，利用好宪法法律赋予民族区域自治地方的优势，制定更多符合地方实际情况、解决少数民族聚居地方社会治理问题的单行条例，为民族自治区域发展提供良好的法律前提。

## （二）完善制度，不断提高地方立法质量

在民族区域自治立法的过程中，权力机关的立法制度应该得到不断的完善，以程序的正义确保实体的正义。一方面，可以逐步立法起草的新模式，改变单独依靠权力机关法制工作委员会起草的旧做法，可以探索政府职能部门起草、相关单位联合起草、组成起草小组起草等多元化起草方式。另一方面，可以完善立法过程中的相关制度，例如：连南瑶族自治县已经建立了统一的审议制度、草案向社会公开制度、草案审议提前送达委员制度、邀请人大代表列席法规审议制度、咨询专业人制度、再审制度、条款表决制度等，从制度上保障和促进立法质量的提高。立法制度的不断完善是提高地方立法质量的重要机制保障。

## （三）不断完善民族区域自治立法程序

立法程序是“有权的国家机关在制定、认可、修改、补充、废止法的活动当中，所需遵循的法定步骤和方法”。[②]《立法法》第77条规定：“自治条例和单行条例案的提出、审议和表决程序，根据中华人民共和国地方各级人民代表大会和地方各级人民政府组织法，参照本法第二章第二节、第三节、第五节的规定，由本级人民代表大会规定。”实际上是将民族区域自治立法程序的确定权赋予了本民族区域自治地方的人民代表大会，可以参照《立法法》全国人大及常委会制定法律的程序，结合地方实际，制定符合自身实际的立法程序。广东省人大或乳源、连山、连南三个自治县人大可以立足地方实际，通过制定或修改地方性法规或自治条例、单行条例来规范民族区域自治地方的立法程序。在民族区域自治地方立法程序的确定过程中，应当注意以下几个问题：①发挥人大的主导作用，准确地进行立法预测和制定立法规划。“凡事预则立，不预则废。”对于不善于通过民族区域自治立法推动地方事业进步的我省三个民族区域自治县，应当完善立法规划制定，按照计划有计划地制定各项单行条例，并推动既有条例的修改和废止。避免重复出现当下多年未制定一部单行条例，或者制定的自治条例、单行条例互相雷同，存在简单对上位法重复模仿的现象。②参照新修改

---

①陈洪波、王光萍：《当前我国民族立法工作中存在的主要问题、成因和对策研究》，载《民族研究》2001年第2期。

②王允武、田钒平：《关于完善我国民族区域自治地方立法体制的思考》，载《中南民族大学学报》（人文社会科学版）2004年第5期。

的《立法法》，积极实现“开门立法”“民主立法”。建立立法准备、立法过程和立法完成后各个阶段的听证评估程序，按照不同阶段的实际需要，完善听证程序，广泛集中民意，以程序的完善为抓手不断推进立法质量的提高。③要完善民族区域自治立法的废止程序，使得不合时宜、意义不大的单行条例可以经程序保障下合理地退出，使得既存的法制具有良好的生命力和可适用性。

### （四）加强地方立法队伍人才资源建设

乳源、连山、连南三个自治县人大立法中存在的不善用地方立法推动民族事业进步、部分条文的合法性与可操作性有待加强、立法实践与法规宣传不协调等问题，其原因是多方面的，其中立法人才队伍是关键。为此，乳源、连山、连南三个自治县人大一方面要加强自身人才队伍建设，积极引进法学专业人才，加强现有工作人员的立法知识和业务能力的培训和考核，使其与其职权相适应，与依法治国的时代要求相一致。另一方面要注意完善相关制度，借助外脑，推进民族区域自治立法。改革开放30余年以来，随着法学教育体系的恢复和完善，国家培养出了大量的法学家和法学专业人才，为我国依法治国事业奠定了人力资源基础，作出了重要的贡献。在广东而言，广州作为祖国南方的经济、政治、文化中心，有大量的高校和科研院所，行政法学专业人才丰富。三县可以尝试委托法学家起草，邀请法学家对立法项目作立法前评估和对已有的立法作立法后评估，立法过程中邀请法学家参加听证会、论证会、调研的形式参与民族区域自治地方立法的全过程。民族区域自治立法不应当是“闭门造车”，而应当重视法学家的专业和权威，动员法学家和法学专业人才参与地方立法，为其贡献智慧和力量。

### （五）健全机制，保障民族区域自治法规的实施

在民族区域自治立法当中，有相当一部分法规所规定的属于少数民族的合法权益经常受到诸多现实因素的影响和制约，导致权利难以获得保障，甚至是受到侵害。如上文所提及的《连南瑶族自治县自治条例》规定的在公务员统一招考中对少数民族人员予以倾斜照顾的规定，就因为地方公务员统一招聘权属于省级政府权属而难以获得落实，事实上仍然是按照与汉族考生一样的条件和待遇接受招考。这样的民族区域自治立法的情况还有很多。单靠立法只是完成了少数民族权益保障的第一步，还需要努力地完善机制，需要民族自治县的执政党机关和权力机关牵头，争取上级权力机关和行政机关对问题的重视，在顶层设计的阶段予以统筹考虑，统一解决。总之，只有靠自治县的执政党机关和权力机关、行政机关共同努力，加强与其他机关尤其是上级机关在管理事项上的协调和协同，才能真正地将制定的民族立法落到实处。

（撰稿人：李当杰）